◎ 高等院校经济与管理核心课经典系列教材 ◎

市场营销专业

消费心理学

XIAOFEI XINLIXUE

（第七版）

王春利 ◎ 主 编

首都经济贸易大学出版社
Capital University of Economics and Business Press
· 北 京 ·

图书在版编目(CIP)数据

消费心理学/王春利主编.--7版.--北京:首都经济贸易大学出版社,2019.9

ISBN 978-7-5638-2980-4

Ⅰ.①消…　Ⅱ.①王…　Ⅲ.①消费心理学　Ⅳ.①F713.55

中国版本图书馆CIP数据核字(2019)第161286号

消费心理学(第七版)

王春利　主编

责任编辑　雪　莲

封面设计　砚祥志远·激光照排 TEL:010-65976003

出版发行　首都经济贸易大学出版社

地　　址　北京市朝阳区红庙(邮编100026)

电　　话　(010)65976483　65065761　65071505(传真)

网　　址　http://www.sjmcb.com

E-mail　publish@cueb.edu.cn

经　　销　全国新华书店

照　　排　北京砚祥志远激光照排技术有限公司

印　　刷　唐山玺诚印务有限公司

开　　本　710毫米×1000毫米　1/16

字　　数　330千字

印　　张　18.75

版　　次　1991年10月第1版　**2019年9月第7版**

　　　　　2022年6月总第33次印刷

书　　号　ISBN 978-7-5638-2980-4

定　　价　39.00元

第七版前言

本书自1991年出版以来，适应社会需要，深受读者欢迎，曾获得中国书刊发行业协会“优秀畅销书”奖和中国大学出版社协会“优秀畅销书”奖。目前该书已累计发行27万多册。

20世纪70年代末，我国开始了改革开放的历史进程，经济体制改革不断深化，对外开放不断扩大，国民经济持续、稳定、高速增长，社会主义市场经济理论和实践有了前所未有的发展。

20世纪90年代初，我国正处于告别商品短缺的时代，逐渐形成“买方市场”新格局，市场供求关系出现了新的趋势。随着人民生活水平的逐渐提高，彩色电视机、电冰箱、洗衣机等家用电器开始在城乡居民家庭中普及，形成了模仿型、排浪式市场消费，居民消费心理具有诸多相同的特点。

进入21世纪，在全面建设小康社会、加快推进社会主义现代化的进程中，中国经济建设克服重重困难，取得了举世瞩目的成就，经济总量居世界第二位，外贸进出口总额居世界第一位，综合国力显著提高。与此同时，中国市场成为充满活力的新兴市场，是世界各国知名企业争相进入的领域；中国企业在竞争中不断成长壮大，开始走向海外市场。

经过几十年的发展，在国内生产总值大幅度增长的同时，城乡居民收入稳步增加，消费品市场规模不断扩大，居民消费结构发生了巨大变化，商品消费、服务消费、文化消费同步增长，消费心理趋于成熟和稳定。随着互联网的普及，“80后”“90后”“00后”的年青的一代成长起来，他们的消费心理与世界同步，出现了与时代相符的特征。

在本书再次修订之际，中国经济进入了新常态，模仿型、排浪式消费阶段基本结束，个性化、多样化消费渐成主流，基础设施互联互通，一些新技术、新产品、新业态、新商业模式投资机会大量涌现，网购、手机支付成为年轻人的生活常态。

为了适应当前社会经济形势发展和教学需要，我们吸收了近年来经济理论特别是消费心理理论的研究成果，并结合教学、科研、社会实践，根据市场需要，第六次修订了《消费心理学》一书。

本次修订大体保留了原书的框架结构，补充了一些新的内容（增加了“文化与消费心理”“社会群体、家庭与消费心理 ”两章内容及第八章第四节“社会阶层与消费心理”），删去了一些过时的内容，并更新了书中的一些案例。为了便于读者学习，每章后附有复习思考题和案例思考题，使读者能更好地掌握每章节的基本理论和研究方法，从而解决实际问题。

我们希望《消费心理学》第七版更加符合社会需要，更加适应经济发展新常态。书中可能还会存在一些问题，恳请读者批评、指正。

王春利

2019 年 1 月

目 录 CONTENTS

第一章

消费心理学导论

1949年,中华人民共和国成立,中国人民从此站起来了。

1978年,中国共产党十一届三中全会召开,提出以经济建设为中心,中国开始了改革开放的历史进程。

进入21世纪以来,我国的现代化建设取得了伟大的历史性成就,国民经济持续、稳定、高速增长,国家的综合实力大幅度提升,人民生活水平稳步提高,国际影响力显著增强。中国开始富起来了。

2010年,中国的国内生产总值(GDP)比1979年增长18倍,达到397 983亿元,按当时平均汇率计算,约为58 791亿美元,中国成为世界第二大经济体。

2014年,中国的外贸进出口总额达到4.3万亿美元,进出口商品总额均居世界第一位,中国成为世界最大的对外贸易国。在全球的工业产品中,中国以提供将近一半的产量居世界第一位,成为制造业大国。中国的外汇储备超过3万亿美元,居世界首位,中国经济建设的伟大成就令世界瞩目。

2018年,我国改革开放40年,我国的国内生产总值首次突破80万亿元,达到82亿元,稳居世界第二位,对世界经济增长贡献率超过30%。

经过持续多年的不断改革,我国社会主义市场经济体制初步建立,以公有制为主体、多种所有制经济共同发展的基本经济制度已经确立,全方位、宽领域、多层次的对外开放格局基本形成。

社会经济是一个有机的整体,就生产过程而言,其细胞就是企业。在市场经济条件下,企业经营的直接目的是盈利,因此,必须通过市场等价交换完成产品(或服务)的销售。就消费过程而言,社会经济的另一类细胞就是消费者个人(或家庭)。消费是生产的目的,只有产品被消费了才能实现其价值,因而消费是新的生产的推动力。

研究消费者的消费行为和消费心理是为了加快商品的销售,改进商品的设计与生产,从而加快社会再生产过程,推动社会经济发展。

第一节 什么是消费心理学

什么是消费心理学呢？消费心理学是一门学科。任何一门学科,必须要有独立的、不同于其他学科的研究对象,否则就不能成为一门学科。在现代社会中,消费者的消费活动主要是通过货币收入在市场中购买商品或劳务而实现的。消费心理学研究对象的着眼点,就是市场经济中消费者各种心理现象所特有的规律性。

一、消费者心理现象

消费者心理是消费者在市场交易活动中产生的、客观的心理活动,是影响消费者购买的基本因素。

(一)消费与消费者

人为了维持生存与发展,需要消耗各种物质资料、劳务和精神文化产品,这是人类社会普遍存在的经济现象和行为活动。从经济学的角度看,这是进行劳动力再生产的必要条件,我们称其为个人消费。在社会再生产过程中,生产要消耗原材料、燃料、工具设备、人力等,这被称为生产消费。个人消费是一种最终消费,生产消费是为个人消费服务的。在一般情况下,我们使用“消费”一词,专指个人消费。

消费是指人们消耗物质生活资料和精神文化产品,而消费的主体——人,被称为消费者。

在市场经济条件下,人们对某种物品或服务有现实需要,并支付货币实际购买、使用这种物品或服务,这称为现实的消费者。而有时虽然有需要,但是由于某种原因尚未购买、使用,在未来有可能付诸购买及使用的人们,被称为潜在消费者。例如,目前在城市中,年轻人对住房有现实需要,但由于住房价格或其他原因没有马上购买,在将来条件具备时才会产生实际购买行为,那么,在现阶段,年轻人就是住房商品的潜在消费者。

在一般情况下,潜在消费者尚未实现购买行为受各种条件限制,如购买能力不足、商品存在不满意之处,或是需求不是特别迫切等。一旦条件成熟,潜在消费者随时可转化为现实消费者。社会上的人们,无论其年龄、收入、职业、身份、地位有何不同,都是消费者。消费者是几乎等同于人口总数的最大的社会群体。

(二)消费品与消费行为

在市场经济中,消费者需要的物质生活资料、劳务和精神文化产品,都要使用货币在市场上购买,购买的目的在于使用和消耗。

按照消费对象的有形和无形分类,可以把消费品分为有形物品、无形服务和融合了两者的混合型物品与服务。有形物品是指食品、服装、手机、电脑等具体产品;无形服务是指抽象的和不可见的消费,如观看电影、演出,参加旅行社组织的旅游;混合型物品与服务是指同时消费商品和服务,如到餐厅就餐,既消费了食品和饮料,也享受了厨师和服务员的服务。

按照消费者的购买习惯,可以把商品分为便利品、选购品、特殊品和非寻求品。便利品是指经常使用、频繁购买、就近购买,不需花费很多时间和精力的价格便宜的商品,如蔬菜、主食,日常所用的油盐调味品等。选购品是指在购买过程中在价格、品牌、质量、式样等方面经过比较、挑选才决定购买的物品,如服装、鞋类、家具、电视、冰箱等。特殊品是指具有特殊特征、特别品牌的商品,如奢侈品箱包、名牌手表、高档化妆品等。非寻求品是指消费者在生活中感觉非必需的商品,如健身器材、百科全书等。

在购买商品的过程中,对商品品牌、价格、购买地点、支付方式等方面的选择,都与商品的消费有直接关联,都可以称为消费行为。由于这些消费行为与市场、社会有广泛密切的联系,因此成为经济研究的重点。而对商品的具体使用、消耗等行为,属于消费者的个人空间,因而对其研究并不多。

在市场活动中,消费者作为个人,必然有思想、有感情、有喜怒哀乐、有不同的兴趣爱好,在性格、气质、思维方式、价值观念等方面有所不同,这些特性就构成了人们的心理活动。心理活动支配人们的行为。

同样,消费者在消费活动中的各种行为也受心理支配。是否购买商品,如何购买,如何选择品牌、类型、款式,其中每个环节,甚至每个步骤都受消费心理的支配,消费者在心理活动过程中对商品进行比较、分析、选择和决定。这种体现在消费行为中的心理活动,就是消费者心理,又称消费心理。从理论上说,消费心理是消费者根据自身的需要与性格偏好,选择、评价、比较、决定是否购买商品的心理活动。它对消费行为起着支配作用,并通过消费行为表现出来。

(三)消费心理的两种类型

消费心理是十分复杂的。其原因首先在于消费者的复杂性。例如,中国有十几亿的消费者,按地域划分,有城市居民、农村居民;按年龄划分,有老年、中年、青年、少年儿童;按收入水平划分,有高收入、中等收入和低收入群体;按职业划分,有管理者、专业人员、工人、服务业员工;等等。

按照消费者购买时的心理活动类型,可以分为理性的、意识的和非理性的、下意识的两种心理。

1. 理性的消费心理,具有合乎逻辑的特点,如比较、选择、戒备等。一般人购买商品时,常常能对商品的品牌、质量、性能、价格进行仔细的比较。有些人能有目的地收集信息,了解商品的特性,借助经验对商品进行选择。戒备是消费者为保护自身权益所进行的自觉、有意识的防备。例如,在购买商品时,消费者索取各种凭证、产品说明书等,以便出现问题时能有力地维护自身权益。

2. 非理性的消费心理,主要指消费者在市场活动中,被不自觉的、内在的、下意识的心理所支配而产生的消费行为。这些心理包括好奇、攀比、好胜,显示地位、身份等,或为广告促销、商品低价所吸引。人们在市场中,有时并非有明确的购买目的,而是见到某种商品新奇、有特点,一时冲动而购买;或是见到同学、同事、朋友使用某种商品,互相攀比而决定购买;还有的是为显示社会地位、富有的身份而对某些商品盲目购买。这些非理性的消费心理在某些青年人当中表现得十分突出。这种消费心理也是一种客观存在,需要有意识地去研究,并正确地加以引导。

二、消费者心理活动

消费者在市场活动中,在购买、使用商品时产生的各种心理活动就是消费心理学的主要研究对象。

消费者的各种心理活动受市场经济影响,受现代市场活动所制约。市场在社会再生产中起着“中介”的作用,是联系生产和消费的桥梁和纽带。

市场作为整个社会经济活动的一部分,对消费者的消费心理和消费行为有重大影响作用。消费者的购买活动是其认识过程、情感过程、意志过程的融合交汇。商品的价格会影响消费者心理,商品的广告、促销活动会不断冲击消费者的心理,不断开发出的新产品会满足人们求新、求异的心理。

(一)消费心理活动

消费者在市场中产生对商品、购物环境、广告促销的知觉、注意、记忆,并由此产生对消费商品、消费行为等的认识过程、情感过程、意志过程,这些心理活动既有其共性,展示消费者一般的心理规律,又有其个性。因为消费者的能力、气质、性格不同,所以产生了消费行为的各种差异。

消费者在市场活动中,受诸多心理因素影响而产生消费行为,其中最重要、最直接的心理因素是需要和动机。在工作和生活中,人们由于各种物质的、精神的因素,产生了心理需要,为满足这种心理需要而指向某种具体的商品(或服务),就产生了购买动机,进一步发展就可能产生购买行为。

消费者在市场活动中,受商品、购物环境、广告促销等的影响,会产生对品牌、商家的偏好和喜爱心理,也会有逆反、预期等心理倾向。

消费者的购买行为是消费者心理活动的外在表现。通过对消费者购买行为的分析,我们可以发现影响消费者心理的内在因素,进而认识消费者心理活动过程,找出消费者形成购买动机、购买决策的基本模式。

(二)消费群体心理

虽然消费者的购买活动是个人行为,但从社会总体去考察,消费者心理和行为又带有群体性的特点。"物以类聚,人以群分",在社会活动中,消费者由于年龄、职业、性别、收入水平、社会阶层(地位)、民族、宗教信仰相同或接近,在消费行为、消费心理上表现出很大的相似性或一致性,由此构成了消费群体。研究这些消费群体的消费心理,可以使我们更好地认识消费心理的共性和个性,以及消费心理的规律性。例如,在我国经济发达的城市中,有些收入较高的年轻人,在消费心理方面有很多共性,如追求名牌服饰、高级化妆品、高档手提包的时尚心理,追求运动健身消费的求美心理,追求网络购物的便利心理;有些旅游爱好者经常在网上发帖子,相约周末、假期自驾车出游,反映了渴望回归自然、乐享人生的休闲心理;许多中老年人在公园、小区广场共同锻炼健身,体现了追求健康、增加交往的交际心理;还有些人购买高档首饰、豪华汽车等在公众场合展示,反映了炫耀心理。

消费群体心理有许多共同的表现。对同属于某一社会阶层的某一消费群体进行深入研究可以发现,该消费群体有着共同的社会关系、社会环境,以及共同的消费观念、消费习惯。

(三)消费心理与社会环境

在当代社会中,消费者的消费活动都是在一定的社会环境中进行的。一方面,消费者个人或群体的消费心理在很大程度上受社会环境制约和影响;另一方面,消费者的行为也会在不同程度上影响和作用于社会环境。因此,研究消费心理需要分析社会环境因素对消费心理的影响。

社会环境因素涵盖面很广,包括社会文化、社会阶层、家庭、相关群体等。社会文化是指在一定的物质、社会、历史传统基础上形成的价值观念、思维方式、宗教信仰、社会习俗等的综合体。文化作为一种观念,虽然不直接体现为某种实在的物质,但是人们时时可以感觉到它的存在和影响。文化是影响人们行为的基本因素之一。文化对消费心理有很强的影响作用,它可以使人们在消费中遵循不同的道德规范和风俗习惯。例如,面向老年人的营养滋补品在东方受欢迎,而在西方国家却没有很大市场。

社会阶层是社会中按某种层次排列、同质且具有持久性的群体,同一阶层的人有相似的社会经济地位。改革开放以来,中国的社会阶层发生了很大的变化。据中国社会科学院课题组的研究报告分析,当今我国社会可划分为十大阶层,即国家与社会管理者阶层、经理人员阶层、私营企业主阶层、专业技术人员阶层、办事员阶层、个体工商户阶层、商业服务业员工阶层、产业工人阶层、农业劳动者阶层、城乡失业无业者阶层。按照收入水平划分,社会可以分为富豪阶层、高收入阶层、中高收入阶层、中等收入阶层、中低收入阶层、低收入阶层。同一阶层的人,经济状况、生活背景、受教育程度相近,生活习惯、消费水准、兴趣爱好相似,对某些商品、品牌、商店、闲暇活动、传播媒体有着共同的或接近的心理偏好,在消费活动中,受周围人的影响,会产生相同或相似的心理动机。

个人的态度、心理偏好和消费行为会受相关群体的直接影响,如朋友、同学、同事、邻居。家庭是最重要的相关群体,在消费心理形成、决策中起着至关重要的作用。

(四)消费心理与市场营销

在市场经济中,企业的市场营销活动同样影响消费者心理与行为。市场营销是商品生产者、经营者围绕市场交换活动而进行的产品设计、开发、命名、定价、分销、促销、广告宣传、销售服务等一系列活动。开展市场营销的目的是满足消费者需要,激发消费者购买动机,促成购买行为,实现商品的销售。

市场营销的一切活动都是围绕消费者进行的,因此,它对消费心理会产生不同的影响作用。例如,为引起消费者的注意,改进产品的设计,通过广告宣传和形形色色的促销活动,激发消费者的购买动机,通过销售服务增强消费者的心理满意程度等。

企业要以最大限度地满足消费心理愿望为前提来制定营销策略,在产品开发、定价、分销、促销中要适应消费者心理,满足消费需求,符合消费习惯,才能促成购买行为。

由此可见,消费心理与市场营销相互影响、相互作用,两者之间存在着密切联系。市场营销既要适应消费心理,又要引导消费心理。研究消费心理,有利于企业搞好市场营销活动，提高营销效果，因而市场营销是研究消费心理的重要内容。

三、消费心理规律

从个体看，消费心理现象是消费者个人行为的心理表现，必然受消费者个性心理特征所左右。消费者在市场活动中所产生的感觉、知觉、记忆、注意、想象、情绪、思维等心理活动过程，表现出人类心理活动的一般规律。而消费者个人稳定的、本质的心理品质，形成消费者的消费心理个性。这种个性在市场营销活动中，表现出消费者在能力、性格、气质诸方面的差异，并由此构成消费者购买动机和购买行为的基础。

消费心理活动过程，既可以从消费心理现象共性的角度进行研究，也可以从消费心理现象个性特征的角度进行研究。从两者结合的角度，我们既可以认识消费心理的一致性，也可以发现消费心理的差异性，从而进一步认识消费心理的一般规律。

综上所述，消费心理学的研究对象是消费行为中产生的消费心理，是消费者的心理活动。同时，消费心理学也研究消费群体心理，研究与消费心理相关的社会环境、市场营销，以达到发现消费心理规律、指导企业经营和市场营销活动的目的。

四、消费心理学的特点

消费心理学以普通心理学为基础，研究市场活动中消费者心理与行为的发展变化规律。随着理论研究的深入，实践的增多，研究内容的丰富，研究方法和手段的成熟，消费心理学的特点逐渐被人们认识。

（一）综合性

消费心理现象广泛而多样，影响因素错综复杂，因此，在研究过程中需要运用多门学科的理论方法进行综合研究。这一现象的研究涉及心理学、社会学、经济学、市场营销学、信息科学、广告学等多门学科，并直接借鉴了这些学科的研究方法。例如，心理学是专门研究人的心理活动及其规律的科学，其有关心理过程、个性心理、感觉、知觉、注意、记忆、情感、意志、需要、动机等基本理论和概念构成了研究消费心理的理论基础。社会学中有关社会组织的研究，如家庭、职业团体、相关群体、社会阶层、人的社会角色等，为探索社会行为、社会环境与消费心理的相关关系提供了重要依据。经济学关于资源配置、消费选择等问题的研究，为认识消费心理奠定了理论基础。市场营销学对营销组合、促销活动的研究，为消费心理的市场选择提供了依据。而信息科学、广告学则揭示了人们接收信息的心理刺激,为消费心理的影响方式提供了思维启示。

以上诸学科从不同角度研究消费心理,使消费心理学具有综合性的明显特点。

(二)应用性

消费心理的研究目的,不是仅停留在理论的探讨和对一般规律的认识上,更重要的在于帮助商品生产者、经营者掌握特别是运用消费心理规律,并预测消费变化趋势,从而采取有效的营销方法,激发、引导消费者的购买欲望,实现购买行为,提高企业经济效益。因此,消费心理学的研究,在注重阐述基本原理的同时,特别注意对具体方法、手段、措施的研究,强调其应用价值。例如,怎样根据消费者心理,采用适当方法激发消费者的消费欲望;怎样应用消费心理去诱导消费者的购买动机;怎样促使消费者购买行为的实现;怎样综合运用多学科知识,把握消费者需要、动机、消费态度等。

对消费心理的研究,可以帮助企业管理人员和营销人员掌握满足消费者需要、引导消费心理的方法与技能,提高市场营销效果。消费心理学是一门注重联系营销实际,给市场活动实践以理论和方法指导的应用性学科。

(三)发展性

消费心理学作为一门独立的学科正式形成于20世纪60年代,在50多年的发展历程中,虽然其理论体系、框架结构、内容方法等许多方面已基本成熟,但尚在发展完善过程中。多年来,人们在理论研究中提出了许多新的观点,同时也在借鉴其他相关学科的新的发现,这一状况说明消费心理学的研究对象、研究范围、研究方法和研究内容处于不断更新、发展和变化中。不仅如此,随着经济全球化和各国社会经济的发展,消费心理也会相应发生变化,旧的消费观念、消费方式被新的消费观念、消费方式所取代,消费内容不断更新,并向多元化、多样化、个性化方向发展,因而,人们对消费心理的探索也是无止境的,其研究内容会随着时代的变化而发展变化。由此可见,消费心理学是一门发展中的学科。

第二节 消费心理学的研究内容

明确了消费心理学的研究对象以后,我们还要进一步认识消费心理学的研究内容。在市场购买行为中,消费者的心理活动是由哪些具体因素引起的,消费者的购买心理活动过程是怎样发展的,消费者的个性心理特征是怎样表现的,企业的经营行为、市场营销活动应如何适应消费者的心理活动……这些都是消费心理学的研究内容。

一、研究消费者购买行为心理过程和心理状态

消费者购买行为中的心理过程和心理状态,是一个发生—发展—完成的过程。这个心理活动过程是每个消费者都具有的,可以说是消费者心理现象的共性。这种心理过程和心理状态的作用,会激活消费者的目标导向和系统导向,使他们采取某些行为或回避某些行为。例如,消费者在零售商店里,有的直接采取了购买行为,有的浏览观望;在面对商家的促销活动时,有的消费者犹豫不决,有的精心计算,有的直接购买,这些行为表现与他们的心理过程发展阶段、发展速度和心理状态有直接关系。具体地说,对消费者购买行为心理过程和心理状态的研究,包括以下三个方面的内容:

第一,消费者对商品或劳务的认识过程、情绪过程和意志过程,以及三个过程的融合交汇与统一。

第二,消费者心理活动的普遍倾向及其表现范围、程度和心理机制。在消费者中存在着一些共同的心理倾向,如追求价廉物美、求实从众、求名争胜、求新趋时、求美立异等。

第三,消费者需求动态及消费心理变化趋势。随着社会经济的发展,消费者的需求发展模式也在不断变化,或者直线式上升,或者波浪式发展。消费者对未来消费的心理预期,对消费品的款式、颜色、商标、功能的要求等也在发生变化。

二、研究消费者个性心理特征对购买行为的影响与制约

消费者的心理过程和心理状态能体现他们的个性心理特征,而个性心理特征又反过来影响和制约消费者的购买行为表现。例如,有些消费者能从社会价值、经济价值、心理价值等方面对商品作出比较全面的评价,而有的消费者只能对商品作出某一方面的估价;面对琳琅满目的商品,有的消费者能果断地作出买或不买的决策,而有的消费者则表现得犹豫不决。这些说明消费者心理现象存在着明显的差异性。具体地说,研究消费者个性心理特征对购买行为的影响和制约作用,包括以下三个方面的内容:

第一,根据消费者的气质、性格上的差异,研究如何使他们分化为具有某些购买心理特征的群体。例如,具有胆汁质、多血质、黏液质或抑郁质气质特征的消费

者，在购买行为中会表现出不同的心理活动特点。

第二，研究消费者对商品的评估能力。例如，消费者对商品是深刻了解还是粗浅认知？女性消费者和男性消费者对商品进行评估的依据有何差别？少年儿童、青年、中年、老年消费者对商品的评估能力各有什么特点？等等。

第三，研究时尚商品、新潮商品、商业广告、售货方式、店堂设计对消费者心理的影响。例如，流行时尚的商品怎样引起消费者的注意？创新设计的商品如何引起消费者的兴趣？引人入胜的商业广告又怎样激发消费者的购买欲望？

三、研究消费者心理与市场营销的互动关系

不同的消费品市场以不同的消费者群体为对象，不同的消费者群体对消费品市场也有不同的心理要求。企业的营销策略，会影响消费者心理的产生和发展；反过来，不同消费者的心理特点和心理趋向，也会对市场营销提出特定的要求。因此，消费者心理与市场营销存在着双向互动关系。成功的市场营销活动，是能够适应消费者心理要求和购买动机的营销，是能够适应消费者心理变化而开展有效公共关系活动的营销。具体地说，对消费者心理与市场营销双向关系的研究，包括以下三个方面的内容：

第一，研究影响消费者心理的各种社会因素和自然因素。例如，收入水平、消费水平对购买序列、消费结构的影响；社会风气、风俗习惯对消费流行的影响；文化程度、职业特点对购买选择的影响；性别、年龄、气候、地域环境对购买心理的影响；等等。

第二，研究商品设计如何适应消费者心理。例如，商品的结构设计是否符合人体工程学的要求？商品的装潢设计是否适应消费者全新的审美要求？全新产品、换代新产品、改进新产品如何适应消费者求新的心理要求等？

第三，从心理学的角度研究企业的促销活动。例如，对营业员、服务员进行心理训练，以提升企业在消费者中的形象和声誉；搞好现场销售环境设计和对顾客的接待，以吸引更多的消费者进店购物；对消费者心理做预测分析和咨询，以制定相应的营销策略。

综上所述，围绕着消费者购买行为的“为什么”（即购买前的心理活动过程）、“做什么”（即购买过程中的心理活动过程）、“怎么做”（即怎样引导消费者心理活动），就产生了消费心理学丰富的研究内容。

第三节 消费心理学的研究方法

方法是人们研究解决问题,实现预期目标的途径和手段。研究消费心理,采取科学的方法能达到事半功倍的效果;反之,方法有误则可能事倍功半,甚至全盘皆输。研究消费心理,在思维方式上,要摆脱传统的狭隘眼界的束缚,代之以适应现代信息社会要求的,以面向现在、面向未来为主要特征的思维方式。研究消费心理,既要对过去已经发生的消费心理现象进行客观的描述,更要总结消费心理现象的规律性,从而进一步预测消费者潜在的心理发展趋势。在消费心理学的研究中,首先要遵循一些重要的原则,同时采用科学的方法。

一、研究消费心理应遵循的原则

(一)客观性原则

在市场活动中,消费者的心理现象是客观存在所引起的。对任何心理现象,必须按它们的本来面貌加以考察,而不能脱离实际去主观臆断。心理学本身有不具形体、非常抽象的特点,抽象是对客观存在的理论概括,而心理现象则是生动具体的、可以观察到的。

研究消费心理,要在消费者生活与活动的外部环境中进行。例如,在市场变化万千的促销活动中,在商品价格优惠打折的吸引下,消费者所产生的购物倾向心理,就是一种客观存在。

遵循客观性原则,就是要求在消费者的购买行为活动过程中研究他们的心理活动,只有依据消费者所想所说、所作所为,才能正确判断其心理特点。同时,在整理对消费者进行调查所得到的材料时,应当对所得到的全部事实,包括看似互相矛盾的事实进行全面分析,然后再下结论。

(二)发展性原则

发展性原则就是在事物产生、延续、变动的运动过程中研究心理现象、心理活动的原则。

由于受国民经济持续增长、购买力不断提高等因素影响,我国的消费品市场处在不断发展变化之中。消费者的消费观念、消费动机、消费结构、消费习惯、消费趋势在不断变化。作为市场要素之一的消费者,在市场上的行为不可能处于静止状态或某种固定的模式之中。因此,要从发展的角度去研究消费者的心理现象。

改革开放以来,随着我国国民经济持续稳定高速增长,国民收入水平大幅度提高,特别是进入 21 世纪以来,我国消费者的消费水平实现了从温饱向小康的转变,出现了从单纯的物质消费转向物质、精神文化消费相结合的发展趋势,在消费结构上出现了消费差距拉大、消费层次增多的现象。

这些变化,必然从多个侧面影响消费者心理,使消费者心理发生许多新变化并产生许多新特点。遵循发展性原则,就不仅要阐明消费者已经形成的心理,还要阐明那些潜在的、刚刚产生的、新的心理特点;不仅要看到消费者现实的个性心理特征和心理状态,还要预测其发展趋向;不仅要熟悉消费者已经形成的心理品质和习惯行为,还要看到其发展前景,用发展的眼光去看待市场活动中消费者的心理现象。

(三)个性研究中的分析—综合原则

在纷繁复杂的商业活动中,消费者在对待不同商品、劳务和精神文化产品上,在对不同接待方式的营销人员的态度上,能够表现出他们不同的心理特点和行为个性。尤其是随着经济和社会的发展,消费者的消费需求出现了多层次性和个性化差异,个性化在对消费心理的研究中占有越来越重要的地位。在千百次购买行为中,不论实际的购买活动怎样,每个消费者总会表现出个人的心理特质。例如,老年消费者购物动作慢、询问仔细;中年消费者不大受推销活动的影响,喜欢按自己的意图购买商品;青年消费者购物带有较浓厚的感情色彩;等等。对消费者群体的这些一般分析,还不足以说明消费者的个性。个性是指在一定的社会条件和环境影响下形成的、一个人的比较稳定的心理特征的总和。每个消费者都有其个性,并且会在购买行为中表现出比较固定的个性。

为什么要在研究消费心理的过程中遵循个性研究中的分析—综合原则呢?

分析的研究可以帮助我们认识个别消费者在不同的生活、活动条件下的心理成分;综合的研究有助于我们弄清大量个别心理表现的相互联系,从而找出表明某个消费者心理特点的那些稳定的东西。例如,如果某位消费者曾因性子急、挑选不仔细,买回的商品质量有问题而遭到家人抱怨,那么以后他购买商品时可能会挑选得特别细致,非买到称心的商品不可。通过对这位消费者多次购买行为的分析和综合,可以认为,这位消费者比较稳定的心理特点是急躁、个性强。

(四)联系性原则

对消费心理的研究,还要遵循联系性原则。原因有三个:首先,影响和制约消费心理的内部、外部因素是相互联系的。例如,商场营业环境的优劣会影响消费者的情绪,而消费者的心境又制约着他们对环境的体验和感受。其次,人的心理过程和心理状态也是相互联系的。例如,消费者群体对商品的认识过程,就与他们当时的心理状态紧密相连。一个人对某种商品的使用有了一定的认识之后,会将这种认识传递给其他人,使其他人在购买和使用该商品时的心理状态受其影响。最后,本学科具有交叉学科的特点。消费心理学处于许多学科的结合点上,它涉及生理学、哲学、社会学、经济学、广告学、市场营销、企业管理等诸多学科,如图 1-1 所示。

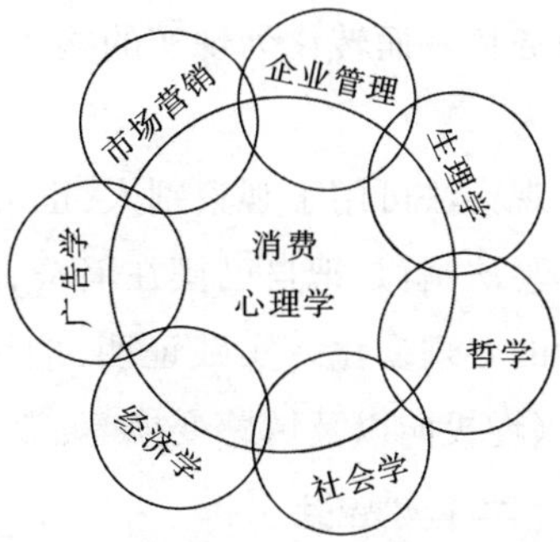

图 1-1 消费心理学与其他学科的关系

虽然对消费心理学的某些内容要与一些学科并行不悖地进行研究,甚至有与其他学科互相重叠和彼此渗透的情况,但是,正如本章所讲的,由于消费心理学的研究对象有其特殊性,因此并不会削弱其作为一门独立学科的地位。这种交叉学科的特点,要求我们不能孤立地进行研究,而要联系其他相关学科的成果进行研究。

研究消费心理,在遵循上述重要原则的同时,更重要的是根据研究任务的需要,选择适当的研究方法。

二、消费心理学的研究方法

消费心理学的理论基础是普通心理学,因此,在研究方法上,可以借鉴和采纳普通心理学的一些方法。根据本学科的特点,常用的方法主要有观察法、实验法和调查法三种。

(一)观察法

观察法是在市场活动过程中,通过消费者的外部表现(动作、行为、谈话)去了解其心理活动的方法。这种方法的优点是比较直观,观察所得到的材料一般也比较真实,切合实际。由于消费者是在没有被施加任何影响、没有干扰的情况下被观察的,所以是心理的自然流露。这种方法的不足之处是带有一定的被动性、片面性和局限性,因此,通过观察所得到的材料本身还不足以区分哪些是偶然的现象,哪些是规律性的事实。例如,在一个商场里观察消费者的步态和目光时,会发现他们大致有这样三种表现:①脚步紧凑,目光集中,直奔某种商品的柜台;②步履缓慢,犹豫不决,看着商品若有所思,目光游移;③步态自然,神色自若,随意浏览。根据这三种表现可以初步判断顾客的类型：目的明确的购买者、可能的购买者、随意浏览者。但是，仅凭这些观察还不能推算出进店顾客实现购物的概率，因为消费者的行为举止还受许多偶然因素的影响。例如，犹豫不决的消费者可能会因为营业员的服务良好而转化为现实的购买者，随意浏览者受商场促销打折的影响会产生购买行为。

观察法可用于观察别人，也可用于观察自身，这就形成了自我体验法。采用自我体验法，就是把自己摆在消费者的位置上，根据自己的日常生活体验，去感受消费者的心理变化。实践证明，应用自我体验法去研究消费者的价格心理、偏好转变、兴趣投向以及情感变换等，常常能收到满意的效果。

（二）实验法

实验法是有目的地严格控制或创设一定条件来引起某种心理现象并对其进行研究的方法。实验法又分为实验室实验法和自然实验法两种形式。

1. 实验室实验法。这种方法是指在实验室里借助各种仪器进行研究的方法。同时，也可以在实验室里模拟自然环境条件或工作条件进行研究。应用这种方法研究的结果一般比较准确。例如，测定消费者对广告的记忆率，就可以在实验室内以音像、图片、文字等形式，运用仪器测定消费者的反应和对广告的记忆效果。由于条件所限，这种方法只适宜研究比较简单的心理现象。

2. 自然实验法。这种方法是指在市场营销环境中，有目的地创造或变更某些条件，对消费者的心理活动施加一定的刺激或诱导，从中了解消费者心理活动的方法。由于采用这种方法需要人们有目的地创设或变更条件，因而该方法具有主动性的特点。这种方法虽然是在市场营销环境中进行的，但并不是纯自然的，而是需要人们主动地、有目的地施加一些影响，所以，这种方法往往能够按照一定的研究目的取得比较准确的资料，是应用范围比较广泛的方法。例如，在商品销售现场，有目的地举办商品品尝、试用活动，然后比较活动期间与平时的效果，从中分析消费者心理，这便是自然实验法的一种运用。

（三）调查法

调查法是指在市场营销活动中，采取科学的方式与手段，通过观察、问卷、面谈等方式获取相关资料，在进行数据整理和分析的基础上，间接地了解消费者心理活动的方法。调查的方式与手段可以根据调查的目的灵活选用。例如，研究消费者购买动机的心理活动，可以抽取一定比例和数量的消费者，进行问卷调查；了解消费者消费时尚的心理活动，可以在城市街道、繁华地区采用现场观察、数据分析的方法；了解消费者对商品设计的心理反应和要求，可以通过公告征询、网上留言、电子邮箱的形式调查。

在消费心理研究中，应用最广泛的调查法是问卷法。这种方法要求根据调查的需要和可能性，向选定的一定数量的消费者发出意见征询表格(问卷)，由被调查者填写，表格回收后进行统计汇总，以分析、了解消费者的心理。为了提高问卷的回收率，可向答卷者赠送小礼物。问卷法调查也有不足之处，答卷者可能由于种种原因，不能如实、准确地填写问卷。因此，在采用问卷法进行调查时，要注意对问卷进行筛选，去伪存真；同时，注意将其与其他方法结合，共同分析，以使调查结果相互验证。

第四节　学习消费心理学的意义

消费心理学在发达国家是一门较为成熟的应用学科，发展十分迅速。随着我国经济体制改革和对外开放的进一步深化，特别是社会主义市场经济体制的逐步完善，消费心理学在国内日益引起人们的重视，并且在实际应用中取得了很大的成效。

一、消费心理学的发展

消费心理学传入我国的历史不长，尚属新兴学科。从 20 世纪 80 年代开始，我国陆续翻译、引进、出版了一些有关消费心理学的著作、教材等。从发达国家的情况看，消费心理学从萌芽创建到理论体系和框架形成，再到逐步完善，成为一门独立的学科，已有近百年的历史。其发展过程大体可分为三个阶段。

(一)萌芽创建阶段

1901 年 12 月 20 日，美国心理学家斯科特应邀到西北大学作报告，提出广告应作为一门科学进行研究，心理学在广告研究中可以并应该发挥重要作用。这被人们认为是第一次提出了消费心理学问题。1903 年，斯科特汇编了十几篇论文，出版了一本名为《广告论》的书，其中多篇论文涉及广告心理学问题。一般认为，这本书的出版标志着消费心理学的雏形——广告心理学的诞生。1910 年，出现了全面研究消费者购买活动和购买行为的学术研究高潮。其中，许多学者结合市场行为进行消费心理的研究，并将其研究内容纳入市场营销学的框架。

《广告论》出版以后，差不多半个世纪内，美国的许多心理学家，大多围绕广告与心理的问题进行调查研究并指导实业界的应用，其研究成果和应用效果大大推动了消费心理学的发展。

这一阶段,正是第一次世界大战后,西方发达国家市场竞争加剧,许多企业从过去关心产品的生产问题转向关注产品的销售问题。因此,企业雇用了大量的心理学家,研究现实的市场消费者和潜在消费者的心理现象。20 世纪 30 年代的经济大萧条,使许多发达国家出现了生产过剩、产品积压的问题,因而刺激消费成了渡过危机的重要措施。美国政府出台了货币政策、财政政策克服危机带来的困难,而企业界克服危机的措施之一,就是了解消费者需求,提高消费者对商品的认识,促使消费者对商品产生兴趣,诱发消费者的购买动机。这时,无论是政府的货币政策、财政政策,还是企业的反危机措施,都是从消费者心理入手,刺激消费,引导市场行为。这自然极大地促进了消费心理学的研究和发展。

(二)显著发展阶段

进入 20 世纪 60 年代以后,消费心理学的研究得到了迅猛的发展。1960 年,美国心理学会正式设立消费心理学会分会,有人认为,这是消费心理学作为一门独立学科诞生的标志。之后,又相继出现了《广告研究》杂志和《市场研究》杂志,进一步推动了消费心理学研究成果的传播。美国的一些大学和研究生院,心理学系、社会学系、营销管理系都讲授消费行为课程。这期间,在消费心理的研究中,人员明显增多,研究质量大为提高。比较有代表性的学者是:密歇根大学的卡陶纳(G. Katona),研究了影响消费者行为的期望和态度;哥伦比亚大学的拉札斯费尔德(P. F. Lazarsfeld),研究了"人格的影响";哈佛大学的鲍尔(R. A. Bauer),研究了消费者在不确定条件下的反应;等等。

(三)确立地位阶段

1968 年以后,消费心理学在美国、日本等国家得到了充分的发展,在学科林立的时代巩固了自身的地位,在理论上也逐渐形成广告研究、市场研究、顾客研究等体系。据美国学者统计,仅 1968 年到 1972 年间发表的关于消费者行为(心理)的文章,就超过了 1968 年以前这方面研究成果数量的总和。据统计,仅从 1967 年到 1976 年的 10 年间,美国国内共发表近 1 万篇有关消费心理学的文章。

从 1970 年以来,消费心理学的研究出现了以下几种趋势:

1. 理论进一步得到发展。许多学者把研究的重点放在理论研究上。例如,对消费者决策程序进行理论研究。

2. 重视宏观方面的研究。研究者们开始从整个社会经济系统的高度去研究消费行为。例如,对消费者行为—经济心理学进行研究。

3. 转向对因果关系的研究。由过去单纯的确认描述变量关系,转向解释性的研究和对因果关系的探讨。例如,重视对消费者需求变化影响因素的研究。

4. 关注与相关学科结合的研究。对消费心理学的研究进行跨学科的融合、渗透。例如,与社会学密切结合,对消费流行时尚进行研究。

5. 引入现代研究方法。对心理学的基本范畴(如动机、人格)等用现代方法进行研究。例如,应用信息论的观点,采用电子仪器对消费者认识过程中的记忆、感觉进行研究等。

二、学习消费心理学的意义

从消费心理学产生和发展的过程我们可以看出,消费心理学是商品经济发展的产物,具有明显的社会性和科学性,同时又具有很强的应用性,并处在不断发展之中。研究消费心理学有助于实现消费者的消费需求,有助于加强企业经营管理,有助于提高服务水平,有助于开拓海外市场,这些对于我国的经济增长和加快现代化建设有着十分重要的意义。

(一)有助于满足消费者的消费需求

1. 全方位满足消费需求。进行社会主义生产的目的,在于满足整个社会和人民群众日益增长的物质、文化生活需要。我国当前的社会矛盾已转化为人民日益增长的美好生活需要与不平衡不充分的发展之间的矛盾,只有了解消费者对于美好生活的生理需要和心理需要,按照他们的意愿和要求生产和销售商品,才能被市场接受,才能全方位地满足其消费需求。消费心理学的研究成果和方法,可以在这方面发挥重要作用。

2. 指导消费者科学消费。社会生产力水平的提高,科学技术的飞速发展,使市场不断有大量的新产品问世,而消费者不大可能完全了解这些新产品的功能是否适应自己的消费水平和实际需要,这就需要介绍和引导。消费心理学可以指导和帮助企业制定相应的广告宣传和促销策略,在引导消费、满足消费方面发挥作用。

3. 扩大消费水平,促进经济增长。按照经济学的理论,消费是促进经济发展的拉动力量。改革开放以来,我国经济快速增长,其中投资和外贸的拉动作用十分突出,而国内消费还远未发挥应有的作用。近几年来,消费对经济的拉动作用明显增强,但消费不足,特别是即期消费不足仍然是人们关注的重要问题。如何扩大消费,提高消费水平,已成为经济发展的新课题。研究消费心理学,可以了解消费不足的心理原因,化解疑虑,扩大消费,从而更好地发挥消费在经济增长中的重要作用。

（二）有助于加强企业经营管理

1. 有助于制造商按市场需要生产。在市场经济中，企业是市场的主体，拥有生产经营的决策权，但只有按市场需要生产适销对路、符合消费潮流、适应消费者消费水平的商品，才能加快产品的销售，从而在市场竞争中占据优势，取得良好的经济效益。因此，只有研究和应用消费心理学，认识消费者的需要，以此为依据设计、开发、生产产品，才能取得市场营销的主动权。

2. 有助于商业企业促进销售。商业企业的经营活动，表现在商品购进、储存、销售等环节。如果能够在消费心理学的指导下，购进适合消费者需要的各类商品，合理定价，按顾客心理改进销售现场布局、商品陈列、接待顾客方式等，就能加快销售、降低成本，取得更好的经济效益。在网络销售中，按照消费心理开展宣传促销活动，才能收到明显效果。

3. 有助于改进广告宣传，有效开展促销活动。在市场经济中，企业不但向市场提供产品，还要向市场传播形象、传递信息，即进行促销活动。促销的目的在于向顾客传播产品信息，说服顾客前来购买。如何有效传递信息，怎样说服顾客购买？这时消费心理学就可以发挥作用了。例如，消费心理学研究怎样使广告宣传活动引起顾客注意，怎样使顾客产生记忆，怎样实现有效的信息沟通。总之，按消费心理规律和特点开展促销活动，改进广告宣传，就可以大大提高促销效果，增加商品销售，提高经济效益。

（三）有助于提高服务水平

1. 提供优质服务。消费者在市场中，不仅想购买到称心如意的商品，还想得到热情周到的服务，得到一种购物的精神享受。尤其对一些服务性行业，如饭店业、宾馆业、旅游业、交通运输业等，消费者更注重服务质量。消费心理学可以指导企业开展员工接待顾客（客户）的训练，使员工能根据顾客的心理特点提供良好的服务，使顾客获得满意的心理感受，以提高消费者的满意程度。

2. 提供售后服务保证。优质的服务不仅需要良好的服务态度，还要使消费者购物后有安全感，无后顾之忧，即要建立良好的售后服务体系，如商品退换货和保修、安装、调试，以及使用咨询、培训、指导等。这些也正是消费心理学中研究如何全面提高服务水平的内容。

（四）有助于开拓海外市场，树立品牌形象，使中国从制造业大国向品牌大国转变

1. 树立品牌形象。中国已成为世界制造大国，虽然中国制造的产品已走向世

界，但中国仍然处在产业链的低端。随着我国经济的发展，对外贸易量的扩大和综合国力的提高，尤其是加入世界贸易组织以来，我国生产的产品进一步走向世界，中国已成为世界贸易大国，出口商品总额居世界首位，但是，中国企业在国际市场的竞争力仍有待提高，特别是中国商品品牌数量少、知名度低。如何改变这一现象，已成为中国在“十三五”期间（2016—2020年），调整经济结构，继续保持经济平稳、较快增长的重要课题。消费心理学不但研究国内消费者的消费心理活动，而且研究国外市场消费心理活动，如怎样按照海外消费者的消费习惯和心理，改进产品设计、进行品牌命名、设计品牌图案等，以适应国外消费者的需要，树立中国商品的品牌形象。

2. 提高商务谈判的成功率。在国际贸易中，在投资、并购、签订商品进出口合同的过程中，双方都会产生一系列复杂的心理活动。研究和掌握消费心理，就能够在商务谈判中，认识海内外市场的消费需求特点，把握主动。商品最终要面向消费市场。按消费心理需求谈判，有利于达成共识，提高谈判成功率。

复习思考题

1. 消费心理学的研究对象是什么？
2. 消费心理有哪些类型？
3. 什么是消费群体心理？
4. 消费心理学的特点有哪些？
5. 如何认识消费心理与社会环境的相互关系？
6. 如何认识消费心理与企业营销的互动关系？
7. 研究消费心理应遵循哪些原则？
8. 什么是消费心理研究中的观察法？
9. 什么是消费心理研究中的实验法？
10. 研究消费心理学的意义是什么？

网络消费者的心理变化趋势和特征

随着互联网的飞速发展,网络已经深入我们每一个人的生活。互联网在商业领域也显现出巨大威力和发展前景,越来越多的人上网购物,造就了淘宝、阿里巴巴、京东商城等商业网站。随着市场经济的发展,当今企业面临着国内外激烈的竞争,市场正在从卖家垄断向买家垄断演变,买家市场已经形成。在买家市场上,消费者将面对各种各样的商品和品牌选择,这一变化使当前消费者和以前相比有一定的改变。研究这些变化,对企业的网络营销有着指导性的作用。

一、消费者更主动

由于网络商品信息的获取方便、快捷,消费者可以获得多种商品信息,并且进行分析比较。例如,消费者购买华为手机,会在京东商城、易迅网、一号店等 B2C 网站进行比较,也会通过一些问答平台,查看相关评论,获取已购买者的反馈。通过分析比较,消费者心理得到平衡和满足,增强了对所采购商品的信任,也减少了风险感和购买之后后悔的可能。

二、追求购物的方便性和趣味性

信息社会的高效,现代生活的快节奏,让城市的白领工作压力特别大,他们会以购物的方便性为目标。在传统的购物方式中,一个买卖过程需要几分钟或者长达数小时,加上购买商品的往返路途和逗留时间,使得白领要在时间和精力上付出很多;而网络购物只需要轻点鼠标就能完成交易,并且还能享受送货上门的服务,让他们有更多的时间提高自己的技能,获取更好的职业发展。自由职业者和家庭主妇等群体,时间比较充裕,希望通过网络来消遣时光和寻找生活的乐趣,而网络购物正好满足了这些群体的需求,让其能保持与社会的联系,减少孤独感并满足其心理需求。

三、消费者的个性化

很长一段时期,工业化和标准化的生产方式以大量低成本、单一化的产品淹没了消费者的个性化需求。另外,在短缺经济或近乎垄断的市场中,可供消费者选择的商品很少。

在市场经济环境下,同类商品选择性很多,消费者有了更多的选择,有的消费者不满足现有的商品,更希望能根据自己的需求,定制自己的个性商品。从理论上说,没有一个消费者的心理是完全一样的,消费者的个性消费千差万别,也就是说个性化消费潜力巨大。

四、价格还是重要因素

在国内,低价对老百姓来说有很大的吸引力,这一点从近年来“双 11”、团购网的火爆,以及节假日商城活动打折时候的排队疯抢可见一斑。虽然网络营销者总是通过各种营销手段和变化来减弱消费者对价格的敏感度,但价格对消费者心理有重要影响,当降价幅度超过了消费者的心理界限,消费者就会改变当初的购物原则。

资料来源:http://www.admin5.com/article/20110313/321669.shtml。

思考题

1. 简要谈谈你对消费心理在企业营销中重要作用的认识。
2. 从心理学角度,就自己的一次网络购买行为谈谈自己的感受。

第二章

消费心理学的基本理论

消费心理学以普通心理学为基础，同时应用经济学（特别是消费经济学）、市场营销学、广告学、传播学等研究消费者心理现象和规律。消费心理学的许多基本理论，离不开普通心理学的基本原理。本章概要介绍消费心理学的基本理论，并对普通心理学的一些基本概念作扼要的解释。其中，第一节至第三节讲述普通心理过程，第四节、第五节讲述个性心理特征。

第一节　感觉与知觉

心理是客观世界的反映，是对客观世界的主观印象，同时，它又是脑的机能。感觉、知觉、记忆、想象、注意等心理活动，是人们在实践中经常发生的认识活动。

一、感觉

（一）感觉的概念

感觉通常是指由一种感觉器官的刺激作用引起的主观经验，或者说感觉是人脑对直接作用于感觉器官的客观外界对象和现象的个别属性的反映，包括视觉、听觉、触觉、嗅觉、味觉等。例如，人们的眼睛，可以感觉到外界的各种颜色、光线的明暗，这就是视觉；人们的耳朵，可以感觉到外界的各种声音，这就是听觉。感觉是人脑对客观对象个别属性的反映，而不是对客观对象整体的反映。例如，苹果，用眼睛看是红颜色，这是视觉；用鼻子闻，闻到清香味，这是嗅觉；用手触摸，觉得又圆又滑，这是触觉；用嘴尝尝，吃出清香可口的味道，这是味觉。苹果的颜色、味道、形状,都是它的个别属性。这些个别属性作用于我们的感觉器官,从而使人产生了感觉。感觉的产生是整个分析器活动的结果。

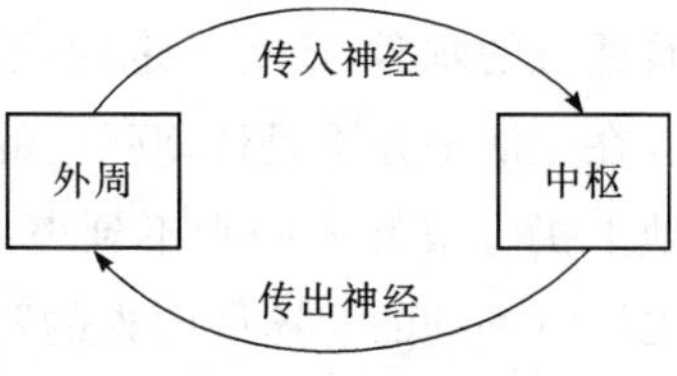

图 2-1 人脑分析器

分析器是指有机体感受和分析某种刺激的神经装置。它包括四个部分:外周部分(即感觉器官,也叫感受器)、中枢部分(在大脑皮层内)、传入神经和传出神经。这四个部分缺一不可,外周部分与中枢部分由传入神经和传出神经进行反馈联系,见图 2-1。

(二)感觉的分类

1. 外感受感觉。按引起感觉的刺激物与感受器有无直接接触,分为距离感受作用和接触感受作用。前者是指感受器与刺激物不发生直接接触产生的感觉,如视觉、听觉、嗅觉等。后者是指感受器与刺激物必须发生直接接触才能产生的感觉,如味觉、触觉等。在外感受感觉中,视觉是人们获取信息的最主要通道。据研究,85%的信息通过视觉取得,10%左右通过听觉取得,其余通过其他通道取得。

2. 内体内部感觉。这是指那些外周部分处于肌体内部的各种器官、肌腱部位的感受器引起的感觉,主要包括位置觉(也叫平衡觉)、运动觉和内脏觉。

(三)感觉的一般规律

1. 适宜刺激。每种感觉器官只能反映特定性质的刺激。例如,听觉要通过耳朵而不能通过鼻子进行,视觉要通过眼睛而不能通过嘴进行。所谓适宜刺激,是指对特定感觉器官的特定性质的刺激。例如,我们的视觉、听觉、触觉、味觉、嗅觉就是感官受到适宜刺激产生的身体器官反映。

(1)视觉:由波长为 380~780 纳米的电磁波作用于视网膜上的视锥细胞和视杆细胞引起。

(2)听觉:由振动频率为 20~20 000 赫兹的声波作用于内耳柯蒂氏器官的毛细胞引起。包括三种听觉形式:言语听觉、乐音听觉和噪声听觉。人们能分辨出声音的四种属性是音调、响度、音色和持续性。

(3)触觉:又称触压觉,实际上是人的皮肤的一种感觉。触觉的敏感部位在人的舌尖、唇部、手指等处,而背部、腿部、臀部等处的触觉就不太敏感。触觉还有温度觉和痛觉。触压觉、温度觉、痛觉也常常混合在一起。

(4)味觉和嗅觉:味觉由溶解于口内液体的化学物质作用于舌头和软腭上的味蕾引起,嗅觉由各种可挥发物质微粒作用于鼻腔上部的嗅细胞所引起。

2. 感受性。对刺激强度及其变化的感觉能力叫感受性，它说明引起感觉不仅要有适宜的刺激，还有一定的强度要求。用感觉阈限衡量感受性。什么叫感觉阈限？在生活中并不是任何强度的刺激都能引起我们的感受，例如，在室内放音乐时往地上扔一根针人们听不到声音，因刺激太弱，而频率高于 20 000 赫兹的声波人们也是听不到的。这说明人的听觉只在一定限度内起作用。不仅听觉，人身上的每一个器官都只能在一定限度内起作用。心理学上把能引起感觉的最小刺激强度叫作绝对感觉阈限，这种能觉察出最小刺激强度的能力叫作绝对感受性。显然，绝对感受性和绝对感觉阈限成反比，即绝对感觉阈限的值越低，绝对感受性越高。

人们在生活中还体会到，虽然有时引起感觉的刺激在强度上发生了变化，但人们的感觉并不一定发生变化。例如，在质量为 100 克的物体上加上 1 克的质量，人们往往觉察不出两者的质量差别，这是由于差别阈限在起作用。心理学上把能够引起感觉差别的最小变化量叫作差别感觉阈限。例如，在 100 克的物体上增加 3 克，人们就能觉察出质量感觉的差异，这 3 克就是差别感觉阈限。与差别感觉阈限的概念相联系，心理学上把能区别出同种刺激最小差别的能力叫作差别感受性。

3. 适应。适应是指刺激对感受器的持续作用而使感受器发生变化。这种作用可能增强，也可能降低。例如，白天人们刚走进电影院时什么也看不见，过几分钟就能看见了，这叫作暗适应。又如，刚住进临街的房子，晚上被交通噪声吵得迟迟不能入睡，过一段时间就能睡着了。

4. 感觉的相互作用。各种感觉的感受性在一定条件下会出现此长彼消的现象。微弱的声响，能提高人辨别颜色的感受性；反之，声音过大，人对颜色的分辨感受性就会降低。人的听觉在黑暗中会得到加强，在光亮中会减弱。这些情况说明，对人的某一器官的刺激加强了，另外器官的感受性就会相应减弱；反过来，对某一器官的刺激减弱，另外器官的感受性就会加强。

（四）感觉在市场营销中的作用

1. 感觉使消费者获得对商品的第一印象。感觉是一切复杂心理活动的基础。消费者只有在感觉的基础上，才能获得对商品的全面认识。感觉在消费者购买商品活动中起着重要的作用，感觉使他们对商品有初步印象，而第一印象的好与坏，往往决定着消费者是否购买某种商品。同时，企业的各种营销手段，也只有给消费者以良好的感觉，才能发挥作用。例如，商品陈列干净、整齐，食品新鲜，电器商品光彩熠熠等都能使消费者获得良好的第一印象。在网络销售中，借助模特充分展示商品的特性有助于使消费者获得良好的第一印象。

2. 对消费者发出的刺激信号强度要适应人的感觉阈限。消费者认识商品的心理活动,首先是从感觉开始的。每个人的感觉阈限是不同的,有的人感觉器官灵敏,感受性高,有的人则承受能力强。企业在做广告、进行促销和介绍商品时,向消费者发出的刺激信号强度应当适应他们的感觉阈限。刺激信号强度过弱,则不足以引起消费者的感觉,达不到诱发其购买欲望的目的;而刺激信号强度过强,又会使消费者承受不了,走向反面。例如,对商品的价格,消费者很敏感。有时商家为了推销商品,大幅度优惠打折,并标明某商品的原价和现价。折扣的幅度对消费者而言是个刺激信号,这就要考虑到他们的心理。折扣幅度过小,如仅仅打 9 折,刺激强度不够,购买不会踊跃,销量不会大幅度提高;折扣幅度过大,如以原价的 2 折、3 折出售,有时也会令一些消费者怀疑商品是否有重大质量问题,反而不敢贸然购买。

3. 感觉是引起消费者某种情绪的通道。客观环境给予消费者感觉上的差别,会引起他们不同的情绪感受。例如,商场营业场所环境布置的优劣、商品陈列的造型和颜色搭配、灯光和自然光的采用、营业员的仪容仪表等,都能给消费者以不同的感觉,从而引起不同的情绪。

4. 推销员的职业对感觉的要求。从事任何职业对主体的感觉器官发达程度都有一定的要求。一般来说,推销员的职业特点要求他们感觉器官的灵敏度有一定的界限。最佳感觉界限是具备高度的上限阈限和中等的下限阈限。如果推销员的感觉器官过于灵敏,则容易伤感或激动,于服务工作无益。同时,还要求推销员有一定的心理承受能力,以克服工作中产生的心理压力。

二、知觉

(一)知觉的概念

知觉是人脑对直接作用于感觉器官的客观事物的整体反映。感觉和知觉都是当前事物在人脑中的反映,两者都是感性认识统一过程中的环节。二者的区别是:感觉只是对对象和现象个别属性(如颜色、气味、形状)的反映;知觉则是关于对象和现象的整体形象的反映。任何客观事物都是由许多属性和结构组成的。人们看到红色的东西,能够知觉到这是一朵红花,那是一面红旗,人们在此之前,必定是看到过红颜色和花的形状、旗的形状。这说明感觉是知觉的基础,只不过人们往往把它忽略了。感觉与知觉的关系是,知觉必须以各种形式的感觉的存在为条件,并且与感觉同步进行。需要注意的是,不能把知觉归为感觉的简单相加,因为它还会受到过去经验的制约。人们正是依靠过去的经验,才能把感觉到的个别属性结合为整体形象,从而把当前的对象物知觉为某个确定的事物。

（二）知觉的分类

1. 根据知觉反映的事物特性，可分为空间知觉、时间知觉和运动知觉。这三类知觉均较复杂，空间知觉反映物体的空间特性（如物体的大小、距离等），时间知觉反映事物的延续性和顺序性，运动知觉反映物体在空间的移动。

2. 根据知觉所反映的活动中某个分析器所起的优势作用，可分为视知觉、听知觉、触知觉等。视知觉反映眼睛看到的事物的特性，如体积、颜色、形状等；听知觉反映耳朵听到的声音的特性，如美妙柔和的乐曲、刺耳嘈杂的噪声；触知觉反映人们通过触摸物体而认识的事物的特性，如柔软、光滑、粗糙、坚硬、冰凉等。

3. 错觉。人们受自身条件的限制，对外界事物的感觉和知觉会产生各种各样的偏差，因而会产生各种不正确的认识。

（三）知觉的基本特征

1. 整体性。知觉对象是由许多部分综合组成的，各组成部分分别具有各自的特征，但是人们并不会把对象感知为许多个别的、孤立的部分，而总是把对象知觉为一个完整的整体，这就是知觉的整体性。如图 2-2 所示，人们看图时并不把它们知觉为虚线的组合和三个圆圈，而能够把它们看成是圆形和三角形。

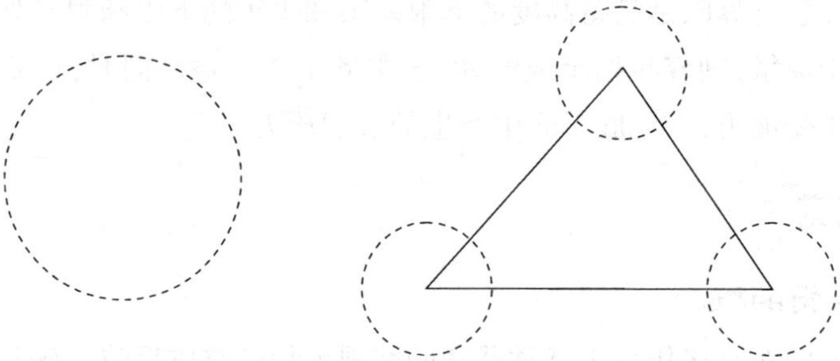

图 2-2　知觉整体性

2. 理解性。人们在感知客观对象和现象时，能够根据以前已获得的知识和经验去解释它们，这就是知觉的理解性。这一特征是通过人在知觉过程中的思维活动实现的。如图 2-3 所示，这张图画没有全部完成，但由于人们的知觉有理解性，即使没有完成的图画也可借助人的思维，从过去的经验和知识中得到补充，在这里人们可以看出这是一个小孩和一条狗在奔跑。

3. 选择性。人们在进行知觉时，常常在许多对象中，优先把某些对象区分出来进行反映，或者在一个对象的许多特性中，优先把某些特性区分出来予以反映，这说明知觉的客体是有主次之分的。这里的"主",是指知觉的对象,"次"是指不够突出或根本没被注意到的背景。

4. 恒常性。这是指当距离、缩影比、照明度改变时,知觉对象的大小、形状和颜色相对固定。例如,一座挂在墙上的圆形电子钟,人们在0.5~10米的距离内,从正面、侧面、上面观察,它的大小和形状是相同的。虽然当视角改变时,物体在人的视网膜上的成像有改变(长方形、椭圆形、圆形),但人们总是把电子钟感知为圆形,如图2-4所示。

图2-3 知觉理解性

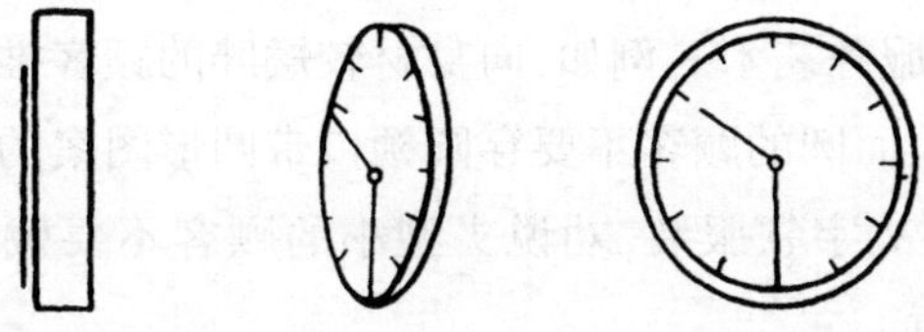

图2-4 知觉恒常性

(四)知觉对消费者以及在市场营销中的作用

1. 知觉的选择性帮助消费者确定购买目标。如果消费者带着既定购买目的到商店,就能积极能动地在琳琅满目的商品中选择所要购买的商品,这是因为购买目标成为符合他们知觉目的的对象物,感知很清楚;而商店里的其他商品,对于该消费者而言,成为知觉对象的背景,或者没有被注意到,或者感知得模模糊糊。

2. 错觉在造型艺术上的特殊作用。错觉的产生,可能由于知觉对象被背景或参照物所干扰,也可能由于人们受过去经验的影响。常发生的错觉有线条长度、方向错觉,图形大小、形状错觉等。如果商店在橱窗设计、广告图案、包装装潢、商品陈列、器具使用等方面,适当地利用消费者产生的错觉,进行巧妙的艺术处理,往往能取得一定的心理效果。例如,在狭小的营业场所,一面或两面墙壁安装整块镜子,会使顾客对空间产生非常丰满的视知觉,从而消除狭窄空间的压抑感,增加逗留时间。

3. 知觉的理解性与整体性在广告中的应用。知觉的整体性特征告诉人们,具有整体形象的事物比局部的、支离破碎的事物更具吸引力和艺术性。因此,在图画广告中,把着眼点放在与商品有关的整体上比单纯把注意力集中在商品上效果更为突出。

4. 知觉在营销中的作用。知觉在营销中的作用如下:

(1)拓展接待服务能力。营业员应当将正在接待的顾客当作知觉的对象,其余顾客相对而言成为知觉背景。知觉对象和知觉背景随时在调换,接待甲消费者时,乙消费者向营业员发问,则乙立即成为知觉对象。一个优秀的营业员,能够同时接待、照应几位顾客,有较宽的接待服务面。例如,已故全国商业劳模张秉贵同志,在接待顾客时能做到"接一问二联系三",从心理学角度分析,他的知觉对象是三位顾客,其他才是背景,这正是他高人一筹之处。

(2)掌握向消费者推荐商品的艺术。由错知觉原理可知,深颜色可使物体显得小些,横条纹服装可使人显得矮胖,两极相反的物体放在一起会相互突出。营业员在向消费者推荐服装类商品时,应学会运用人们感知觉中产生错觉的心理,科学、合理地推荐,提高服务艺术。例如,向身材较矮胖的顾客推荐深颜色、带有竖条纹的服装,劝说脸型大而圆的顾客不要穿圆领口带圆形图案的服装,劝说脖子长的顾客不要穿鸡心领或 V 字领服装,劝说头型小的顾客不要戴大沿帽子,等等。这样,一定会使顾客满意。

第二节　记忆与注意

一、记忆

(一)记忆的概念

记忆是过去的经验在人脑中的反映,或者说是人脑对过去发生过的事物的反映。汉语中"记忆"一词本身,是先记再忆,表明记忆是对过去经历过的事物的反映。人们在日常生活、工作或社会实践中,凡是感知过的事物、思考过的问题、体验过的情绪、演练过的动作,都可以成为记忆的内容。人脑具有对过去经验反映的机能,是因为主体接受了客体的刺激以后,会在大脑皮层上留下兴奋过程的痕迹。这些痕迹在日后遇到一定的条件,就被重新"激活",在人脑中重现已经消失的刺激物的印象。可以说,记忆是人脑的一种机能,它的生理学基础是大脑神经中枢对某种印迹的建立和巩固。

用现代信息论的观点来解释,则可以把记忆看作是对输入信息的编码、储存,以后在一定条件下提取的过程。

每个人都希望自己有良好的记忆能力。例如,中国的一位著名作家在脑子里储存了2 000篇文章,西北大学的一位研究生能背诵圆周率小数点后6万位数字。人们往往注意个体记忆能力的差异,但对记忆的心理过程却不一定了解。

(二)记忆的心理过程

记忆包括识记、保持、回忆和认知四个环节。

1. 识记是人们为获得客观事物的深刻印象而反复进行感觉、知觉的过程,也就是通常所说的"记住"。在购买行为中,消费者就是运用视觉、听觉和触觉去认识商品,在大脑皮层上建立商品各因素之间的联系,留下商品的痕迹,从而识记商品。

2. 保持就是巩固已经识记的知识和经验的过程,使识记的材料能较长时间地保持在脑中。例如,消费者把在识记过程中建立的商品诸因素之间的联系,作为经验储存在脑子里,这就是保持的过程。

3. 回忆是在不同情况下,恢复过去经验的过程,也就是过去曾反映过的事物不在眼前,但能把对它的反映重新呈现出来。例如,消费者在购买某种商品时,为了进行比较,往往在脑海中重现曾经在别处见过或自己使用过的同种商品,这就是回忆的过程。

4. 认知是当过去感知过的事物重新出现时,能够感到听过、见过或经历过。例如,以前曾听过的乐曲,当别人再演奏时能听出来以前曾听过,甚至能说出曲名,就是认知。

以上记忆中的识记、保持、回忆和认知四个环节既紧密联系又互相制约。没有识记就谈不上对经验的保持,没有识记和保持就不可能对经历过的事物有回忆和认知。四个环节的关系是,识记和保持是回忆和认知的基础,回忆和认知既是识记和保持的结果,也是巩固和强化识记和保持的过程。

(三)记忆的分类

按记忆的内容,可以分为感知形象记忆、语词记忆、概念记忆、情绪记忆和运动记忆。例如,消费者去北京百货大楼买过东西,日后能够想起百货大楼的形象,就是感知形象记忆;人们学习外语背单词,就是语词记忆;对于抽象概念,如商品、价值等词语意义的记忆,就是概念记忆;对以前曾参加过联欢会体验到的情感的记忆,就属于情绪记忆;一个人多年前学会的游泳、驾驶汽车等动作,现在仍然会,就是运动记忆。

(四)三种记忆系统

20世纪50年代中期以后,许多心理学家都倾向于用信息论解释记忆,并把记忆分为三种系统或三个阶段，即瞬时记忆、短时记忆和长时记忆，如图 2-5 所示。

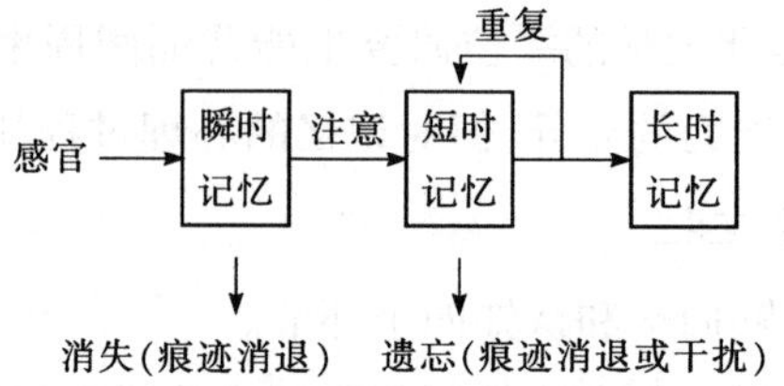

图 2-5　记忆系统

1. 瞬时记忆，也被称作感觉记忆。这种记忆中的材料保持的时间是 0.25~2 秒。其特点是持续时间短、瞬间即逝，容量较小。例如，电视中播放的商品广告，有的广告播放时间才 15 秒钟，字数却达 80 个，使消费者难以记忆，效果不甚理想。

2. 短时记忆。短时记忆中材料保持的时间为 5~20 秒，最长不超过 1 分钟。瞬时记忆中的材料如果受到主体的注意，就会转入短时记忆阶段。商业广告要想使消费者越过瞬时记忆阶段，就必须利用种种方法和手段，引起消费者的注意。

3. 长时记忆。这是指 1 分钟以上直至多年甚至保持终生的记忆。长时记忆是对短时记忆加工复述的结果，有时富有感情的事物由于印象深刻也能一次形成。商业广告要想使广告内容成为消费者长时记忆的材料，从而达到引导需求的目的，就可以采取重复向消费者传播的方法，加深广告内容在消费者大脑中的痕迹。例如，德国的奔驰汽车在我国家喻户晓，就是多次重复播放广告的结果。在其背后，隐藏着对心理学记忆原理技巧的运用。

（五）影响记忆效果的因素

1. 明确目的有助于记忆。心理学中根据识记有无明确目的，将识记分为无意识记和有意识记。无意识记是事前没有确定识记目的，也不用任何有助于识记方法的识记；有意识记是明确了识记目的，并运用一定方法的识记。一些研究结果表明，在其他条件相同的情况下，有意识记效果比无意识记效果好得多。例如，消费者想购买汽车，他们就会多方搜集有关信息，并注意记忆，这样就会明显地记住有关汽车的市场信息。

2. 理解有助于记忆。理解是识记材料的重要条件。建立在理解基础上的识记，有助于识记材料的全面性、精确性和牢固性，其效果优于单纯机械识记。这是因为材料本身的意义，能反映出事物的本质，也能反映出材料与学习者已掌握的知识及经验的联系。这样，所学的新材料就会被纳入学习者已掌握的知识系统中去，因而记忆效果好。在商业广告宣传中,有些广告在新产品与消费者所熟知的事物之间建立起联系,潜移默化地提高了记忆效果,原因就在于利用了理解有助于记忆的原理。

3. 活动对记忆的影响。当识记的材料成为人们活动的对象或参与结果的时候,由于学习者积极地参加活动,在参与活动过程中,记忆效果会明显提高。在市场营销活动中,如果能把消费者引进商品的使用活动中,则会明显地调动他们的活动积极性,从而使他们加深对商品的记忆,扩大销售量。例如,服装让消费者试穿,家用电器当场操作,玩具现场表演,小食品当场品尝,是应当采用的方法。

4. 不同系列位置对记忆的影响。识记对象在材料中的系列位置不同,被人们遗忘的情况也不一样。一般是,材料的首尾容易记住,中间部分则容易遗忘。据美国加利福尼亚大学波斯特曼的实验,在一般情况下,中间项目遗忘的次数相当于两端的 3 倍。例如,电视播放商业广告时先后次序不同,消费者的记忆效果也不同,首尾部分被记住的概率比中间部分的要高 2~3 倍。

二、注意

(一)注意的概念

注意是人的心理活动对外界一定事物的指向与集中。注意这种心理现象是普遍存在的。例如,工人开动机器生产,要全神贯注在操作上;战士射击打靶,要屏气凝神瞄准目标;学生上学听课,要聚精会神听老师讲课。人只要处于清醒状态,就会产生注意心理活动。品尝食物味道,闻闻气味等,都是注意活动。注意与人们的一切心理活动密不可分,它伴随人们的认识、情感、意志等心理活动过程而表现出来。

注意有两个基本特征,即指向性和集中性。注意的指向性特征显示人的认识活动有选择性,就是人们对认识活动的客体进行选择,每一个瞬间,心理活动都是有选择地指向一定的对象,同时离开其余对象。例如,消费者在市场上,他们的心理活动并不能指向商店内的一切事物,而是长时间地把心理活动指向一定的商品。注意的集中性,就是把心理活动贯注于某一事物,不仅有选择地指向一定的事物,而且离开一切与注意对象无关的东西,并对局外干扰进行抑制,集中全部精力去得到注意对象鲜明、清晰的反映。例如,消费者在选购商品时,其心理活动总是集中在要购买的目标上,并且能离开其他商品,对场内噪声、喧哗、音乐等干扰进行抑制,以获得对所选购商品清晰、准确地反映,从而决定购买与否。

（二）注意的功能

注意有以下几个功能：

1. 选择功能，就是选择那些对行为有意义的、符合活动需要的外界影响，避开和抑制那些与当前活动不一致、与注意对象竞争的各种影响。

2. 保持功能，就是注意对象的内容在主体意识中保持，延续到达到目的为止。

3. 监督和调节功能，就是对活动进行调节和监督，在同一时间内，把注意分配到不同的事物上。有人做事爱出错、马虎、走神，实际上是心理监督机能不够健全所致。

（三）注意的分类

根据产生和保持注意有无目的和意志努力的程度，注意可分为无意注意和有意注意。

1. 无意注意。无意注意并不是没有注意，是指事先没有预定的目标，也不需要做意志努力，不由自主地指向某一对象的注意，因此无意注意也可以叫作不随意注意或被动注意。例如，消费者到商店想购买甲商品，无意中看到乙商品，觉得不错，引起了对乙商品的注意，就属于无意注意。引起无意注意的原因，一方面是刺激物本身具有强烈、鲜明、新奇的特点，如色彩鲜明、有动感的广告容易引起无意注意；另一方面是刺激物与人们的生活、学习、工作、社会实践直接有关，能引起人们的兴趣。

2. 有意注意。有意注意是指自觉的、有预定目的的，必要时还需做一定意志努力的注意。像上面讲的做工、射击、听课都是有意注意。有意注意在心理学上也被称作随意注意或主动注意。例如，消费者在嘈杂的商店里专心选择欲购买的商品，学生在吵闹的环境中看书，司机在马路上开车，都属于有意注意。

3. 有意注意与无意注意的区别。

二者的区别如下：

（1）目的性。有意注意有明确的预定目的，自觉性强；无意注意没有预定的目的，自觉性差。

（2）持久性。有意注意需要做一定的意志努力，因而比较稳定、持久；无意注意没有意志的参与，保持的时间短，也容易转移。

（3）疲劳性。有意注意时，神经细胞处于紧张状态，因而容易出现心理疲劳，常处于抑制状态；无意注意时，神经细胞时而紧张时而松弛，因此，不容易产生心理疲劳，也不容易被抑制。

（4）制约性。有意注意受主体的主观努力所制约，无意注意则被刺激物的性质和强度所支配。

从以上内容可以看出,有意注意与无意注意既互相联系又互相转换。只有有意注意,人就很容易疲劳,效率不能维持;而只有无意注意,人就容易“分心”,心理活动不能指向某一特定事物,事情也难以做好。因此,要强调二者的相互转换。

(四)发挥注意在市场营销活动中的作用

1. 用多角化经营、增添服务项目来调节消费者在购物过程中的注意转换。零售商业企业的基本功能是向消费者出售商品,综合性大型零售商业企业也只是满足消费者吃、穿、用的消费需求。消费者进入商场,如果较长时间处于有意注意状态中,会感觉到疲劳。为了改变这种状况,现代零售企业的功能已大为拓展,大型购物中心广场集购物、娱乐、餐饮、休闲、健身、美容为一体,能够满足消费者全方位的购物需求,使消费者徜徉其中,时而有意注意,寻找商品,时而无意注意,娱乐消遣。这种形式显然有利于延长消费者在商场的逗留时间,能够创造更多的销售机会,同时也使消费者自然而然地进行心理调节,感到去商场购物是一件乐事。即使是中小型商业企业,适当地增加顾客的休息区,增加儿童活动场所,出售些饮料等,也能起到类似的作用。

2. 发挥注意心理功能,引发消费需求。正确地运用和发挥注意的心理功能,可以使消费者实现由无意注意到有意注意的转换,从而引发需求。例如,我国贵州茅台酒在1915年巴拿马万国博览会上获金奖,注意在这里立了头功。博览会初始,各国评酒专家对其貌不扬、装潢简陋的中国茅台酒不屑一顾。我国酒商急中生智,故意将一瓶茅台酒摔碎在地上,引起注意,同时酒的香气四溢,举座皆惊,从而使茅台酒名声大振,成为世界名酒。我国酒商的做法,符合强烈、鲜明、新奇的活动刺激能引起人们无意注意的原理,取得了成功。

3. 成功的广告需要引起消费者注意。在广告宣传中,要使广告被消费者所接受,必然要与他们的心理状态发生联系。有些广告宣传之所以失败,就在于没有引起消费者的注意。有的广告用词一般,内容空泛,如罗列“产品生产历史悠久、质量可靠、畅销全国、机件优良、性能稳定、操作方便、使用安全、信守合同、交货及时、代办托运、协助安装、实行三包、欢迎订购”等概念化词句,讲了半天,消费者还不知道商品的品牌、名称和型号,这样的广告就难以引起消费者的注意。在中华人民共和国成立前,上海有家梁新记牙刷店,它的广告画面是:一个人拿钳子拼命拔牙刷上的毛,旁边写着“一毛不拔”四个字,既形象又有趣。“梁新记牙刷质量上乘”的形象一下子就树立起来了。

要使广告引起消费者注意,可运用下述方法:

(1)利用大小。形状大的刺激物比形状小的刺激物更容易引起注意,尤其在介绍新产品时,应尽可能刊登大幅广告。例如,现在有一些在报刊上刊登的广告,除有图文并茂的特点外,一般占版面的1/3,有的甚至占整版,极容易映入读者眼帘。当然,这并不意味着广告篇幅增加两倍,就能引起读者加倍的注意,不存在这样简单的等比例增加的关系。

(2)利用强度。洪亮的声音比微弱的声音更容易引起注意。国内外的电视节目播出商业广告时,音量突然增加,正是利用强度原理。但要注意刺激强度不能超过消费者的感觉阈限,否则会走向反面。

(3)运用色彩。鲜明的色彩比暗淡的颜色更容易引起消费者注意。一般地讲,黑色比白色更引人注目。现在,虽然彩色广告到处可见,但是黑白对比鲜明的广告同样可以给人以新鲜的感觉。

(4)利用位置。在超市、商场,商品琳琅满目、堆积如山、举目可望,而从人的胸部到眼部是最能引起消费者注意的商品陈列位置。印刷在报纸上的广告,什么位置最能引起消费者的注意呢?调查结果显示:上边比下边、左边比右边更容易引起读者注意。

(5)利用活动。活动着的刺激物比静止的刺激物更容易引起注意。例如,反复变化的霓虹灯广告比静止的更引人注目,更能引起消费者注意。

(6)利用对比。对比度越高,越容易引起人们注意。例如,强音和弱音、明亮和昏暗、大型和小型轮流出现,比单一出现更容易引起消费者注意。

(7)利用隔离。在大的空间或空白的中央放置或描绘的对象容易引起注意。例如,有的报纸整个版面都是印刷广告,效果不甚理想,因为消费者的注意力被分散了,造成视而不见的后果。如果在整版的1/2或1/3处设计广告,在艺术上被称为"留白",反而能够引起注意。

第三节 想象与情绪、情感

一、想象

(一)想象的概念

想象是指用过去感知的材料来创造新的形象,或者说想象是用头脑改造记忆中的表象创造新形象的过程。心理学上把客观事物作用于人脑后,人脑产生出这一事物的形象叫作表象。那么,对于已经形成的表象,经过人的头脑的加工改造,创造出并没有直接感知过的事物的新形象就是想象。由此可知,想象要具备三个条件:①必须要有过去已经感知过的经验,但这种经验不一定局限于想象者个人的感知,也可以是前人、他人已有的;②想象必须依赖于人脑的创造性,需要对表象进行加工,而不是表象本身;③想象是新的形象,是主体没有直接感知过的事物。例如,《西游记》中的孙悟空、猪八戒的形象,虽然在生活中没有存在过,但人们在头脑中可以把人与猴、人与猪的形象进行分析综合,加工改造,用另一个形象的特征补充这个形象,创造出人们并没有直接感知过的孙悟空、猪八戒的新形象。又如,木船、帆船、轮船、汽车、火车、飞机、宇宙飞船、航天飞机等交通工具,都是人脑创造出来的现实中原本不存在的事物的形象。这些创造发明的新奇形象,归根结底还是来自对客观现实的感知,如汽车、火车是用轮子代替动物的腿,飞机是用机翼代替鸟类的翅膀,二者虽有本质区别,但都是人们受动物运动的启发并加以想象而发明出来的。

(二)想象和思维的联系与区别

思维是人脑对现实的间接认识和概括认识。只有在思维过程中,人们才能够认识事物与现象的本质及事物之间的联系和关系。想象与思维密切联系。想象离不开思维,人们在探索和解决新事物时,必须要有思维活动的参加,二者都是比较高级的认识活动。二者的区别是:想象结果是以具体形象的形式表现出来的,思维的结果是以抽象概念的形式表现出来的。

(三)想象的分类

想象与注意类似,也分为无意想象和有意想象。无意想象是没有特殊目的、不自觉的想象,是想象中最简单、最初级的形式,人的梦就是无意想象的极端情况。与无意想象相对应,想象如果带有一定的目的性和自觉性,就叫作有意想象。在进行有意想象时,人们会提出想象的目的,并按一定的任务进行想象。

有意想象又可分为两种形式:再造想象和创造想象。这是按想象内容的新颖性、独立性和创造性的不同进行划分的。再造想象是指根据语言文字的描绘或条件的描绘(如图样、图解、符号记录等)在头脑中形成有关事物的形象。例如,读者看过《红楼梦》后,头脑中就会构成和浮现出贾宝玉、林黛玉、薛宝钗、王熙凤等人物形象。所谓"再造",包括两方面的含义:其一,新形象不是主体自己独立创造出来的,而是根据别人的描绘形成的;其二,新形象是经过主体大脑的加工而形成的。与再造想象不同,创造想象是指不依赖现成的描述而独立地创造出新的形象。例如,作家对典型人物进行塑造的创作活动,就需要创造想象。

鲁迅笔下的阿 Q 就是创造想象,生活中并没有完全像阿 Q 那样的人,这个典型形象是作者创造出来的。

（四）想象在市场营销活动中的作用

1. 消费者在评价商品时常伴随着想象。消费者在购买行为中,有的富于想象,他们是否购买某种商品,常取决于购买对象与其想象中追求的是否相吻合,相吻合就购买,不相吻合则拒绝购买。有些顾客在购买衣服时,常常把衣服搭在身上并照镜子,边欣赏边想象;购买家具时,他们头脑中往往伴随着家具对居室环境美化效果的想象,并据此对家具进行评价。

2. 营业员的工作需要一定的想象力。营业员在为顾客服务的过程中,想象的作用不可忽视,成交率的高低在很大程度上取决于营业员的再造想象有无差错。优秀的营业员应该能够想象出哪种商品更适合所接待顾客的需要。

此外,营业员在摆放商品、陈列橱窗、介绍商品、展示商品等业务中,都可以发挥其创造想象。

在网店的商品销售中,店主聘请模特穿着服装拍成照片上传到网络上,其销售效果往往好于平面的商品宣传,这也是利用了顾客看到照片的想象效果而取得的营销成果。

二、情绪和情感

（一）情绪和情感的概念

情绪和情感是人的需求得到满足或得不到满足时所产生的一种对客观事物的态度和内心体验。人们在认识和改造世界的过程中,客观事物对人会有某种意义,因而人对这些事物也就会产生某种态度。这种对客观事物的态度总是以带有某些特殊色彩的体验的形式表现出来。例如,体育竞赛中取得优胜使人兴奋和愉快,亲人故去使人痛苦和悲伤,遇到蛮不讲理的人会使人激动和愤慨,自然灾害可能使人震惊和恐惧,所有这些喜、怒、哀、乐、悲、恐、惊等,都是人的具有某种独特色彩的体验,这些体验是以人的不同态度为转移的。因此,情绪和情感也可以说是人对周围现实和对自己独特的个人的态度。情绪和情感寓于人的认识活动之中,它在认识活动中产生,并且影响活动的进行。

需要是人的情绪或情感产生的动力。由满足生理需要而产生的情绪或情感,称为原始情绪或情感,也称低级情绪或情感;由满足社会需要而产生的情绪或情感,称为高级情绪或情感。

（二）情绪和情感的联系与区别

在西方一些心理学的著作中，常常把情绪和情感称为感情（affection）。情绪和情感是从不同的角度来表达感情这种复杂心理现象的。一般地说，情绪是较强的情感，常常用于感情的表现形式。例如，狂热的欣喜、强烈的愤慨、深深的忧郁，一般用情绪表达。情绪具有较强的情景性、激动性和短暂性。情感大都与人的社会需要相联系，具有较强的稳定性和深刻性。例如，高尚的道德情操、深刻的艺术感受等体验，一般用情感表达。在实际生活中，情绪和情感往往交织在一起，难以绝对区分。

（三）情绪和情感的分类

1. 情绪按性质、强度、时间和复杂性状态可分为心境、激情、热情、应激和挫折。

（1）心境：是一种微弱而平静，持续时间有时长有时短的情绪。心境会影响人们对周围环境作出的判断。如果消费者在商店里心境好，则对商品的感觉亦好，实现的购买率会较高。

（2）激情：是一种迅速、强烈的爆发，是能控制人的行为的、逐渐增强的情绪紧张。一般持续时间短暂。例如，看到自己喜欢的运动队取得比赛的胜利，产生的热烈的情绪就是激情。

（3）热情：是一种强有力的、稳定的、能把人完全控制住的情感。热情表现出主体被一种力量所征服，以坚定的努力去达到某个目的。消费者往往是在热情推动下，才去购买某些商品的。例如，集邮爱好者为了增加自己收藏的邮品，可以压缩他在别的方面的支出。

（4）应激：是由出乎意料的紧张情况所引起的情绪状态。商店营业员有时会处于应激状态，如当商店举行力度较大的促销活动时，由于顾客众多、现场忙乱，营业员必须在嘈杂的环境下工作，因而可能处于应激的情绪中。一般来说，应激状态会因手忙脚乱而不利于工作，但有时也会相反，会因工作节奏加快而提高效率。

（5）挫折：是人们在实现目的的过程中遇到困难、障碍，但又无法去排除、克服的心理状态。其典型表现是懊丧、怨恨、消沉甚至麻木。挫折有时表现为做事情消极、效率低、不负责任，有时表现为迁怒于人。

2. 情感按社会性内容，可分为道德感、理智感和美感。

（1）道德感：是个人根据社会道德准则评价自己或别人行为时所产生的情感，是一种高级形式的社会情感。如果自己的思想意图和言行举止符合社会道德准则，就会产生肯定、积极的情感，心安理得；反之，则坐卧不安。营业员应有严格的职业道德训练,不能采用有失职业道德的手段,如掺杂使假、以次充好、短斤少两等去获得经营利润。

(2)理智感:是人的求知欲望得到满足或得不到满足时所产生的高级情感。理智感与人的求知欲、好奇心、热爱真理等相联系,它不是要满足低级的本能的需要,而是要满足高级的社会性需要,是一种热烈追求和探索知识与真理的情操。例如,消费者对一些高科技产品进行认识活动时,有时会产生好奇、求知、自信、疑虑等情感,从而产生购买并使用这些商品的兴趣。理智感对消费者购买过程中的情绪变化,起着重要的推动作用。

(3)美感:是人的审美需要得到满足或得不到满足时所产生的真善美和假恶丑的心境感受。人对自然、艺术等所表现的美或丑进行评价时,会产生肯定或否定、愉快或不愉快、喜爱或厌恶、高尚或庸俗、真实或虚假等审美情感。审美标准受主体美学修养、爱好、情操、社会地位的影响而有差别,但同一群体往往持有基本相同的审美标准。例如,青年消费者对时尚、新潮商品的普遍追求,说明同一群体成员有着近似的美感。

第四节　气质、性格与能力

一、气质

(一)气质的概念

通俗地讲,气质就是一个人的"脾气"和"性情"。心理学中的气质是指决定一个人心理活动的全部动力,它是为个体所独有的心理特点。气质在一个人多种多样的,有不同内容、不同动机的行为活动中,都会始终如一地得到同样的表现。

气质主要表现出人的心理过程两方面的特点,一方面是心理过程的动力特点,另一方面是心理过程的指向性特点。心理过程的动力又包括两个侧面:①心理过程的速度和稳定性,如知觉的速度、思维的灵活程度、注意集中的长短;②心理过程的强度,如情绪的强弱、意志努力程度。心理过程的指向性是指有人内向,有人外向。

(二)气质的类型

关于人的气质学说,是公元前5世纪古希腊医生希波克拉底首先提出的。他认为人体内有血液、黏液、黄胆汁、黑胆汁4种体液,并认为这4种体液在体内的不同比例会形成4种气质类型,如表2-1所示。

表2-1 气质类型

气质类型	体内占优势的体液
多血质	血液
黏液质	黏液
胆汁质	黄胆汁
抑郁质	黑胆汁

人们在日常生活中确实能找到这4种气质类型的典型代表,有它的实践意义,因此沿用到现在。但是用体液构成比例划分气质,缺乏生理学科学基础。巴甫洛夫的高级神经活动类型学说,为气质类型的研究提供了生理学基础。巴甫洛夫发现神经活动类型可分为4种,即兴奋型、活泼型、安静型和抑制型,与此相对应的是4种气质类型。高级神经活动特点和类型与气质类型的对应关系见表2-2。

表2-2 高级神经活动特点和类型与气质类型的对应关系

高级神经活动特点和类型				气质类型
强	不平衡		兴奋型	胆汁质
强	平衡	灵活性高	活泼型	多血质
强	平衡	灵活性低	安静型	黏液质
弱			抑制型	抑郁质

巴甫洛夫对高级神经活动类型的划分有3个依据:①神经活动过程的强度,指大脑皮层的兴奋与抑制过程的强弱;②适应能力,指兴奋与抑制之间力量对比不平衡还是平衡;③灵活程度,指兴奋与抑制相互转换速度的快慢。

以上这4种气质类型只是一般的划分。事实上,生活中绝对属于某种气质类型的人并不多,大多数人是以某一种气质为主,兼有其他气质特征的混合型。

(三)消费者购买行为的气质表现

气质是典型而稳定的个性心理特征,必然会影响消费者的购买行为。一个消费者的气质特点虽然在每次购买行为中有所显露,但必须在多次购买行为中才能全面而鲜明地表现出来。

1. 胆汁质气质类型。这类消费者购买行为表现是情绪变化激烈、易于冲动、性情暴躁、面部表情丰富、购买行动迅速,属于兴奋型。

2. 多血质气质类型。这类消费者购买行为表现是情感易于转换、反应机智灵敏、热情活泼好动、实现沟通迅速、言行举止快捷,属于活泼型。

3. 黏液质气质类型。这类消费者购买行为表现是情感变化缓慢、安静稳重踏实、固执多疑怯懦、反应从容缓慢、言行拘谨自制,属于安静型。

4. 抑郁质气质类型。这类消费者购买行为表现是心绪消沉于内、反应迟钝犹豫、冷漠孤僻寡欢、多疑内省仔细、言行缓慢腼腆,属于抑郁型。

(四)营业员气质类型与售货行为表现

根据大量观察,营业员气质特征和相应的售货行为,大体有以下5类:

1. 急躁型,具有明显的胆汁质气质特征。工作行为的优点是工作富有朝气,动作敏捷,善于随机应变;不足之处是心境变化剧烈,工作态度时好时差。

2. 活泼型,具有明显的多血质外向气质。工作行为的优点是容易与顾客接近,互相沟通快,动作干脆利索,服务面广,容易促成顾客购买;不足之处是注意力容易转移,兴趣易变,缺乏坚持性和耐久力。

3. 温顺型,兼有多血质和黏液质的某些气质特征。工作行为的优点是热情而不冲动、情绪稳定,能顺从顾客意见,满足顾客挑选商品的要求;不足之处是售货动作不那么迅速,处理问题不够泼辣大胆。

4. 冷静型,具有明显的黏液质气质特征。工作行为的优点是接待顾客沉着冷静、注意力稳定,介绍商品客观、服务细致;不足之处是缺乏朝气,表情略为淡漠,与顾客保持一定距离。

5. 沉默型,具有较明显的抑郁质气质特征。工作行为的优点是工作情绪稳定如一,工作认真,埋头苦干;不足之处是与顾客沟通较慢,不善于宣传推销商品,也不爱回答顾客所提的问题。

从气质类型上分析,各种气质类型既有积极方面,也存在消极方面,因此气质类型无所谓好坏。从实际中看,受到顾客欢迎的是温顺型和冷静型营业员;受顾客批评较多的是急躁型营业员;既有批评也有赞扬的营业员以活泼型为多;沉默型营业员则被顾客遗忘,很少得到褒贬。

(五)提高营业员的心理素质

消费者有不同的购买类型,营业员有不同的气质类型特点,交易活动使双方不可避免地要发生接触,容易产生摩擦和冲突。如何解决矛盾、提高服务质量呢?对商业企业来说,顾客是不可控因素,对顾客可以进行诱导但不能改变他们;而营业员是可控因素,应当在提高营业员心理素质上下功夫。

主要途径如下:

第一，把握新招聘员工的气质类型。我国在劳动人事制度改革前，在招聘工作中，只注意对招收对象的政治素质、文化程度、身体条件进行考核，而忽视了心理条件的要求。虽然商业服务工作对人员的心理条件要求不像某些特殊行业那样严格，但心理条件、气质类型却影响着服务工作的优劣。因此，在招聘工作中，应当通过面试、口试、答卷考试等形式，考察招聘对象的气质特征，根据岗位、工种需要，择优录取，把那些气质上更适合的人招聘进来。

第二，对现有营业员进行心理训练。营业员应当具有活动性、稳定性、适应性、主导性等心理品质。对急躁型的营业员应进行自我控制训练，对沉默型的营业员应进行待人接物训练，使他们能够从气质上适应服务工作的需要。

第三，根据营业员的气质类型调整工作岗位。对经过训练仍无显著变化，不能胜任岗位工作的营业员，可以进行优化劳动组合，扬长避短。例如，急躁型的可以胜任安全保卫、清洁卫生、组织展销会等工作；沉默型的可以做仓库管理、商品加工等工作。

二、性格

（一）性格的概念

性格是人的个性中最主要的心理特征，人和人之间的差别首先表现在性格上。性格是人们在对待客观事物的态度和社会行为方式中，表现出来的稳定倾向。按古希腊人的解释，性格意为“特征”“标志”“属性”“特性”，以后被引申用来标志人物的特征。一个人对现实的态度，决定了他习惯性的行为方式。一个人如果对某些客观事物的态度和反应在生活中成为经验且得到巩固，就会成为其在特定场合中习惯的行为方式，由此构成其性格特征。同时，人的认识、情绪、意志等心理过程的不同特点，也是构成人们不同性格的重要因素。

性格反映一个人本质属性独特的、稳定的一面，比前述的气质更能反映一个人的心理面貌。性格和气质存在着互相渗透、互相作用的联系，两者都以高级神经活动类型为生理学基础。两者的区别主要是：①存在的客观基础条件不同。气质与神经系统密切联系，性格则更多地受到社会生活环境的影响和制约。②稳定性时间长度不同。气质的稳定性在相当长的时间内，甚至人的一生中都不变动；性格也有相对的稳定性，但可能由于生活中的突发事件、重大挫折而变化。③互相影响的侧重面不同。气质对性格的情绪性和表现速度，对性格的形成和发展速度、动态有一定的影响；性格则在一定程度上掩盖和改造气质，使它服从社会实践所要求的行为方式。

(二)性格的分类

1. 按占优势的心理机能,性格可分为理智型、情绪型和意志型。这种分类是按照理智、情绪和意志哪种心理机能占优势而划分的。理智型性格的人用理智衡量、支配行为;情绪型性格的人举止被情绪所左右;意志型性格的人行动目标明确、主动。

2. 按心理活动倾向性,性格可分为外向型和内向型。外向型性格的心理活动倾向于外部,凡事但求适应环境,表现为活跃、开朗、亲切、直率、擅长交际。内向型性格的心理活动倾向于内部,凡事尽在自我,表现为沉静、反应迟缓、顺应环境。

3. 按个体独立性程度,性格可分为顺从型和独立型。顺从型表现为独立性差,易受暗示,行动易受他人左右,做决定时犹豫不决。独立型表现为善于独立发现和解决问题,有主见,较固执,不易受外界影响,较少依赖他人。

此外,还有特质分析、价值倾向、九分法等性格分类方法。

(三)消费者购买行为中的性格表现

在市场营销活动中,消费者的个体性格特点决定着他们各自购买行为的态度和行为方式。

1. 外向型:言语、表情和动作反应外向,易受广告宣传、他人购买行为、营业员诉求影响,热情活跃,乐于与营业员进行信息交流。

2. 内向型:沉默少语,动作、反应迟缓,内心活动丰富而不露声色,面部表情如一。

3. 理智型:善于权衡商品的各种利弊因素,通过周密思考理智地作出购买与否的决定。

4. 情绪型:购买行为带有浓厚的感情色彩,易受营业现场各种因素的影响,有时情感反应强烈。

5. 意志型:购买目标明确,积极主动,按照自己的意图购买商品,购买决定果敢、迅速。

6. 顺从型:在进行购买决策时,缺乏主见,犹豫不决,在营业现场易听取别人意见,特别是专家、内行的意见。

7. 独立型:在进行购买决策时,胸有成竹,不愿听取他人意见,在营业现场表现固执,不依赖他人参谋。

三、能力

(一)能力的概念

能力是指直接影响活动效率,决定活动能否顺利完成的个性心理特征。能力在活动中得到表现、形成和完善,也只有在从事某项活动时才能被发现。也就是说,能力与完成一定的活动相联系,人的能力在某项活动中得到考察。例如,消费者购物能力如何,可以在他们购买商品的全过程和购买结果中作出评价意见。一般地说,要顺利地完成某种活动,只具备某一种能力是不能胜任的,需要各种能力相结合,心理学中把各种能力的结合叫作才能。能力与智力的特性、记忆和注意的特征等心理品质不是对立的,如果这些品质符合某种活动的要求,或者由于活动的要求而形成,那么这些品质也可以看成是某种能力。

(二)能力的分类

1. 按不同倾向划分,能力可分为一般能力和特殊能力。一般能力是指符合许多基本活动要求的能力。例如,观察力、思考力、记忆力、注意力、判断力、想象力,这些能力适用于广泛的活动范围,自然也包括市场营销活动。特殊能力是指完成某种专业活动所需要的能力。例如,节奏感是音乐领域的特殊能力要求,准确估计比例关系是美术领域的特殊能力要求。一般能力和特殊能力彼此联系,互相促进。

2. 按创造性程度划分,能力可分为再造性能力和创造性能力。具有再造性能力的人,能迅速掌握所学知识,并善于按照所提供的模式进行活动。具有创造性能力的人,善于创新,富有创造性,能超出现成经验、模式进行发挥。

(三)消费者的购买能力与营业员的职业能力

1. 消费者的购买能力。在购买行为活动中,消费者只需具备正常人的注意能力、记忆能力、思维能力、比较能力、决策能力就足以完成购买行为。但对于某些特殊商品,如高档商品、专业技术性强的商品,还需要鉴别能力、检验能力等。

购买行为能反映出消费者能力的个性差异。例如,能独立、迅速地作出购买决定的消费者,对商品的识别能力、评价能力、决策能力以及语言能力较强;而有些消费者由于能力方面的原因,购物中表现得优柔寡断,拿不定主意,不知是否应购买。

2. 营业员的职业能力。对掌握本行业有益处的心理品质的总和叫作职业能力。营业员除应当掌握售货操作、计算、商品陈列等技能外,还要有良好的视听能力,注意的分配能力、集中能力,较好的记忆力,言语能力,表情能力,推理判断能力等,才能做好服务接待工作。

气质、性格、能力等个性心理特征,是构成消费者购买行为的重要心理基础,也是消费心理学的重要原理。在这一基础上,消费群体的行为表现出某些共性,研究这些个性心理的构成和特点,区分消费者的不同类型,深入研究消费者的需求差异,根据心理因素细分市场,按照目标市场的消费者个性心理特点制定市场营销策略,引导消费行为,对企业来说具有重要意义。

第五节 学习与联想

一、学习

(一)学习的概念

从心理学的角度看,学习是人脑的重要功能,是某种体验所产生的使行为发生较为持久改变的历程;是通过神经系统不断接受外部环境变化信息,获得新的行为模式的过程。人类行为大都来源于学习,一个人的学习是通过驱使力、刺激物、诱因、反应和强化的相互影响而产生的。学习引起的行为变化包括取得经验、知识,形成某种态度,产生某种兴趣等。科学技术的进步,新产品、新品牌的不断涌现,市场营销环境的不断变化,致使消费者需经过多方收集有关信息之后,再作出购买决策,这本身就是一个学习的过程。

(二)学习的类型

学习因经验而产生,这里的经验,一是指个人生活习惯的累积,如习惯、知识、技能、观念等;二是指个体的生活活动,在活动过程中产生了学习。

学习有多种类型。例如,小孩子看到放鞭炮捂起耳朵,是一种学习;课堂上老师讲解例题解法,下课后学生自己做题,是另一种学习;某人犯了错误受到处罚,其他人看到后不再犯同类错误,也是一种学习。至于学得的行为,可能属于生活习惯,如说话表情、走路姿势等;可能属于动作技能,如游泳、跳舞、驾驶汽车、操作电脑;还可能属于书本知识,如学校里学习的数学、物理、历史、地理等学科内容;也可能属于理念方面的,如态度、观念、理想、价值观等。

(三)学习方法

人的学习从根本上不外乎习惯性学习、条件学习、认识学习几种。在学习过程中,人们最初是进行没有或者很少有自我意识的习惯性学习。在到了一定年龄,有了一定认识水平后,强化因素十分重要,它可能是某种需求对象的获得,或者是物质、心理上的满足。

1. 模仿法,即按照一定的模式进行学习的方法。我们儿时的各种动作、生活习惯、语言等都是在模仿中学习的。模仿可以是有意的、主动的、重复的,也可以是无意的、被动的、有变化的。

模仿行为在消费者购买活动中大量存在。例如，在穿着方面，时装展示、模特表演在现代社会具有越来越大的影响。名人、影视明星的衣着常常成为一些人效仿的对象。因此，一些厂家、商家经常会花大价钱请名人、明星做广告，希望产生轰动效果。

2. 试错法。消费者在积累经验的过程中，总要经历一些错误的尝试，随着不断反复，错误逐渐减少，成功逐渐增多。试错不一定必须亲身经历，从别人的教训中同样可以认识错误。

3. 发现法。发现法是指消费者在消费过程中的认识和发现以及应用自己头脑中的知识的方法。例如，某人在商店里对某种商品产生兴趣后，主动收集信息，或上网搜索，经过一段时间的留心、比较，最后作出决定。一般购买贵重、技术含量高的商品，用发现法进行学习，而购买一些小商品、日常生活用品则用试错法进行学习。

二、联想

(一) 联想的概念

联想和学习密不可分，消费者在获得信息进行学习后，就有了联想这一心理过程。从心理学的角度看，联想是由一种事物想到另一种事物的心理活动过程。联想可能由当时的情境引起，也可能由内心回忆等方式引起。在消费心理学的研究中，重点关注由注意、感知、情境因素所激发的联想，以及怎样来引导消费者产生购买动机。

(二) 联想的形成

联想可以在两个刺激物之间建立，或是在刺激物和对于刺激的反应之间建立，巴甫洛夫的经典性条件反射是确立联想的一个方法。消费者的消费行为也会受到条件反射原理的影响，特别是情绪、喜好、厌恶、态度等，是经典性条件反射的产物。例如，促销减价是无条件刺激，商品或商标是条件刺激，无条件刺激和条件刺激受到几次反复提示就会引起条件反射。

工具性条件反射也是确立联想的方法。解决特定问题，如在购买商品或服务的行为与解决问题之间建立联想，就是工具性条件反射。例如，儿童花钱购买了喜爱的食品，以后他也许会不断地这样去做。再如，某人缺乏资金，从朋友、亲戚，甚至银行都借不到，这时他偶然想到将物品拿到典当行，结果筹集到了钱。以后，当需要资金时，他可能首先想到典当行。

（三）联想的一般规律

联想的一般规律是人们在心理学研究中总结出来的，一般有以下5种：

1. 接近联想。由于两种事物在位置、距离或时间上比较接近，人们看到、听到、想到第一种事物时，自然很容易联想到另一种事物。例如，一到中午12点，人们一般会想到吃午饭；到了北京，人们自然联想到天安门广场、故宫；听到谈论巴黎，人们会想到埃菲尔铁塔、香榭丽舍大街。这就是接近联想。

2. 类似联想。若两种事物在大小、形状、功能、地理位置、时间等方面有类似之处，人们认识到一种事物时会联想到另一种事物。例如，人们接触到苹果这种水果，会联想到梨；认识了别人应用电脑带来的好处，会联想到自己也需要购买使用电脑。

3. 对比联想。当两种事物在性质、体积、外观等方面存在着相反的特点时，人们看到一种事物会从反面联想到另一种事物。例如，春运期间，当人们看到火车站、飞机场喧闹、拥挤的人群，会想到何时不再拥挤；看到公路汽车拥堵现象，会不由自主地想到何时能一路畅通。

4. 因果联想。这是指当两种事物之间存在着一定的因果关系时，由一种事物（原因）会想到另一种事物（结果），或由事物的结果联想到它的原因。例如，电脑使用中出现了问题，人们会联想到电脑病毒的种种危害；新闻媒体公布了质量抽查不合格的产品，人们会联想到使用这种产品带来的危害。

5. 创造性联想。以上4种联想符合一般的思维规律，但科学需要创新，虽然有些事物之间不存在某种必然联系，但人们也可能在两种事物之间产生联想。例如，有人看到医生给病人用血压计量血压，而他有电子科技方面的工作经历，于是就联想到采用电子技术量血压，设计出了电子血压计；有人在五星级酒店享受到了优质的服务，就联想到能不能把评定星级服务的方法用到商业企业员工身上；等等。

（四）联想在市场营销中的应用

利用联想，可以增强市场营销的效果。

1. 增强广告效果。在广告设计和制作中，可以充分利用联想的规律，使消费者产生联想。例如，利用缤纷的色彩设计和卖场展示，能使人们联想到商品的丰富多样；利用名人、明星做广告，能使消费者联想到使用该商品会带来明星般的良好效果；采用新老型号商品同时出现的方式，能使消费者产生对比联想，感受新产品的优越性。

2. 树立品牌形象。企业不仅在商品销售、服务过程中力求做到优质、高效，使消费者满意,同时在广告促销活动中,可将商品与品牌联系起来,经过长期努力,使消费者和社会公众充分认识到品牌的效应,尽快形成品牌在商品市场的优势,这样会产生良好的心理效果。例如,消费者一想到啤酒,马上会联想到燕京、青岛等品牌。

3. 引导需求,扩大市场销售。在市场营销中,可以利用消费者的联想,引导需求,增加商品销售。例如,将相近的商品共同摆放,消费者购买了一种商品后,可能产生接近联想或类似联想,从而购买另一种商品。将配套商品,如多种化妆品(日霜、晚霜、口红、香水、面膜、粉底等)共同销售,也是利用了消费者的类似联想来增强销售效果。利用因果联想,更能直接激发消费者的购买需求。例如,在广告促销活动中,充分展示商品的使用效果,使消费者联想到个人使用的结果,从而能有效激发其购买动机。

4. 利用创造性联想,开发新产品,创新促销活动。在产品更新换代速度加快、新产品不断涌现的市场上,可以利用创造性联想开发新产品,如将不同功能的产品进行组合,利用新技术开发全新产品等。近几年市场上出现的扫地机器人、擦玻璃机器人等就是利用创造性联想开发的新产品。

复习思考题

1. 感觉、知觉的本质区别是什么?
2. 感觉在消费者购物中有何作用?
3. 知觉的特征在市场营销中有哪些应用价值?
4. 举例说明成功的广告怎样引起消费者的注意。
5. 简述高级神经活动类型与气质的对应关系。
6. 消费者购买行为气质表现有哪些类型?
7. 心理活动过程怎样在消费者购买行为中发生作用?
8. 剖析自己作为消费者在购物能力方面的优势和不足。
9. 学习有哪些方法?
10. 联想有哪些类型?
11. 举例说明联想在市场营销中的作用。

案例

德芙巧克力在中国的成功

巧克力本来是西方的一种产品，随着全球市场的发展，巧克力也来到中国，中国老百姓也慢慢接受了它。现在，中国已形成一种独特的巧克力文化。玛氏公司的德芙巧克力在中国知名度很高，也有着其独特的文化。英语作为世界上的第一大通用语言已经深入人心，特别是LOVE这个单词，几乎人人懂得其含义。玛氏正是看中了这一点，将其巧克力起名为DOVE，与LOVE只有一个字母之差。德芙=DOVE：D=DO，O=YOU，V=LOVE，E=ME。连起来就是DO YOU LOVE ME。中文“德芙”谐音“得福”还有“得到幸福”的含义。玛氏把世界文化演变成了其巧克力文化，让人不得不佩服其高明之处。现在在人们心中DOVE就代表着LOVE，这也是玛氏公司的妙用之处，使德芙在中国市场有着80%的知名度和很高的市场占有率。

德芙推广的成功，不仅仅因为德芙的名字，还在于产品的包装漂亮和口感好，而且德芙的广告也让消费者注意到德芙的存在，随之有想买它的冲动。

一、广告的诱惑

“牛奶香浓”“丝般感受”“纵享丝滑”——这样的广告词能给消费者带来“丝般感受”的心理体验。广告采用了类比联想的手法，用丝绸的质地与巧克力的纯正口味进行类比，想象丰富，增强了广告表达效果。用丰富的联想，营造出舒适、优雅、浪漫的意境。另外，广告中的美女体现了广告的唯美，让人心生美的感受。旁白、音乐，引出巧克力旋涡，烘托出丝般润泽的质感；这个地地道道的巧克力旋涡不停地旋转，纯美牛奶随后加入，它渲染出的美妙感受吸引观看者进入一个纯粹牛奶巧克力的世界。随着成型的巧克力块从香浓诱人的旋涡中飞出，想先尝为快的冲动再也按捺不住。这场完美的演出，将视觉与味觉的诱惑带到最高点，宛如经历一场美好的巧克力飨宴，这就是德芙想呈现给观众的巧克力体验与全新的感觉。

随着互联网在人们生活中得到普遍运用，德芙把自己的广告搬上了互联网，便于上网的消费者了解德芙,也利于德芙深入人们的生活。当然,德芙也把现在最为普遍的电视机作为自己的宣传媒介。现在的消费者已离不开电视机,每天都会打开电视看一下他们感兴趣的电视剧或者看看有什么促销商品。德芙利用这个媒体大肆宣传,从而让消费者记住自己的产品,影响他们的生活。“你不能拒绝巧克力,就像,你不能拒绝爱情。”德芙一直在敏锐地观察消费者情感、生活的变化,尝试触及消费者的情感和心灵。

二、从情感上理解消费者

德芙巧克力面向的主要消费群体是年青的一代,它抓住青年人的消费心理,懂得时尚与浪漫,感情丰富。大多数年轻人都喜欢品牌类产品。德芙也懂得跟随时尚的潮流。德芙打的广告包括情侣篇和友情篇,它不仅象征爱情,更意味着情感的交流,让年青一代有一种感情上的寄托,它承载着我们这一代人对感情的最好表达方式,把心情传递开来。德芙不一定要在情人节送,也不一定要等到特定的时间,在日常生活中,其实很多时刻、机会、场合,巧克力都可以带来很多不同形式的享受。

德芙从消费者的心理层面切入,利用德芙心语的心形及所赋予的不同的祝福,根据目标受众渴望爱情、想要吸引异性的心理,以亲切、甜蜜、温馨的感觉打动消费者,与消费者保持情感联系,增加品牌的偏好度。

因此,德芙设计了最甜蜜的情话:“我就是你的巧克力,在你的口中被溶化。”而情人节时人们选择送巧克力的最多。

在德芙的网站中,德芙心语的祝愿和情感网页,颇能触动消费者的内心。通过在女性网站或者是女性感兴趣的网页等处插入德芙广告,德芙不知不觉中深入到消费者的意识里。德芙在礼盒的设计上也利用漂亮的形状和颜色来吸引消费者的眼球,从而使消费者感受到德芙的温馨。

现在消费者不仅仅看重商品的品质,也看重包装等外在的东西。德芙之所以把市场定位在中高端消费者,原因在于他们的消费观很明确,他们喜欢享受,喜欢高品质的东西,低价、低品质以及大众化的商品不在他们的消费范围内。德芙充分了解这一消费群体的消费心理,将其巧妙融于广告,把德芙的细滑口感表现得淋漓尽致,引起了消费者的好奇,占有了巨大的市场。

资料来源:摘自玛氏食品(中国)有限公司网站。

思考题

1. 德芙巧克力如何增强消费者的记忆？
2. 德芙巧克力如何使消费者产生联想？
3. 德芙巧克力怎样赢得年轻人的心理？

第三章

消费需求与消费者行为

消费心理学研究的出发点是人类在消费过程中的心理活动,而消费过程的起点又来自人的消费需求,消费需求既是客观需要,又是客观需要的主观反映。消费需求的主观反映表现为一种心理活动——消费者购买动机。因此,我们在了解了心理学的基本范畴后,首先学习消费需求、消费者购买动机等内容。

第一节 消费需求的产生与分类

一、消费与消费需求

人类自从出现在地球舞台上以来,每天都要消费,因此消费不仅是人的一种生理需要,也是人的一种存在方式。在当代社会中,油盐酱醋、衣食住行、生老病养,我们生活的每一刻,都要消费。

消费是人们利用某种物品的使用价值或某种劳务来满足需要的活动。人们的消费活动通常是由消费需求引起和决定的,消费需求是消费的先导,是消费活动的内在原因和根本动力。需要与刺激都是动机产生的条件,而需要是最基础的。消费需求包含在人类一般需要之中,因此,我们首先从人的一般需要来进行分析。

(一)人的一般需要

1. 需要的概念。需要是在一定的条件下,有机个体或群体为生存和发展对客观事物的欲求。就人类而言,需要是人们为了延续和发展生命,为了提高生活质量,以一定的方式适应生存环境而对客观事物产生的要求和欲望。它是个体在生活中感到某种欠缺而力求获得满足的一种内心状态。可以说,人的需要,实质上是人和社会的客观需求在人脑中的反映。

人是自然实体和社会实体的统一。人作为生物体，为了维持自身的生存和发展，必须依赖空气、食物、阳光、水等自然条件，否则就无法生存。所以，自然需要是人类最基本的需要。

人作为一个社会成员，不能离开群体与社会而孤立地生活，在生活和工作中，必须进行各种社会交往，参加各种社会实践，必须考虑他所在的群体生活与社会发展的要求。因此，人还有区别于自然需要的各种社会需要。

需要是个人的一种主观状态，这种状态常常通过外显形式而被认识。

需要的特点是：

(1)对象性。需要总是对一定事物的需求与追求。例如，渴了就有解渴的需要，其对象物是水和饮料；饿了就有吃饭的需要，其对象物是食物；感到知识技能缺乏，就会有学习的需要，其对象物是书本、老师或学习的环境、学习的条件等。可见，任何一种需要都在一定的对象物中求得满足。

(2)紧张性。一种需要的出现来源于人感到有某种欠缺，生理机体的不平衡或社会感觉的不满足。人在产生这种欠缺时，在力求获得满足而未得到满足的过程中常会体验到一种特有的紧张感。例如，儿童因饥饿而啼哭，成人因渴求工作或交往而感到焦虑、烦躁等，都是这种紧张感的表现。

(3)驱动性。需要一旦出现，就会成为一种支配行为去寻求满足的动力，推动人去从事各种活动。从这个意义上说，需要是推动人去从事各项活动的源泉或动因。

(4)起伏性。已经形成的需要一般不会立即消失，然而其作为一种起作用的力量总是断断续续的，时而呈活跃的状态，时而转入潜伏的状态。例如，人饿了会找食物充饥，一旦吃饱喝足，即使面对更加诱人的美味佳肴也不会有食欲。

2. 需要在人的心理活动中的作用。

需要在人的心理活动过程中具有十分重要的作用：

(1)需要能影响人的情绪。人们一旦产生某种需要，就要求获得满足，而人们的需要能否被满足，满足的程度以及满足的方式与手段，直接影响人的情绪变化，如高兴、满意、郁闷、愤怒等。

(2)需要有助于人的意志的发展。人们为了满足需要，有时要付出巨大的努力，克服各种各样的困难。因此，在为满足需要而进行努力的同时，人的意志也得到了锻炼。

(3)需要对人的认识与活动也有重要影响。在满足需要的过程中，人们对所遇到的各种事物进行分析、研究，探寻各种可行的途径、方法。因此，需要是人们认识客观事物并从事实践活动的内在动力,人通过需要调节自身的行为并制约认识与活动的倾向。

明确需要在人的心理活动中的上述作用,对于我们研究和掌握消费者的心理与行为,具有重要意义。

消费活动从根本上讲是一种满足需要的活动。消费者的各种需要能否被满足和在多大程度上得到满足,直接影响着消费者情绪、态度的变化。消费活动还是一种有目的、有意识的活动。在市场经济条件下,人们满足需要主要是靠货币进行市场交易,而要获得货币就要付出劳动,获得报酬。在这一过程中,消费者的消费活动往往不是一帆风顺的,时常要克服经济上、商品购买实现上,甚至是心理上的各种困难和障碍。这无疑要求消费者具备一定的意志力,有时甚至需要具有勇气和魄力。

消费需要是客观存在的,在任何社会形态下都会自然产生。实现消费需要有不同的形式,如在自然经济形态中,实现消费需要是靠劳动向自然界索取。而消费需求则有所不同,消费需要转化成消费需求,是商品经济中的现象。

(二)消费需求及其产生

1. 消费需求的概念。所谓消费需求,是指消费者对以商品和劳务形式存在的消费品的要求和欲望。消费需求是包含在人类一般需要之中的。

在市场经济发达的条件下,生产资料和生活资料(包括劳务)都是商品,人们生产和生活的消费需求,都离不开市场交换活动。随着社会生产力和科学技术的不断发展,各类企业都将向市场提出数量更多、质量更高、品种规格更新的原料、材料、燃料、设备等生产资料的需求。同样,随着经济的发展、科技的进步和社会购买力的不断提高,居民也会不断提出数量更多、质量更好、品种规格更多样化的衣、食、住、用、行等生活资料的需求。当然,这些需求都有着一定的时间界限、数量界限和支付能力的限制。

2. 消费需求的产生。人的需要是客观存在的,对此,马克思、恩格斯、列宁都有过大量论述。马克思早在1844年就论述了人的需求问题。关于消费需求的产生,马克思曾经指出,任何人类历史的第一个前提无疑是有生命的个人的存在。因此,第一个需要确定的具体事实就是这些个人的肉体组织,以及受他们肉体组织制约的他们与自然界的关系;人们为了"创造历史",必须能够生活,但是为了生活,首先就需要衣、食、住及其他东西,因此第一个历史活动就是生产满足这些需要的资料,即生产物质资料本身。这是"一切历史的基本条件"。对这个条件的产生,马克思还指出,这是由他们的肉体组织决定的,受到他们的肉体组织所制约。马克思明确地告诉我们一个公式:人的肉体组织(有生命的个体)→产生衣、食、住的需要产生第一个历史活动→产生其他……可见,这种联系是由需要决定的。从本原上讲,这是推动历史前进的原动力。消费需要转化成消费需求,是历史的进步。

二、消费需求的分类

人的需求是多方面的,非常复杂。为了更好地认识和分析消费需求,可以从不同角度对其进行分类。

第一,从消费者的购买目的来分,可分为生产消费需求和生活消费需求,这是最基本的分类方法。生产消费需求是指为满足生产过程中物化劳动和活劳动消耗的需要而产生的需求。生活消费需求是指为满足个人生活需要而对各种物质产品和精神产品产生的需求。生活消费需求是最终的消费需求,是我们研究的重点。

第二,从消费需要满足的对象来分,可分为个人消费需求和社会公共消费需求,这是生活消费需求的又一种分类方法。个人消费需求主要是指居民有货币支付能力的生活消费需要;社会公共消费需求主要是指为实现社会的公共消费基金而统筹安排的,用来满足公共消费需要的部分。

第三,从消费需求的起源来分,可分为自然的消费需求和社会的消费需求。自然的消费需求是指消费者为维持和延续生命,对衣、食、住、行等基本生存条件的需求。这种需求是人作为自然生物有机体与生俱来的,是由消费者的生理特性决定的。社会的消费需求是指消费者在社会环境影响下所形成的,带有人类社会特点的某些需求,如社会交往的需求、对荣誉和地位的需求、表现自我的需求。这类消费需求是人作为社会成员在后天的社会生活中习得的,是由消费者心理特性决定的。

第四,从消费需求的实质内容来分,可分为物质消费需求和精神消费需求,这也是生活消费需求的一种分类方法。物质消费需求是指人们对物质生活用品的需要;精神消费需求是指人们为改善和提高本身素质而对文化教育、科学技术、艺术欣赏等方面的需要。

第五,从消费需求的顺序看,可分为基本生活需求与全面发展需求。基本生活需求是指个人为维持生命生存、延续而产生的对物质资料的需求,如食品、饮料、衣物、住房等。缺乏这些物质,会极大地影响人们的生活,这类物品也被称为生活必需品。全面发展需求是指个人为提高生活质量、提高自身能力和个人素质而产生的需求,如电脑、空调、汽车、文化用品、旅游等,也就是满足全面发展需求的商品或服务。

第六,从消费需求的实现程度来分,可以分为现实需求和潜在需求,这也是对消费需求和市场容量的一种分类方法。现实需求是指人们有一定购买支付能力,又有适当商品能够满足的需求;而潜在需求是潜伏的需求,它的存在可能是由于缺乏购买能力,或是市场上没有满意的商品,因此是没有迫切购买愿望的需求,但如果受到外界环境的刺激,如通过新产品开发、广告促销等多方面努力,可以使潜在需求转化为现实需求。现实需求与潜在需求之和构成市场潜量,表示一定时期一定市场营销环境下的市场容量。

第二节 消费需求的特征

在当代,消费需求尽管由于受到各种因素的影响而千变万化,但总是存在着一定的趋向性和规律性,这些趋向性和规律性体现于消费需求的基本特征之中。

一、消费需求的基本特征

(一)消费需求的多样性

消费者的收入水平、文化程度、职业、性格、年龄、民族和生活习惯不同,自然会有多种多样的爱好和兴趣,对于商品和服务的需求也是千差万别和丰富多彩的。人们不同的需求,就表现为消费需求的多样性。

消费需求的多样性,是指每个消费者的需要都是多方面的。人们不仅需要吃、穿、用、住,还需要娱乐消遣,外出旅游,欣赏音乐、美术、体育比赛等,这些都体现了消费需求的多样性。此外,消费需求的多样性还表现在,同一消费者对某一特定消费对象常常同时兼有多方面的要求,如既要求商品质量好,又要求其外观新颖、美观、具有时代感等。

(二)消费需求的发展性

随着社会经济的发展和人民生活水平的不断提高,人们对商品和服务的需求不论是从数量上,还是从质量上,抑或是从品种方面,都在不断地发展。一种需求被满足了,又会产生新的需求。消费需求发展的总趋势是由低级向高级发展,由简单向复杂发展,由追求数量上的满足向追求质量上的提高发展。某些现在受消费者欢迎的商品,有可能在一定时期以后变成过时商品而被淘汰,如以前流行的光学照相机已被数码相机所代替,收放机已被能收听音乐的手机代替;许多潜在的消费需求,不断地变成现实的购买行为,如家用汽车越来越多地进入消费者家庭,电脑越来越普及,甚至成为人们生活和工作的必备品;等等。这就是消费需求的发展性。

(三)消费需求的层次性

人们的消费需求是有层次的。一般来说,消费需求总是由低层次向高层次逐渐延伸和发展的。当低层次的、最基本的生活需求,即满足生存的需求被满足以后,就会产生高层次的社会需求和精神需求,这就是消费需求的层次性。例如,当人们基本的生存需求即对吃饱穿暖的需求被满足以后,则追求安全健康、社会保障等方面的需求,这方面的需求依赖于社会保障体系、保险等来实现。再进一步,人们开始追求社会交往、取得一定的社会地位、受人尊重等高层次需求,这是从小康水平向富裕阶段迈进而产生的需求。

(四)消费需求的伸缩性

人们的消费需求受外因和内因的影响,具有一定的伸缩性。内因的影响包括消费者本身需求欲望的特征、程度和货币支付能力等,外因的影响主要是商品的价格、广告宣传、销售服务和他人的实践经验等。这两方面的因素都可能对消费需求产生促进或抑制作用。例如,从货币支付能力的角度看,在现实生活中,每个消费者都几乎同时具有多种消费需求。但是在一定时期内,消费者的支付能力是有限的,这就使消费者的需求只能有限地得到满足,并表现出一定的伸缩性,即消费需求并非只能增加,不能减少,或者只有当低层次的消费需求一定程度地获得满足后,才能进入高层次的需求。在现实中,消费需求具有很大的伸缩性,可多可少,可强可弱。当客观条件限制需求的满足时,需求可以抑制、转化、降级;可以停留在某一水平上;也可以以某种可能的方式,同时满足几种不同的需求;在特定情况下,人们还可能因满足某一种需求而放弃其他需求。一般来说,基本的日常生活必需品消费需求弹性比较小,而许多非生活必需品或中、高档消费品的消费需求伸缩性比较大。

(五)消费需求的周期性

人的消费是一个无止境的活动过程,人的一生是一个不间断的消费过程。一些消费需求在获得满足后,于一定时间内不再产生,但随着时间的推移还会重新出现,并具有周期性。消费需求的周期性主要是由人的生理机制运行引起的,并受到自然环境变化周期、商品生命周期和社会时尚变化周期的影响。

(六)消费需求的互补性和替代性

消费者的需求对某些商品具有互补性的特点。例如,购买电脑,可能会附带购买软件和电脑桌、打印机;购买 DVD 机,可能会附带购买 DVD 光盘;购买汽车,可能会附带购买车辆内外装饰等。因此,经营互有联系或互补的商品,不仅大大方便了消费者,还能增加商品的销售额。此外,许多商品还具有可以互相替代的特点。在市场上,经营者常遇到这种情况:某种商品的销售量减少而另一种在消费上可以替代的商品的销售量增加。例如,笔记本电脑销售量增长,导致台式电脑销售量减少。这就要求企业及时把握消费需求变化趋势,认识商品的互补性和替代性,有目的、有计划地根据消费需求的变化规律制订生产经营计划,调整商品结构与商品组合,更好地满足消费者的需求。

二、消费者需求与消费者行为

消费者有了消费需求,为了实现需求就要到市场中通过货币去购买相应的商品,这就产生了消费者行为。

消费者行为是指消费者为了获取、处置消费商品或服务所采取的一系列行为,包括但不限于决策、比较、购买商品或服务的活动。

市场营销中,通常把消费者行为作为一个整体和过程来看待。消费者行为也不一定限于消费者个人的行动,也可能是众多参与者的行为,如家庭成员游乐、购物;朋友、同事一起外出就餐;或者是一些志同道合者外出旅游、摄影等。同时,我们也应看到消费者行为是一个动态的、持续的过程,购买一些商品或服务,可能会不断延续,企业自然应该对消费者的行为进行持续的追踪,按照消费者的消费习惯采取营销策略,将消费者培养成忠诚顾客。

消费者的消费行为是复杂多样的,这既来源于消费需求的多样性,也体现在消费者行为的差异性。例如,在外出就餐中,有人喜欢去中餐厅,有人喜欢去西餐厅;在购买酒类商品时,有人喜欢红酒,有人喜欢啤酒,有人喜好白酒;在时装的选择上,有人喜欢西装,有人喜欢休闲装;购物时,有的消费者追求品牌,有的消费者关注价格;外出旅游时,有些人选择自助游,有些人选择参团游,有些人选择自驾游。从这些方面看,虽然消费需求类似,但消费行为却不同。

虽然消费者的消费行为复杂多变,但是也存在着一些可以考证的共同点,而且也是可以影响和引导的。例如,企业可以通过宣传和促销活动,传递信息,通过商品和服务来吸引消费者。

消费者行为是消费需求产生的,而消费行为又是消费心理的外在表现。所以,我们可以通过消费者行为来推测消费者心理,通过消费心理来认识消费者行为。

三、掌握消费者需求心理的方法

消费者的需求是消费者购买行为的动力。由于消费者的需求永远不会彻底得到满足,他们的购买行为也就永远不会停止。企业必须努力探索消费者尚未满足的需求,不断推出新产品以唤起人们潜在的需求。如何去探索、认识消费者的需求呢？一般来说,企业可以采用以下几种方法。

(一)观察法

根据一个人的言行,常常可以推测出他的内心活动。例如,当一个人经常向别人了解电脑的功能、主要指标、掌握电脑技术难不难等问题,并且还反复了解、比较各种品牌电脑的性能、价格时,我们自然可以推测这个人已有购买电脑的需求。

观察法是指不直接向消费者(观察对象)提出问题,而是通过调查人的观察或仪器记录来进行统计归纳。生产企业为了了解消费者对本企业产品的认识和知晓程度,常在商场开办专卖店,或派人到商店做厂家信息员,现场推销,观察顾客的言行举止,这就是在运用观察法。

国内外许多企业常以现代化的仪器来帮助观察。在一些超级市场里,设有专门用来观察消费者购买过程的摄像机,企业决策者定期观看顾客购买商品的拍摄记录,通过它来分析消费者的现实需求和潜在需求。

(二)调查法

调查法可以分为问卷法、访问法、电话调查、网络调查等。其中,主要是问卷法和访问法。

1. 问卷法。企业采用书面提问的方法,直接了解消费者的需求,了解他们对商品的认识和看法,有哪些新的要求以及购买时间、地点、次数等,即问卷法。问卷法已成为企业经常使用的调查方法。由于用得太多,消费者早已习以为常,对各类问卷和调查表,常常不屑一顾,淡然处之,甚至随手扔掉,因而问卷的回收率不高。鉴于这种情况,各公司都更精心地去设计问卷,设法引起消费者的注意。日本一家计算机公司设计的问卷就独具匠心。公司的问卷调查卡只有明信片大小,设计周密合理,印刷漂亮考究,并可用电脑储存。在这张小小的调查卡上,印有 21 项共 72 个栏目,所有栏目都采用选择答案方式,由消费者勾画。21 项问题分为三大类:第一类问题主要是对购买者的调查。这一类问题除了性别、年龄等通常项目外,对职业的分类尤为详尽,罗列了事务职、技术职、教职员、学生、自由职业等 15 种之多。它不仅调查产品的使用场所(学校、机关、家庭、商社、旅途),还了解消费者拥有何种其他式样的计算机。第二类问题是对机器性能的调查。仅"满意程度"一项就列了6个等级,既有"满意",也有"勉强用",措辞恳切恰当,甚至连机器的颜色也列出红、黑、黄等数种,以了解消费者的爱好。第三类问题是对购买渠道和方式的调查。这一类问题设计得十分细致,如在"你是怎么知道这种机器的"问题下面,列出书报广告、展销会、推销员宣传、橱窗、友人介绍等途径。在购买地点项目下也列有百货店、文具店、书店等8种。其他如付款方式、购买动机等都有详细的栏目,把一台机器怎样从商店到消费者手中的过程调查得清清楚楚。为了鼓励被调查者认真勾画问卷,除了邮资总付外,在问卷调查卡上还印着一行红字:公司将从填表人中抽选100名赠送礼品。这样的方法,能引起消费者的兴趣,自然能收到好的调查效果。

2. 访问法。采用访问法有许多优点:一是不存在回收率的问题;二是反馈迅速,访问者可以马上看到或听到被访者的反应和意见,这一点是问卷和信件调查等方法所不及的;三是灵活性强,访问者可以根据访问情况改变提问或停止提问。但访问法的费用比较大,花的时间也比较多。因此,这种方法在我国多用于访问工业用户或调查集团购买,现在,对消费者的访问调查也被一些企业广泛采用。

3. 电话调查。由于电话具有普及率高、方式灵活等特点,现在许多企业也采用电话调查方式了解消费者的需求。电话调查一般是从电话号簿中随机抽取样本,拨打电话进行调查。在电话调查中,首先要消除被调查者的疑虑,争取对方配合。另外,通话时间不宜过长,提出的问题简明扼要。最后,要认真细致地整理通话记录获得的有效信息。电话调查的特点首先是收集信息速度快、节省时间、效率高;其次是费用较低、支出成本较少;再次是可以扩大调查面和调查范围。这种方式简便灵活,在通话中可以解释调查目的、调查项目内容,启发和引导调查对象提供更多的消费需求信息。

4. 网络调查。网络调查不受时间、地点的束缚,方法多样,形式灵活,可以作为了解消费者需求的一个重要方法。网络调查一般可以通过在网站上挂问卷形式进行,即将调查消费者需求的问卷放到门户网站,在用户自主选择填写后,由调查者对问卷结果进行汇总分析。也可以将设计好的调查问卷发送到选定的被调查者的邮箱,由被调查者填写后再发回调查者的邮箱。网络调查要注意,调查消费者需求的问题要少,问题设计要简明扼要,必要时也可采用对回收问卷抽奖、附送礼品的形式,提高被调查者的兴趣,以期收到较好的回复效果。网络调查形式新颖,应用便利,不失为一种可以广泛采用的调查方法。

(三)资料分析法

资料分析法主要是分析社会购买力的调查报告,家庭收支调查报告,政府和团体公布的统计资料、调查预测报告等，这也是掌握消费者需求的一种方法。

运用资料分析法，要求在掌握大量数据资料后，借助经验和统计学的方法，揭示需求的变化情况和需求类型之间的变化关系。例如，根据社会购买力的数字，推算本地区市场的社会需求总量；根据居民家庭收支报告，分析推断消费需求的类别及比例等。

复习思考题

1. 什么是消费需求？
2. 消费需求有什么基本特征？
3. 消费需求有哪些类型？
4. 消费需求与消费者行为是什么关系？
5. 什么是消费者行为？
6. 了解消费者需求心理有哪些方法？

老年消费者的消费行为心理

老年消费者把商品的实用性作为购买商品的第一目的。他们强调质量可靠(29.8%)、方便实用(26.4%)、经济合理(25.8%)、舒适安全，至于商品的品牌、款式、颜色、包装装潢，是放在第二位考虑的。

我国现阶段的老年消费者经历过较长一段时间的不富裕的生活，他们一般都养成了节俭的习惯，价格便宜对于他们选择商品有一定的吸引力。但是随着人们生活水平的改善，收入水平的提高，以及我国买方市场下“过剩经济”的形成，老年消费者在购买商品时也不再一味地追求低价格，品质和实用性成为他们考虑的主要因素。

还有一点必须了解，那就是很多老年消费者有补偿性消费的心理动机。

在子女成年独立，经济负担减轻之后，老年消费者试图进行补偿性消费。他们在美容美发、穿着打扮、营养食品、健身娱乐、旅游观光等方面，同样有着强烈的消费兴趣。

说起玩具，许多人自然联想到孩子。其实，玩具并不只是儿童的专利。心理学家认为，赋闲在家的老年人有一种回归童真的心理倾向。在西方发达国家，针对成年人和老年人研制开发玩具，已逐渐成为玩具市场的热点。在美国有40%以上的玩具是专为成人设计的。日本也开发出了许多适合老年人的玩具新功能，如在常见的“打击鳄鱼”这一电动玩具上附加测量血压的功能，使其兼具娱乐和运动功能，不仅适合脑中风患者使用，将来还可能被养老院采用。中国在这方面尚存在较大空白。

中国老年人养生、娱乐、运动的需求在迅速增加。在电视台举办的养生节目中，在广场跳健身舞、在公园练太极拳的大多是老年人。她们对于养生保健品、运动服装、小型音响设备的需求成为持续的消费心理动机。

资料来源：http://health.yznews.com.cn/2012/02/10/17660/。

思考题

1. 老年消费者有什么样的消费习惯？
2. 老年消费者有哪些新的消费需求？

第四章

消费者购买动机的作用与类型

第一节　消费者购买动机的来源

一、动机的概念

动机是指引起和维持个体活动并使之朝一定目标和方向进行的内在心理动力，是引起行为发生、造成行为结果的原因。它是一种人体中内在的、主动的力量，是个体由某种需要所引起的心理冲动。正常的人只要处在清醒状态之中，其所从事的任何活动都要受一定动机的支配。

动机不属于行为，只是促进行为的内在心理动力。动机不但有内在的促进作用，对个体行为还有导向作用与维持作用。动物觅食是一种行为，该行为背后有着发生内在作用的动机，那就是饥饿。动物饥饿时，它的觅食活动是有目标的，如果没有找到食物，饥饿不能解除，原动机仍然存在，觅食行为仍将继续。动机是行为的原因，行为持续的时间长短，取决于是否达到目的，使动机获得满足。例如，饥而觅食、渴而求饮，由动机促成的行为，可能为时甚短；但人们求学、求职以至追求荣誉、地位，其由动机所促成的行为就可能维持较长时间。

为了更好地理解动机，需注意以下几点：

(1)动机虽然是引起行为的内在原因和动力，但同样的动机可以产生不同的行为，而同样的行为又可由不同的动机所引起。动机与行为的联系如图 4-1 所示。这种情况在现实消费活动中屡见不鲜。例如，同样是出于解渴的动机，有的人可能选择纯净水,有的人可能购买可口可乐或其他饮料,还有的人可能购买苹果、西瓜等。又如,同样是购买一辆汽车这种消费行为,可能出自多种动机——节省出行时间,显示身份、地位,满足虚荣心等。

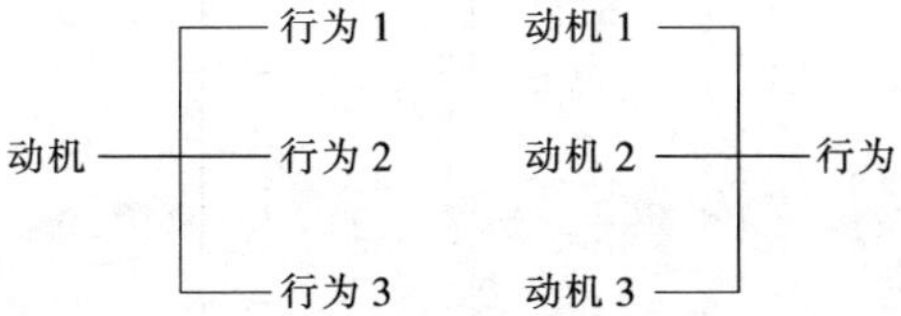

图 4-1 动机与行为

(2)引起某一行为的动机往往并不是单一的,而是混合的,甚至可能是相互矛盾的。在这种情况下,可能发生动机冲突。在现实生活中,每个人都同时具有多种动机。有些动机强烈、持久,是主导动机;有些动机微弱而不稳定,是非主导动机。一般来说,人的行为都是由其主导动机决定的。

二、动机的作用

心理学认为,动机在激励人的活动方面具有下列几方面的作用:

(1)始发作用。动机是人们行为的根本动力,它具有引发个体活动的作用。动机能够引起行为,驱使消费者产生某种行动。消费者的购买行为就是受其购买动机的驱使而进行的。

(2)导向(或选择)作用。动机不仅能引起行为,还能使行为指向一定的方向。个体消费者可以同时有多种动机,但在这些动机中,有些目标一致,有些相互冲突。如果不能同时满足,它们之间就会发生竞争。竞争的结果,是某种最强烈的动机使行为在一定范围内,朝着特定的方向选择性地决定目标,即首先满足人们最强烈、最迫切的需要。当强度高的动机满足后,其他与其竞争的动机便由弱变强,成为行为的决定因素。具体情况如图 4-2 所示。

(3)维持作用。动机的实现往往要有一定的时间过程。在这个过程中,动机可以贯穿于某一具体行动的始终,不断激励人们,直至动机实现。

(4)强化作用。这是指由某种动机引发的行为结果对该行为的再生具有加强或减弱的作用。满足动机的结果能够保持和巩固行为,叫作“正强化”;反之,减弱和消退行为,叫作“负强化”。在市场营销中,良好的商业信誉和优秀的产品质量,往往会使消费者产生惠顾动机,强化光顾和购买行为;反之,则会导致消费者不满,

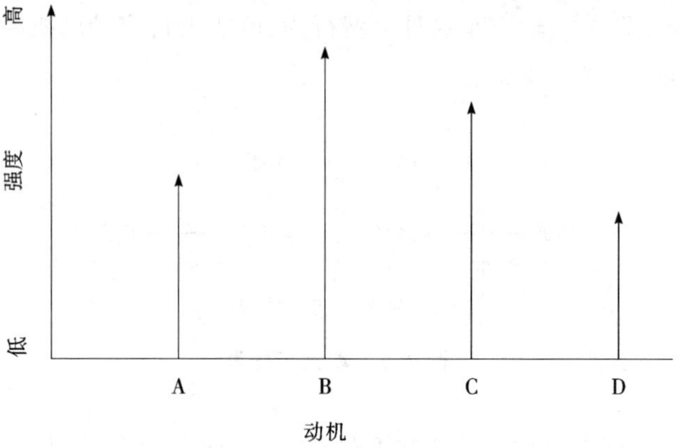

图 4-2　动机导向作用

从而拒绝光顾和购买。

(5)中止作用。当某种动机(如消费者在某方面的需求)获得满足之后,便会中止有关的具体行动。但在通常情况下,一个动机获得了满足,另一个动机又继之而起,进入新的行为过程。例如,一个人收入增加了,需要改善居住条件,就有了购买住房的需要,产生了购买房屋的动机;在购买了住房之后,又产生了购买汽车的需要和动机,于是,又开始了进一步努力工作、增加收入的新的行为过程。

第二节　购买动机的模式与类型

一、购买动机模式

模式是指某种事物的标准形式。现阶段,模式被广泛应用于经济研究的各个领域,目的在于将复杂的经济事务简明化,便于人们认识、把握其内在规律。

在现实生活中,每个消费者的购买行为都是由其购买动机引发的,而动机又是由人的需要而产生的。人饿了就要吃饭,渴了就要喝水,冷了就要添衣,这就是人的需要产生动机,动机引起行为的表现。所谓购买动机,就是为了满足一定需要而引起人们购买行为的愿望或意念。消费者的购买动机,是推动消费者进行购买活动的内部动力。由此可见,人们的购买动机是与人的需要密切相关的。需要是消费者产生购买行为的原动力,离开需要的动机是不存在的。但是,不是所有的需要都能表现为购买动机,而是要具备一定的条件。这些条件主要表现在以下两个方面：

(1)只有当需要的强度达到一定程度后，才能引起动机，进而引起、推动或阻止人的某种活动。人的需要是多方面的，甚至是无止境的，但由于客观条件的限制，人的各种需要不可能同时全部获得满足。对于消费活动来讲，只有那些强烈的、占主导地位的消费需要才能引发购买动机，促成现实的购买活动。

(2)需要产生以后，还必须有能满足需要的对象和条件，才能产生购买动机。例如，一些消费者想购买一些名牌产品，但是如果产品价格高于消费者的支付能力，那么，这种愿望就缺乏实现的基础和条件，对于消费者来说，也就不可能产生购买高档商品的动机。

在现实的消费活动中，消费需要与购买动机及购买行为是紧密联系在一起的，如图 4-3 所示。

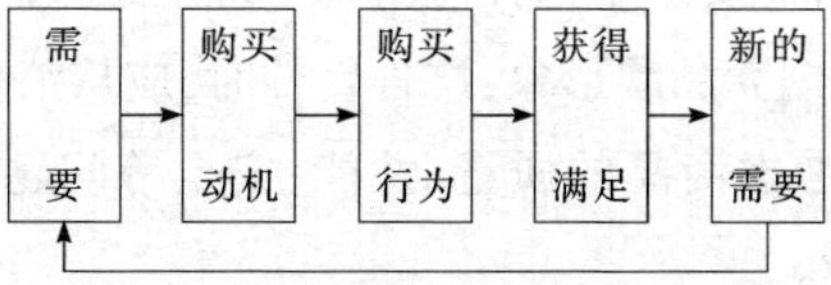

图 4-3 消费需要与购买动机

几乎所有的消费者在其毕生的消费活动中都要经历这样一个需要、动机、行为之间循环往复、无穷无尽的过程。因此，研究消费者行为，不能只停留在表面的购买行为上，而应该透过外在行为，洞察和揭示其内在动机和根源。这是因为动机具有内隐性。很多消费行为从表面上看不可思议，但对于消费者来讲，也许正好满足其某方面的特殊需要。如果不了解消费者购买行为的动机，那么，对于现实生活中的许多消费行为就无法作出正确的解释和说明。

二、购买动机类型

消费者的购买动机，与消费者的需要一样，也是复杂多样的，可以从不同的角度，用不同的方式对其进行分类。用概括的方法对消费者的购买动机进行分类，一般分为两大类。

(一)生理性购买动机

生理性购买动机主要由先天的、生理的因素所引起，是消费者作为生物意义上的人，为满足维持、保护、延续、发展自身生命等需要而产生的各种购买动机。

在这类动机驱使下的消费者行为个体之间差异较小，具有明显、简单、重复的特点，比较容易实现。市场上常见支付能力低的消费者，其一般都倾向购买基本生活资料，优先满足生理上的需要。

（二）心理性购买动机

心理性购买动机主要是由后天的社会或精神需要所引起，是消费者除本能外，为满足维持社会生活，进行社会生产和社会交际，在社会实践中实现自身价值等需要而产生的各种购买动机。具有这类动机的消费者个体之间在实现的途径、达到满足程度上有较大差异，具有多层次、多角度、多样化的特点。市场上常见的消费者通过选购商品追求知识、美感、时尚、友谊、爱情、尊重等，就是心理性购买动机的体现。

随着人类社会的发展，现代社会的消费者出于单纯生理性购买动机的行为已经少见，通常是两类动机交织在一起，其中一类起主导作用。对质量、效能、外观等基本相似的商品，消费者总要从中选择能获得心理上最大满足的一种。因此，企业在进行产品设计、包装、创立品牌形象、广告宣传时，应从消费者的心理性购买动机方面寻找“突破口”；而考虑商品的质量、性能、安全等问题，则应以消费者的生理性购买动机为“诉求点”。

在市场经济发达的社会中，消费者由生理性购买动机引起的购买行为是较容易实现的，而生理性需求的满足又是有一定限度的，因为任何人收入再高，对食物、饮料的消费也不是无止境的。消费者由心理性购买动机引起的购买行为，则是没有止境的。例如，手机、电脑、汽车、时装等时尚商品总是在不断更新，一些人则总是在追赶时尚，其目的在于满足其显示财富、地位、受人尊重等心理需要。

三、购买动机的具体形式

从具体的市场表现来看，消费者的生理性购买动机和心理性购买动机又表现为以下一些形式。

（一）求实购买动机

这是以注重商品和劳务的实际使用价值为主要目的的购买动机，具有这种动机的消费者在购买商品或劳务时，特别重视商品的实际效用、功能质量，讲求经济实惠、经久耐用，而不大追求商品外观、造型、色彩或者商品的名气、包装装潢等。这类消费者在选购商品时大都比较认真、细致，受商品外观和广告影响较小。目前在我国，随着人们消费水平的逐步提高，人们的消费习惯、购买方式有了很大变化，但在中老年消费者中，求实购买动机仍然普遍存在，产生这种购买动机的原因主要有两方面:①受经济条件的限制;②受传统消费观念和消费习惯的影响,崇尚节俭、精打细算、讲求实用、鄙视奢华等。此外,求实购买动机还受人们所购商品的影响。一般来讲,购买基本生活资料时,其实用性要求较高;购买享受资料时,则对其实用性要求较低,求实购买动机表现得不突出。

(二)求新购买动机

求新购买动机是以注重商品的新颖、奇特、时尚为主要目的的购买动机。具有这种动机的消费者在购买商品时,特别重视商品的外观、造型、式样、色彩、装潢等,追求新奇、时尚和与众不同,对陈旧、落后的商品不愿问津。具有这种动机的人,大都思想开放,富于幻想,接受新事物快。他们受广告宣传和社会环境的影响较大,是新颖的电器、时装、新式家具、新化妆品及各种新产品的主要购买者。

(三)求美购买动机

求美购买动机是以追求商品的欣赏价值和艺术价值为主要目的的购买动机。具有这种动机的消费者在购买商品时,特别重视商品对人体的美化作用,对环境的装饰作用,对其身份的表现作用,以及对人的精神生活的陶冶作用,追求商品的美感带来的心理享受。因此,对商品的造型、色彩、款式、艺术欣赏价值格外重视,"美"是他们最注重的,而对商品的实用性、价格不太看重。在青年人、知识分子阶层、演艺界人士中,具有这种动机的人比较多。他们往往是高级化妆品、首饰、工艺美术品和家庭高级装饰用品的主要购买者。

(四)求廉购买动机

求廉购买动机是以注重商品价格低廉,希望付出较少的货币而获得较多物质利益为主要特征的购买动机。这类消费者对价格特别重视,对价格的变化反应格外敏感,喜欢选购低价、优惠价、特价、折扣价的商品。具有这种购买动机的消费者,以经济收入较低者为多。这与消费者本身的经济条件有关,但也不是绝对的,也有一些收入水平较高的消费者以买到特价、折扣价的商品为满足。

近年来,越来越多中国人出境旅游,他们在世界各地特别是在美国、日本以及欧洲各国"疯狂"购买高档包、化妆品、服装、鞋等商品,很多情况下是因为这些商品比国内便宜,价格低两三成。其实,这也是求廉购买动机的表现,许多人因购买到低价商品而得到心理上的满足。

(五)求名购买动机

求名购买动机是一种以追求名牌商品,仰慕某种传统商品的名望或满足其心理需求为主要特征的购买动机。这类消费者对商品的商标、品牌特别重视,喜欢选购名牌产品。此外，这种动机在旅游、观光者中表现得比较突出。多数旅游观光者都喜欢在游览名胜古迹的同时，选购、品尝一些反映当地风格特色的土特产品和风味食品。具有中国民族特色的商品、工艺品对外国游客有很强的吸引力，往往能激起他们强烈的购买欲望。还有一些国内外名牌产品及著名企业的产品，由于质量优良、知名度高、声誉好、市场竞争力强、市场占有率高而备受消费者青睐。

许多消费者是出于慕名心理而购买的。求名购买动机不仅可以满足消费者追求名望、显示地位的心理需要，而且能够降低购买风险，加快商品选择过程。中国旅游者在国外购物，既受求廉购买动机驱使，又受求名购买动机驱使，还受自我表现购买动机驱使，三者结合，自然产生了强烈的购买愿望，发生了大量的购买行为。

（六）自我表现购买动机

自我表现购买动机是一种以显示地位、身份和财富为主要目的的购买动机。这类消费者在选购商品或从事其他消费活动时，不太重视消费支出的实际效用，而格外重视由此而表现出的社会象征意义。

改革开放以来，中国经济保持了近 40 年的高速增长，居民收入水平也大幅度提高，特别是 2001 年中国加入世界贸易组织以来，在股票证券市场、房地产行业、网络行业等出现了收入水平很高的富裕阶层，这些阶层的消费者已经成为世界奢侈品市场的新生代消费者，他们购买名牌汽车、手包、时装、化妆品，多以世界知名品牌为荣。例如，购买劳斯莱斯幻影、捷豹、法拉利汽车，LV、爱马仕手包，阿玛尼、PRADA 时装，GUCCI、迪奥化妆品的消费者，多以炫耀身份、地位为主要目的，表现出明显的自我表现的购买动机。

（七）好胜购买动机

好胜购买动机是一种以争强好胜或为了与他人攀比并胜过他人为目的的购买动机。这类消费者购买商品往往并非迫切需要，而是出于不甘落后、胜过他人的心理。因此，由这种动机引起的消费行为具有冲动性、偶然性、即景性的特点，带有浓厚的感情色彩。例如，在北京的一些中学学校里，学生之间互相攀比着购买名牌运动鞋、高档山地车、最新型号的苹果手机等，虽然这些商品价格较高，有的超出了家庭的消费能力，但学生在好胜心理的驱使下，仍然缠着家长购买。

（八）好癖性购买动机

好癖性购买动机是一种以满足个人特殊爱好为目的的购买动机。有些人特别偏爱某一类型的商品。例如，有些人喜欢养花、养鸟、养鱼、养猫、养狗，有些人喜欢摄影、集邮或者收集一些古玩、字画等。因此，他们会经常购买与其嗜好、兴趣有关的商品。好癖性消费行为一般比较稳定、集中,具有指向性与连续性的特点。

(九)惠顾性购买动机

惠顾性购买动机是一种以表示信任而购买商品为主要特征的购买动机。消费者凭借经验或印象,对某种商品、某个厂家、某家商店、某个售货员等产生特殊的好感,信任备至,在购买中非此不可。具有这种动机的消费者,是企业最忠实的支持者,他们不仅经常光顾,而且会在其他消费者中起到宣传、影响作用。企业应当在自己的经营中努力培养消费者的惠顾动机,不断争取更多的忠诚购买者。

(十)追求健康、安全的购买动机

现代消费者面临气候变化、环境污染,越来越关注自身和家人的身体健康与生命安全,并且把保障健康、消费安全作为购买动机。持有这种动机的消费者通常把商品的安全性能和是否有益健康作为购物的首要标准。就安全健康而言,消费者十分关心商品的可靠性,如家用电器不出意外事故、住房装修装饰材料不含有毒性挥发物质、食品蔬菜不含污染物和农药残留物等。追求健康、安全日益成为一部分消费者的主导购买动机,购买保健品、办健身消费卡已成为现代消费者的经常性购买行为。

(十一)追求快捷、方便的购买动机

在当代社会,随着人们工作、生活节奏的加快,追求快捷、方便成为消费者的一种购买动机,并且这种动机日趋强烈。受这一动机驱使,人们乐于购买那些可以减少家务劳动强度和时间的商品和服务,如洗衣机、电冰箱、洗碗机、方便食品、家政服务等,以求最大限度地减轻家务劳动负担。

为了方便购买、节省时间,越来越多的消费者开始采用网上购物等现代购物方式。在家里点点鼠标、上网购物,快递送上门,既快捷又方便,还省去了外出交通不便,费时费力的精力和体力消耗。网购已成为青年人津津乐道的消费方式就来源于追求快捷、方便的购买动机。

(十二)储备动机

储备动机是消费者基于对未来商品价格上涨或脱销以及为将来消费储备、财产增值而产生的购买动机。在日常生活中,有些商品是长期的、必需的,如粮食、食用油等,多购买一些以备不时之需,这就是购买的储备动机。另外,购买一些金银珠宝、名贵字画、古玩工艺品,进行投资,以应付货币的贬值;购买不动产、有价证券等也是为了财产的保值增值。一般而言,具有储备动机的消费者具有较高的家庭收入,进行储备型购买也是为了家庭财产保值增值。

以上列举的仅是现实生活中常见的一些很有限的消费者购买动机。需要指出的是,消费者仅由一种动机而采取行动的情况在现实生活中为数不多,发生购买行为常常是多种动机共同作用的结果。因此,不能孤立地研究和看待上述各种动机。

第三节　购买动机的可诱导性及应用

一、购买动机的可诱导性

在现实生活中,任何消费活动的起因,总是受一定的购买动机所支配,但又往往不是受某种单一动机支配,而是受以不同组合方式交互作用的各种各样动机体系支配。其中,既有主导性的购买动机,又有辅助性的购买动机;既有明显清晰的购买动机,又有隐蔽模糊的购买动机;既有稳定的、经常的购买动机,又有偶然的、冲动的购买动机;既有普遍性的购买动机,又有个别性的购买动机。所谓诱导,就是针对消费者购买主导动机指向,运用各种手段和方法,向消费者提供商品信息资料,对商品进行说明,使消费者购买动机得到强化,对该商品产生喜欢倾向,进而采取购买行为的过程。

在现实生活中,消费者购买行为是在多个动机共同驱使下发生的,是多种有意识和无意识动机总和的结果。动机总和基本有两种方式:①几个动机共同作用促进购买行为发生的情况,如图4-4(a)所示。动机总和系统 $a_1,a_2\cdots a_n$ 都促进购买,显然消费者会发生购买行为。②动机相抵触、作用相反的情况,如图4-4(b)所示。动机总和系统 $a_1,a_2\cdots a_n$ 促进购买,动机总和系统 $b_1,b_2\cdots b_n$ 阻碍购买,那么,消费者可能发生购买行为,也可能不发生购买行为。下面我们分别进行研究。

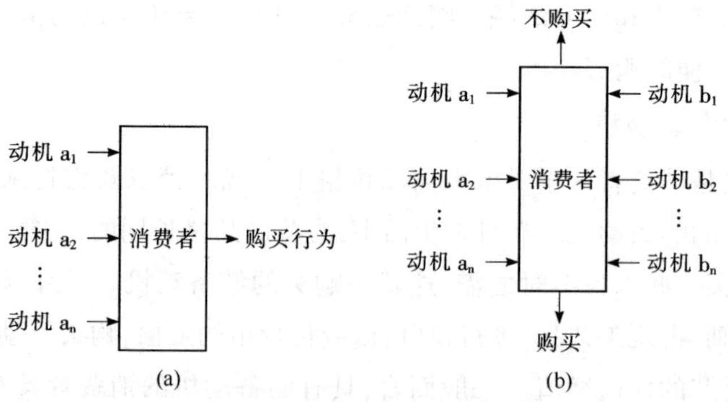

图4-4　购买动机示意

(一)方向一致的动机总和可以强化购买行为

多个动机方向一致,能使消费者产生更为强大的、推动购买商品的心理力量。例如,一位女性消费者想买一件皮衣,她既想御寒,又想穿着漂亮,还想显示一定的身份、地位,如果这时恰好有一件皮衣满足她这三方面的心愿,她就会立即产生购买行为。

(二)当相抵触的动机总和作用不平衡时,占上风的力量决定购买行为

所谓相抵触的动机,就是方向相反的动使力和动因,当它们同时作用于消费者时,在消费者心理上会产生方向相反的两种力量,占上风的力量决定着消费者购买行为的综合动机。

1. 购买一种商品的动机相抵触。一位消费者想买一辆家庭轿车,可能基于这样几个动机:a_1 节省上下班的时间;a_2 节假日可乘车购物、旅游;a_3 可显示自己的身份、地位。a_1,a_2,a_3 动机总和构成诱导性购买动机,促使他倾向于购买轿车。但同时,他又考虑到:b_1 汽车价格可能会下降;b_2 平时停车、保险、保养等费用较高;b_3 汽车用汽油价格不断上涨,轿车的使用成本较高。b_1,b_2,b_3 动机总和成为阻碍购买轿车的动机。具体情况如图 4-5 所示。

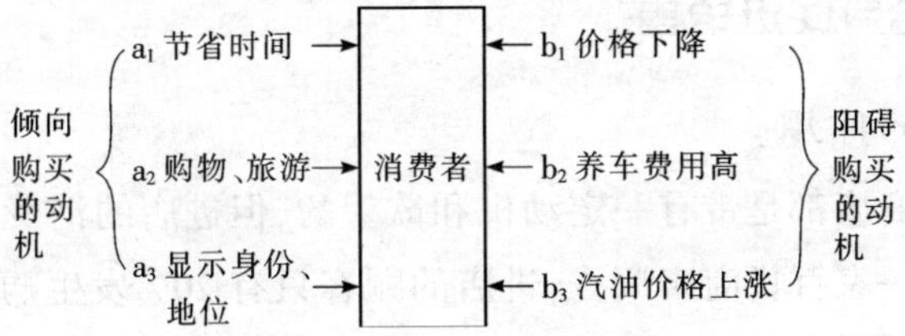

图 4-5 购买动机矛盾示意

在这种消费心理状态中,倾向购买的动机和阻碍购买的动机形成相反的两种力量,这两种力量相较量,较强的一方决定消费者的购买意向。

2. 购买两种商品的动机相抵触。一个消费者想购买房子和汽车,但是由于当前支付能力有限,暂时只能先买一种。想改善居住条件,就希望先买房子;想出行便利,就希望先买汽车。究竟先购买哪种商品,取决于住和行的需求愿望哪个更强烈。也就是说,当买房子和买汽车的动机互相抵触时,购买哪种商品的愿望驱动力更为强烈,就会决定先买哪种商品。

3. 购买商品和服务的动机相抵触。某消费者想购买一台电脑用于提高计算机

操作水平，又想出国旅游。由于时间、财力有限，暂时只能先满足一种愿望。想学习、提高自己的技能，就希望先买电脑；想休闲、增长见识，就希望尽早出国旅游。这时购买商品和服务的动机就是互相抵触的，是购买商品还是购买服务，最终取决于哪个愿望更强烈一些。

（三）当相抵触的动机总和作用平衡时，外力的加入决定购买行为

当相抵触的动机总和作用平衡时，即倾向购买的力与阻碍购买的力相互作用达到均衡点时，如果有外因加入倾向购买的力，就会强化购买动机，对购买行为往往会产生决定性的影响。例如，一位经商的顾客在商店看到一件“玉雕白菜”的工艺品，很感兴趣，但看到25万元的标价时犹豫不决，这时营业员介绍，这件工艺品采用的玉石原料十分珍贵稀有，又是著名工艺大师雕刻，“白菜”是取其“百财”的寓意，这位经商的顾客听后欣然购买了这件工艺品。在消费市场中，这样的例子还有许多。顾客在商品面前逗留徘徊，显然是对商品感兴趣，但是否购买又犹豫不决，说明他的心理力量处于平衡状态。此时，营业员的一个表情、一个手势、一句话或一种暗示，往往会使顾客下决心购买。因此，营业员应掌握诉求艺术，了解顾客心理，在关键时刻给顾客加上倾向购买的力，这种外力的作用，可以强化消费者购买动机，促使消费者采取购买行为。

二、运用诱导促进销售

（一）诱导的作用

消费者走进商店都是带有一定动机和欲望的，但进店的消费者并不是全部实现购买。据日本一家百货商店调查，进店的顾客只有20%发生购买行为。其原因在于，一般来讲，消费者的欲望有两种：一种是“意识的欲望”，与之相对应的是有明确购买目标的消费者；另一种是“潜在的欲望”，与之相对应的是虽然需要某种商品，但没有明显意识到这种需要，因而没有作出购买决定的消费者。有潜在欲望的消费者，常常在外界的刺激作用下，由一个看客变为买主。据美国一家百货公司调查，在顾客的购买行为中，有28%来自“意识的欲望”，72%来自“潜在的欲望”。消费者在商店里完成由“潜在的欲望”到“意识的欲望”的转化，是促进销售、提高效益的关键。消费者实现这一转化，除了受店堂环境、灯光装饰、商品陈列、商品适销度、现场促销活动等因素影响外，很重要的是受营业员的仪表、神态、语言、示范等诱导，其促使消费者的心理力量向购买的方向发展。因此，零售企业要想实现更多的销售，就应该努力在诱导顾客产生购买动机上下功夫。

（二）诱导的方式和方法

销售人员要想充分利用购买动机的可诱导性，必须掌握科学的诱导方式和方法。在这里，首先应牢记社会主义市场经济是法制经济，是建立在诚信基础上的信用经济，因此，销售人员在诱导消费者产生购买动机时，应遵守职业道德和社会公共道德，坚持实事求是、积极主动、灵活多样的原则，反对欺诈、误导、弄虚作假。

购买动机的诱导方法主要有：

1. 证明性诱导。这主要包括实证诱导、证据诱导和论证诱导。

(1)实证诱导。这是指当场提供实物证明的方法。这种方法在我国已被普遍采用。例如，电视机现场播放，以证明其色彩、音质和收看效果；电脑现场操作演示，展示其功能、特点；等等。

(2)证据诱导。这是指向消费者提供间接消费效果证据的方法。有些商品不适于采用实证方法，可以运用证据方法诱导。采用证据诱导时，只有使用消费者所熟知的、有感召力的实际消费证据，才能使消费者相信所购商品靠得住。

(3)论证诱导。这是以口语化的理论说明促进信任的方法。这种方法要求营业员有丰富的商品学知识，对所出售商品的理化成分、生产工艺、性能质量、使用方法有清楚的了解，内容要真实，切忌信口开河，劝说诱导要恰到好处，要简明扼要地向消费者介绍商品，要视消费者的需要进行劝说诱导，方能收到诱导效果。

2. 建议性诱导。这是指在一次诱导成功后，选择恰当时机向消费者提出购买建议，达到促进销售的目的。

向消费者提出购买建议的时机一般有下列几种：①顾客目光转向其他商品的时候；②顾客询问某种商品本店是否有售的时候；③顾客提出已购商品的使用、维修问题的时候；④顾客向营业员话别的时候。

建议性诱导的内容，一般有以下五个方面：

(1)建议购买性能更好的高档商品。营业员要在对顾客的购买预算作出判断的前提下提出这类建议，以免建议不妥伤了顾客的自尊心。

(2)建议购买替代商品。提这类建议的条件是消费者欲购甲品牌商品，而本店无货，但有在质量、性能、价格上与甲品牌商品类似的乙品牌商品。不过要注意，建议时不要强求顾客购买。

(3)建议购买互补商品。提这类建议要注意，当两种商品有主次之分时，在顾客购买主项商品后再建议其购买次项商品容易成功；反之，则较困难。例如，向购买电脑的顾客建议购买打印机，向购买照相机的顾客建议购买变焦镜头就容易成功；反之，效果不会很好。

(4)建议购买大包装商品。同类商品大包装比小包装在费用上较为经济。对于某些适合连续使用的消耗性商品,这种建议容易成功。

(5)建议购买新产品。对于消费者来讲,使用新产品没有参考经验,因而购买欲望难以形成。营业员要做好宣传,并保证退换、保修,建议才有可能成功。

进行建议性诱导,营业员要时刻记住顾客有潜力可挖,破除实现一次销售就等于接待完一位顾客的观念。在行动上要表现出,提建议的动机是为顾客着想,措辞言简意明,语气恳切自然,即使销售未获成功,至少会在顾客心中留下良好的印象。

3. 转化性诱导。在运用以上两类诱导方式和方法时,消费者可能会提出问题,甚至针锋相对,使交易陷入僵局。这时就需要通过转化性诱导缓和气氛,重新引起消费者的兴趣,使其发生购买行为。

常用的转化性诱导有以下几种:

(1)先肯定再陈述。先肯定顾客言之有理的意见,使顾客情绪冷静下来并得到心理上的满足,然后再婉言陈述自己的意见,这样可以取得较好的诱导效果。

(2)询问法。这是指找出顾客不同意见的原因,再以询问的方式,转化对方的意见。询问时态度要和气,切忌用质问的口气,否则会伤顾客的自尊。

(3)转移法。这是指把顾客不同意见的要点直接联结到其所购商品的特点上去,使顾客的注意力集中到所购商品的特点上。

(4)拖延法。遇到顾客所提意见难以回答时,不能急于用不充分的理由去诉说、争辩,可以先给顾客看商品说明书,使自己有短暂的时间考虑有说服力的回答。

总之,运用购买动机的可诱导性,因时、因地、因人、因商品地使用各类诱导方法,能够唤起消费者的"潜在的欲望",促使其采取购买行动,促进销售。

第四节　消费者购买动机理论与购买动机调查方法

一、国外购买动机理论

对消费者购买动机的理论研究,国内起步较晚,这里主要介绍国外在这方面的研究成果。购买动机理论研究的中心问题是消费者行为中"为什么"的问题。例如,消费者为什么需要某种商品或劳务?消费者为什么从众多的商品中选购了某种品牌的商品?消费者为什么对广告宣传会有截然不同的态度?消费者为什么经常惠顾某些零售商店?等等。回答消费者行为的"为什么"的问题,是最重要、最中心的问题,也是最难理解和调查的问题。这个问题弄清楚了,就找到了消费者购买动机的根源,对消费者行为现象的解释和说明也就有了理论基础。

关于消费者购买动机,国外的专家、学者提出了各种各样的理论。下面将按照历史的发展,对这些理论做一概括的介绍。

(一)内驱力理论

内驱力理论主要是把动机作用看作过去满意感(习惯)的函数。这种理论认为:关于现在行为的决策,大部分是根据过去行为结果或报酬考虑的。如果过去的行为导致好的结果,人们就有反复进行这种行为的趋向;如果过去的行为导致不好的结果,人们就有回避这种行为的趋向。最初提出这种理论的是桑代克,他通过观察试验有机体的行为,发现了"效果律"。根据"效果律",他认为奖赏会强化刺激与反应的联结,处罚则减弱刺激与反应的联结。然而其后的试验表明,虽然奖赏强化刺激与反应的联结,但是处罚不一定减弱刺激与反应的联结,这种情况由后来的研究者们所证实。

在内驱力理论方面进行综合试验研究的是赫尔。在赫尔研究的基础上,希尔加德和鲍威尔进一步提出了内驱力理论公式:

$$SE_R = SH_R \times D \times V \times K$$

式中:SE_R——反应潜力或行为;

SH_R——习惯强度;

D——内驱力;

V——刺激强度的精神动力;

K——诱因动机。

公式可做如下解释:人的行为是习惯强度、内驱力、精神动力、诱因动机累积乘数关系。其经济意义是:一个消费者面对某种品牌的商品,其习惯强度、内驱力、精神动力、诱因动机各因素越强烈,那么,购买这种品牌商品的可能性就越大。当其中的某个因素为零(假设消费者没有内驱力)时,就不能发生购买行为。

(二)认知论

认知论与内驱力理论正好相反,这种理论认为人的行为的主要决定因素是信念、期望以及对未来变故的预测。因此,人的行为是有目的性的、有定向目标的、以有意识的意图为基础的。由此可见,这两种理论的主要区别是:内驱力理论着眼于过去事件的结果,认知论则着眼于对未来事件的预测。主张这一理论的代表人物是陶勒曼和勒温。

一般来说,认知论把动机作用视为两个主要变量,即期望和诱发力乘积的函数。期望是指特定行为导致某种结果的个人信念,诱发力是指个人给予结果以正或负的评价。用公式表示则为:

$$M=E\times V$$

式中:M——动机作用或努力;

E——期望;

V——诱发力。

这种认知论发展为现在的、有代表性的动机理论,即弗鲁姆的诱发力—期望论及波特尔和劳勒尔的期望说。

(三)动机作用—保健论

动机作用—保健论是赫茨伯格和他的助手于1959年在匹茨堡心理研究中心取得的成果。根据这个理论,如果劳动者保健的主要因素(如公司的经营和政策、工作条件等)得不到满足,劳动者就会产生不满;保健因素得到满足,而动机作用的主要因素(如成绩、承认、工作本身、升级等)得不到满足,劳动者还是得不到真正的满足。真正的满足是保健因素和动机作用因素都得到满足。

日本学者小岛外弘根据这个理论,在消费者心理研究中提出了MH理论。小岛认为,M指动机作用因素,是魅力条件;H指保健因素,是必要条件。这里,M的含义是商品的情调、设计等,是满足消费者需求的魅力条件;H的含义是商品的质量、性能、价格等,是满足消费者需求的必要条件。MH理论认为,当商品的保健因素不能满足时,消费者会感到不满。例如,商品的质量差、价格高,消费者就会不满。但是,仅满足必要条件还不够,要使消费者对某种商品真正感到满足,该商品的魅力条件也必须同时得到满足。

需要指出的是:魅力条件和必要条件的内涵,要根据时代、消费潮流以及商品生命周期的不同而有所变化。

(四)需要层次理论

激发动机的基础是需要。1938年,墨莱在其所著的《人格的探索》一书中列举了20多种人类需要。在此基础上,心理学家马斯洛提出了著名的需要层次理论。他认为可以将动机分为两类:欠缺的动机和生长的动机。每一类动机都各有不同的需要。需要层次理论把人类的多种需要分为5个层次,如图4-6所示。

马斯洛认为:需要的5个层次是逐级上升的。当下一级的需要获得相对满足以后,追求上一级的需要就成为行为的驱动力。但是,在高级需要能得到满足,而低级需要却不能满足时,他宁可牺牲高级需要,而去谋取低级需要。例如,一个人

图 4-6 需要层次理论

为了满足衣、食等基本生存需要，可能会放弃安全需要“铤而走险”；一个人在群体中遇到危险，可能会放弃归属需要、社交需要而逃亡在外。当然，这些都不是绝对的。

马斯洛认为：低级需要（生理、安全）仅要求从外部使人得到满足，高级需要（社交、尊重、自我实现）则是从内部使人得到满足。因此，只有后者才是行为的真正动力，是产生行为的动机。

二、购买动机的调查方法

消费者购买行为的产生与维持都靠购买动机，而动机本身是非常复杂和隐蔽的，这就需要研究购买动机的调查方法。

消费者购买动机调查，是探讨消费者为什么购买商品的问题，涉及临床心理学、精神分析学、社会心理学等许多理论和技术，比市场调查更为深入和复杂。

常用的购买动机调查方法主要有以下几种。

（一）投射法

投射法也叫投影法，是根据无意识的动机作用探询个性内在心理的方法，其透过表面的防御而探询个性内在心理。这种方法常用来研究深层心理活动。

投射测验往往要求被试者帮助别人在一种特定的情况下作出决策。人们常常不愿承认自己的某些愿望，可是却很愿意分析别人的心理活动。在推断他人的动机和态度时，人们会不自觉地表明自己的动机和态度。所谓投射，就形象地表明了这种心态。常用的投射方法主要有以下几种。

1. 语词联想法，也叫语言联想法。运用该方法时，通常会给被试者一个有许多意义无关的词的词表，让被试者看到后说出最先联想到的词，通过对反应词以及反应时间的分析，了解被试者对刺激词的印象、态度和需求。语词联想法包括：

(1) 自由联想法。这是指让被试者自然、任意地说出联想到的词的方法。例如，看到“苹果”一词，被试者首先想到“手机”一词，就让他说出或写出“手机”一词。

(2)控制联想法。这是指让被试者说出按某种要求联想到的词的方法。例如，看到“电冰箱”一词，让被试者说出联想到的商标名称，如“海尔”牌、“新飞”牌。

(3)连续联想法。这是指让被试者说出第一个联想词后，连续说出第二、第三个联想词的方法。例如，看到“电脑”一词后，被试者首先想到“视窗操作系统”，接着又想到“联想”品牌等。

2. 角色扮演法。运用该方法时，不让被试者直接说出自己对某种商品的动机和态度，而是通过他对别人对这种商品的动机和态度的描述，间接流露出自己的真实动机和态度。

在美国，运用这种方法的一个典型事例是20世纪50年代有关速溶咖啡的调查。速溶咖啡省时省力，味道也不错，但这一新产品当时销量平平，徘徊不前。起初用问卷法调查，结论是：消费者不喜欢速溶咖啡的味道，但并没有说出速溶咖啡和新鲜咖啡味道有什么不同。为了找出消费者持否定态度的真实动机，公司变换了调查方法，向被试者展示两张购货单，让其说出购买速溶咖啡和新鲜咖啡的两个家庭主妇的特点。调查结果是：被试者普遍认为，购买速溶咖啡的是懒惰、不会计划开支、不称职的家庭主妇。这个结果帮助公司了解了消费者不愿购买速溶咖啡的真实原因。被试者在形容购买速溶咖啡的家庭主妇的特点时，不知不觉地将自己的看法投射了上去。

3. 示意图法，也叫图画解释法。运用该方法时，通常会向被试者出示一张图画，让其写出图中所画人物提出问题的答案，从中了解被试者的想法。美国学者密斯曾用这种方法调查香烟销售情况。示意图上画了一个男子下班回家后对妻子说：“我决定吸烟啦！”以此向消费者收集他的妻子对他吸烟的反应。据此，借第三者之口自然了解到被试者对吸烟的看法和态度。

4. 造句测验法，也叫文章完成法。运用该方法时，通常会给被试者一些不完整的句子，让被试者迅速造出完整的句子。例如，给出“假如您出差，可以买____票”，“青年人买小轿车要选____型号的”，等等。用这种方法调查的商品或服务项目，比语词联想法能获得更多的信息。

5. TAT(thematic apperception test)法。其意为主题统觉测验，也叫绘画解释法。运用该方法时，通常会让被试者看一些内容模糊、意义模棱两可的图画，并且看图编一段故事，再加以解释，以此来掌握消费者的需求动机。主题统觉图本身没有特定含义，让消费者把它的“意义”讲出来，往往就会把消费者的性格结构强加在图上，即把“意义”投射到这些图上，就可以根据消费者对图画的解释，判断其内心活动，掌握消费者的潜在需求。不过，实施和解释这个测验，必须具备高深的知识和技术。

(二)推测试验法

运用推测试验法时，通常会让被试者对具备特定条件(如购买电脑的人)的消费者的性格、职业、年龄、收入、行为等加以想象和说明，从中了解被试者对特定商品的印象。例如，甲消费者购买了一台联想牌某型号的电脑，调查甲消费者的朋友乙对此电脑的看法，就可以让乙对甲的购买行为进行评论。乙可能会说，联想电脑品牌知名度高，质量还可以，但这种型号的电脑是台式的，不如再加点钱，买台笔记本电脑，对于收入不太高的甲来说既实用又方便。从乙的这些评论中，可以了解到乙对联想电脑的印象和需求意向是：①联想某型号电脑质量和信誉不错，一般收入水平的消费者对其价格能够接受；②对于收入较高者来说，笔记本电脑是较好的选择；③购买电脑，既要看价格是否实惠，还得考虑配置。

(三)语义区别法

语义区别法，也叫语义分析法。这种方法原是奥斯古德在分析语言的语感差异时设计的方法。用这种方法可以测定被试者对品牌、商品和企业的态度。运用语义区别法，通常采用7点等距离序数量表，这个表上有几组正反意义的形容词，可让被试者反复进行概念判断。这种量表既可用于评定商品、商标、广告效果，又可用于对商店、厂家、公司的印象进行评定，还可用于评定被试者对概念的态度。

复习思考题

1. 消费者购买动机对其行为有什么作用？
2. 常见的消费者购买动机有哪几种类型？
3. 消费者购买动机有哪些具体形式？
4. 如何运用诱导方式强化消费者的购买动机？
5. 简述消费者购买动机的主要理论观点。
6. 简述常用的消费者购买动机调查方法。

全球奢侈品消费的四种心态

世界奢侈品协会对各国消费者进行了抽样调查,发现购买奢侈品的心理倾向差异性很大,中国消费者被指具有"炫耀性消费心理"。全球奢侈品消费市场29%的份额被中国人占有,中国是全球最大奢侈品购买国。为什么中国的消费力如此强大,其他国家居民的消费心理与中国居民有着什么样的区别?

报告分析以中国、欧洲、美国、日本为例。

一、中国:炫耀性消费心理

在中国,购买奢侈品注重其品牌价值,而不注重商品本身的文化价值。从消费心理的角度分析可知,大多数中国消费者购买奢侈品是为了让别人知道它的价值,相互以奢侈品来攀比,从而证明自己的财富能力和社会地位。这与日本早期的奢侈品社会发展较为相似。据世界奢侈品协会调查,70%的中国奢侈品消费者认为,奢侈品是用来社交的重要符号,有攀比价值的必要性,而购买奢侈品完全出于自我需求、侧重品牌文化和设计师理念的消费者仅占少数。

在目前消费力不断攀升的中国,迅速崛起的这批奢侈品消费者还需不断提高文化层次的追求。世界奢侈品协会中国首席代表欧阳坤认为,奢侈品消费成长一般须经历三个主要阶段:①追求财富地位阶段;②追求地位区别阶段;③追求文化区别阶段。以上三点基本对应了奢侈品消费的三个主要群体——富裕群体、高收入群体、高级白领群体,随着这三个主要群体的日趋成熟,中国的奢侈品市场将会越来越大,毕竟会有越来越多的人将要为这个市场买单。

二、欧洲:设计师消费心理

大多数奢侈品原产地为欧洲一些国家,其本国消费者更注重拥有奢侈品品牌设计师的作品。据世界奢侈品协会调查,在法国和意大利,75%以上的奢侈品消费者认为产品设计师的作品决定奢侈品价值,并不以品牌本身的影响力作为购买理由,同时,他们大多注重将商品设计特点与自身的职业特点相结合。

三、美国:自我型消费心理

在美国,大多数人都具有自我型消费意识,相对务实,没有刻意注重奢侈品能给自己带来什么优越感,人们穿得很休闲、很随意。据世界奢侈品协会调查,在美国,70%以上的奢侈品消费者是为自己喜欢的款式而发生购买行为,大多数美国人购买奢侈品是出于自己的真正需要,不会将奢侈品作为炫耀资本,也不会为了拥有奢侈品而重复购买。

四、日本:必需品消费心理

在日本,奢侈品几乎是必须去消费的。在日本这个快节奏国家,很多人购买奢侈品用来慰劳自己,证明自己的能力和价值。日本是一个崇尚名牌的民族,上班族没有奢侈品将会失去职场竞争力。“你可以没有朋友,但不能没有奢侈品”,这句话最能形容日本奢侈品消费者的心理。据世界奢侈品协会调查,85%以上的日本消费者认为没有奢侈品的日子将会缺失个人竞争力,因此,这也是日本保持全球奢侈品消费大国的重要因素。

资料来源:中国新闻网 www.china.com.cn/info。

思考题

1. 就某一品牌奢侈品,利用消费者购买动机相关理论分别对中国、欧洲、美国、日本的消费心理进行比较、分析。

2. 以某一国家或地区为例,运用诱导方式强化消费者的购买动机,简要设计一份奢侈品促销方案。

第五章

消费者的购买决策

消费者在产生购买动机后，就进入购买行为过程。在购买行为过程中，居核心地位的是购买方案选择、判断和决定，即消费者的购买决策。购买决策对购买行为的发生及其效果具有决定性的作用。要深入研究消费者行为的规律性，就必须了解消费者的决策过程、特点以及购买决策受社会、心理状况的影响过程。

第一节　购买决策的概念与决策类型

一、购买决策的概念

从一定意义上讲，购买行为的全过程实质上是消费者不断进行决策的过程。与此同时，作为一种心理准备状态，消费者对待商品或服务的态度，每时每刻都在影响和决定着购买与决策的过程。为此，有必要首先了解何为决策。

决策，从汉语词义来讲，是指从思维到作出决定的过程，或者说是决定或决断。目前，国内外学术界对决策尚无完全一致的定义，但多数人认为：决策是为了达到某一预定目标，运用逻辑推理、模拟实验和统计方法，根据经济效益和社会效益综合评价，对几种可能采取的方案作出合理的选择的过程。简单地说，即对几种方案作出合理的选择，以达到最佳的效果。

科学决策一般应包括以下几个方面：

第一，决策是为了达到某一既定目标。没有目标就谈不上决策，目标不明确，就会造成无效的决策。

第二，决策中存在着几种可供选择的方案，要从中选出“令人满意”的方案。决策是为了追求优化目标，如果只有一个方案，则无从选择，决策也就无从谈起。

第三,当决策存在着多种影响方案实施的客观因素时,不确定因素对方案的影响程度要能用数学方式来表达,对方案影响的可能性常用概率来表示。

第四,各种方案在不同情况下产生的效果以及盈利和亏损(或称损益值)能够有条件地预测计算出来。

有了以上四条,就具备了决策的条件,就可以对几个方案进行评价和选择,从中找出可行的最佳(或满意)方案。但是,这里应该注意区别"决策工作"与"决策行动"。一般而言,决策工作是对决策的广义理解,它泛指从确定决策目标到拟订可供选择的决策方案,再到选定方案后贯彻实施、检查反馈的整个过程;而决策行动则是对决策的狭义理解,仅仅指拍板选定方案的活动。

消费者行为的实质,就是通过购买活动及购买结果满足某种未满足的需求。为实现满足特定需求这一目标指向,消费者作为行为主体,在购买过程中必须进行评价、选择、判断、决定等一系列活动。例如,在购买之前,要确定购买什么,有没有足够的支付能力,到哪儿去买,买什么样的,买多少。

在购买过程中要选择品牌、衡量价格水平、确定购买型号。在购买之后还要对所得与所费进行比较,评价其效用大小,是否值得,为下次购买提供决策依据。

上述一系列选择、评价、判断、决定等活动就是消费者的决策。

决策在消费者购买行为中占据重要地位。这是因为:①决策的进行与否决定着购买行为的发生与否。当消费者认定需要、选择商品,最终作出购买的具体决定时,一次购买行为才实际发生。②决策的内容规定着购买行为的发生方式。经决策确定的购买商品、购买地点及购买数量决定着消费者在何时、何地,以何种方式进行购买。③决策的质量决定着购买行为的效用大小。正确的决策可以促成消费者以较少的费用、时间买到质价相符、称心如意的商品,最大限度地满足特定的消费需要;反之,错误的决策则可能给消费者造成时间、精力、费用的浪费乃至心理伤害,使其需要无法得到全部满足,进而对其以后的购买行为产生不利影响。

正是由于决策对消费者的购买行为有如此重要的影响,所以,在购买行为中决策居于核心地位,起着支配和决定其他要素的关键性作用。

二、购买决策的内容

人是有思想的动物,所以,人类的行为都是大脑对刺激物的反应。正是对内外环境刺激变化的反应,促成了消费者的购买及其他行为。心理是行为的基础,购买行为则是思维和行动的结果。

对购买决策的分析也要从环境对思维的刺激入手,要分析购买的主体(消费者)、购买的客体(商品)和购买环境等几个方面。

其具体内容包括以下几个方面。

(一)购买原因决策

购买原因决策解决为什么要购买的问题,是购买商品或服务的动机。消费者购买商品的动机(即原因)多种多样,为了生存,消费者必须决定购买食物、日用品等生活必需品;为了工作和社会交往,又要决定购买手机、电脑等电器;为了提高生活质量,还要决定购买住房、汽车等商品。此外,个人的兴趣爱好、收入水平的增加,甚至商场举办促销活动、新产品上市等,也都可能刺激消费者产生购买动机。

(二)购买目标决策

购买目标决策解决为什么购买这种商品而不购买那种商品的问题。消费者购买某种商品的决策,既受该商品自身特性,包括商品的型号、款式、颜色、包装等因素影响,还受市场行情、价格及商品的售前、售后服务等因素影响。符合消费者意愿的商品便会刺激消费者作出购买该商品的决策。

(三)购买方式决策

购买方式决策解决怎么购买的问题。消费者在购买商品时,要事先决定采用什么方式:是自己买还是托人代买?是直接买还是邮购、网上购物?是现金购买还是使用信用卡、支付宝?是当时付款还是分期或延期付款?等等。作购买方式决策也有赖于各种外界因素。例如,卖方是否允许使用信用卡购买?是否允许分期付款?等等。

(四)购买地点决策

购买地点决策解决消费者去哪儿购买的问题。消费者到哪儿购买与惠顾动机有关。这个决策受购买商品的性质,消费者居住的区域与商业网点设置的一致性,商场的声誉、经营状况、购物环境、服务质量以及购买地点的交通状况等众多因素制约。消费者在购买前一般都要考虑上述因素,再作决策。

现在越来越多的消费者热衷于网络购物,消费者通常要比较网站的信誉、商品的质量、支付的可靠性、送货的及时性等众多因素,再作决策。

(五)购买时间决策

购买时间决策解决什么时候购买商品的问题。购买时间决策,一般同工作性质和生活习惯有关系。此外,商品本身的季节性、时令性也影响购买时间。一般来说,消费者选择工作之余或节假日购买商品的时候较多,商品折扣、减价时也是消费者购买的时间。

网络购物的出现大大方便了消费者的时间选择，网上商城1年365天，1天24小时几乎都可以接受订单、完成交易，使消费者在购物时间上有了极大的选择自由。

（六）购买频率决策

购买频率决策解决消费者多长时间购买一次的问题。这方面的决策与商品的寿命、使用周期以及家庭状况有直接的联系。根据家庭结构、收入水平、商品使用情况，消费者总要决定大约多长时间购买一次。当然，随着各种情况的变化，购买频率也在变，但在正常情况下，生活必需品和日用品的购买频率比较固定。

总之，一般人的购买行为，都是在各种条件下，通过各种信号对大脑的刺激，决定为什么要买、买什么、怎么买、到哪儿去买、什么时候去买以及需要多长时间买一次。当然，心理状况不同、生活习惯不同、生活水准不同、消费能力不同、消费观念不同以及生活环境不同，决定了消费者的购买行为是不尽相同的。但无论什么样的消费者，都要对上述几方面进行决策，而后才能将思维与行动相结合。

三、购买决策的方式和类型

（一）方式

在18世纪以前，决策都是依靠个人的经验，此时的决策叫作经验决策。经验决策是与小生产方式相适应的。但是，随着生产和科学技术的飞速发展，社会活动越来越复杂、多变，现代化的大生产和高科技成果的运用，使社会活动发生一系列变革，生产、技术、管理、教育以及社会生活的社会化程度不断提高，依靠个人经验决策已不能适应新的社会生活的需要。也就是说，决策已经从经验上升为科学。科学决策的方式，随着时代的变化而逐步走向多样化。

1. 个人决策。这是指消费者个人利用生活经验和已掌握的信息，凭借个人的智慧作出的购买决策。人们平日大量的购买行为是常规性的，如日常生活用品，基本由个人凭自己的生活经验和购买经历，直接作出购买决策。另外，日常生活中也会经常遇到一些紧迫的问题，如家中的节能灯坏了，电子表的电池没电了，出差时鞋子损坏，个人也会当即作出购买决策。

2. 家庭决策。这是指对重大购买行为，由家庭成员共同商议，凭借大家的经验和智慧作出的购买决策。购买日常生活用品，通常由个人决策即可，但购买耐用消费品、贵重商品，如电冰箱、空调、住房、家用汽车等，一般很难由个人决策。购买商品的支出占家庭消费支出的比重越大，个人决策的比重就越小。另外，个人一般较缺乏购买重要商品的经验,因而很难进行决定和选择,所以,购买重要商品通常须经家庭成员共同商议,凭借众人的经验共同进行决策。

应该指出,不管是个人决策还是家庭决策,都需要从社会渠道收集信息,了解情况,凭借社会公众的体验和智慧作出决策。由于个人和家庭对于市场上众多的商品,尤其是一些非日常消费品了解程度有限,加之科学技术的发展使新产品不断出现,老产品功能增强、性能得到改善,因而仅靠个人和家庭的经验,很难作出最终的决策。这就必然需要从社会渠道(如各种媒体的广告等)广泛收集信息,借助社会大众的经验作出科学决策。

与其他决策活动相比,消费者的购买决策具有决策主体单一、决策范围有限、决策影响因素复杂、决策内容随机性强等特性。此外,消费者不能依靠机械的教条和固定的模式作出购买决策,要因地制宜,具体问题具体分析,从大量纷繁复杂的现象中认识消费者购买决策的客观规律性。

对于消费者而言,日常的、重复性的购买决策,运用经验和通行的原则、办法即可作出;非常规的、初次出现的、因素复杂的购买决策,靠直观的经验难以作出,需要结合运用多种方式和渠道进行决策。

(二)类型

购买决策是一个较为复杂的问题,它涉及面广,形式多样。为便于理解和运用决策的理论和方法,全面认识消费者购买决策,下面我们从不同的角度对购买决策进行分类。

1. 按决策的时间和重要程度划分,可分为长期决策、短期决策和即期决策。

长期决策是指消费者对未来商品购买的较长时间的规划决策。对于消费者而言,决定未来较长时间的家庭支出,如子女教育开支、购买住房开支、医疗或财产保险等,属于长期决策。这类决策所需费用较多,延续的时间也较长,因此,只是一种规划。虽然有些消费者目前尚无明确的购买意向,但也有储蓄以备将来消费的倾向。

短期决策是消费者对于几个月或半年、一年购买行为的决策。和长期决策相比,短期决策更具体、更直接。比如,计划在未来一两个月内购买一台电脑,计划未来出国旅游,或是购买一辆汽车等。

即期决策是当前时间内所要作的决策,一般是对当日、当周、当月购买行为的决策。这类决策时间更短,有一定的紧迫性。

上述三种决策的划分,特别是后两种决策的划分具有一定的相对性,有时区别不是特别明显。

2. 按购买决策目标的性质划分,可分为常规型决策和非常规型决策两种类型。所谓常规型决策,是指消费者经常或例行的购买决策。这种类型的决策具有重复性,有过去的经验可以参考,基本上涉及的是有把握解决的例行购买问题。非常规型决策是指偶然发生或首次出现的、非重复性的购买决策。这种决策对消费者本人而言是无案可稽的,所以又可称为一次性决策。例如,购买生活日用品、服装、鞋等,或是购买手机、电脑等,即属于常规型决策;购买医疗保险,或是为子女筹办婚事等,则属于非常规型决策。

3. 按决策的目标要求划分,可分为最优决策和满意决策两类。消费者总是力求通过决策方案的选择、实施,取得最大效用,使某一方面的需求获得最大限度的满足。按照这一指导思想进行的决策,即为最优决策。这种决策的实质就是要追求理想条件下的最优目标。但事实上,理想条件很难存在,而且,消费者也没有条件花费大量的时间和金钱去追求最佳,只需在进行购买决策时,作出相对合理的选择,达到相对满足即可。在现实条件下,求得相对满意的购买结果的决策,我们称之为满意决策。在购买决策中,满意决策比最优决策的实用性更强、更常见。

4. 按决策要求所获得答案数目的多少划分,可分为一次决策与多级决策。消费者所作的购买决策,有些是单一的,有些则是相互关联的、多层次的。一次决策所处理的是某一时点的状态问题或某一时期总的问题,所要求的方案比较简单,达到预定目标后,这个决策就结束了。如果消费者作出的购买决策不是一个,而是相互关联的、一连串的决策,前一项决策直接影响后一项决策,这种决策就是多级决策。例如,购买住房和装修房屋的决策,即为多级决策。当然,这种决策也并非一成不变。

5. 按决策问题的风险性划分,可分为确定型决策、风险型决策和不确定型决策。确定型决策意味着每一个决策方案只有一种确定的结果,对未来情况已掌握充分、完整的信息资料,没有不确定因素。风险型决策和不确定型决策意味着存在不可控因素,一个决策方案可能出现几种不同结果。例如,购买某一种新产品后,可能由于不熟悉或其技术不成熟,在使用过程中并未达到预期效果,这是决策后带来的使用上的风险。风险型决策对各种可能出现的结果,能够计算出各自的概率。例如,因产品质量可能出问题而影响使用的概率是5%,因使用不当而可能出问题的概率是3%等。不确定型决策缺乏任何可供借鉴、比较的历史资料,只能凭消费者的判断来进行决策。

第二节　消费者购买决策过程

一、广义和狭义的购买决策过程

前面已经提到，消费者购买决策活动和购买决策行动是两个有区别的概念。购买决策活动是购买决策的全过程，而购买决策行动则是购买决策过程中的一部分，处于购买决策过程中的最终决策阶段。正如我们在购买电冰箱时，首先要有购买欲望，然后寻找购买方案，评价、比较各种购买方案后，最终决定买什么品牌、什么型号、什么价格、到哪儿买、什么时候去买等。这是一个完整的过程，是消费者在特定的心理机制驱动下，按照一定的程序发生的心理与行为活动的决策过程，并非一锤定音。当然，对一些常规性购买，由于消费者购买经验极为丰富，因而有了购买欲望后不需寻找方案进行比较，立刻就可付诸实施。例如，炒菜时发现没盐了，就会立刻到附近的超市去买一包盐回来，而且不会咨询它的规格、型号、价格等问题。这一决策，显然省略了决策过程中的几个中间阶段，只有决策行为。人们总习惯于把决策看成简单的最终决策行动，而忽略其前期阶段，这是错误的。这实际上简化了前期过程，形成了经验模式；一个完整的决策需要包括前面几个预备步骤，而这正是消费心理学研究的重点。

综上所述，我们可以看出，决策过程是有广义和狭义之分的。广义的购买决策过程，包括决策过程本身和影响这个决策的全部因素。狭义的购买决策过程，仅指购买决策过程本身。下面只就购买决策过程本身作简要说明。

购买决策过程一般由 6 个互相联系、循序渐进的基本步骤组成，即刺激、感觉到需要、收集信息、评价可供选择的对象、购买交易、购买后行为。消费者购买决策过程贯穿于购买前、购买中、购买后的整个购买行为之中，其程序过程和心理过程将在第六章研究，这里只给出购买决策过程框图（如图 5-1 所示），并作简要说明。

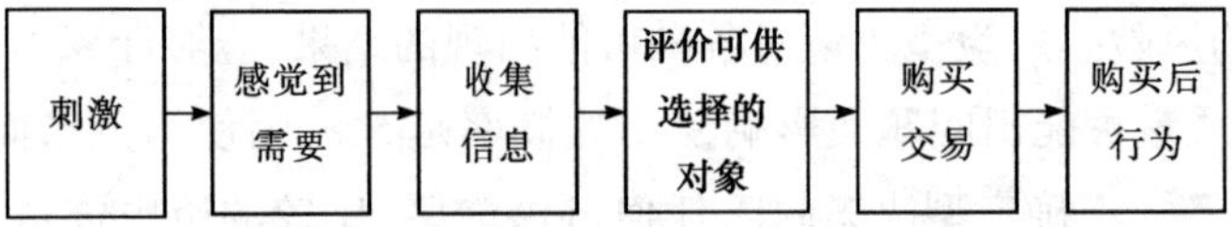

图 5-1　购买决策过程

对消费者购买决策过程，需要说明两点：

第一,消费者购买商品或服务时,在一般情况下,要经历购买决策过程的全部6个步骤,在某些特定情况下,则只需经过其中部分步骤。例如,一个曾经满意地在某商店买过名牌运动鞋的消费者,就不会像其他没在这个商店购过物的消费者那样,在购买运动鞋的过程中采用同样多购买决策过程的步骤。这是因为,消费者曾经历过为购买这种商品所进行的收集商品和购买地点信息、对购买对象进行选择等几个步骤,已然形成经验模式,就没有必要重复所有步骤了。

第二,图5-1所示的购买决策过程,是假定消费者最终决定购买商品或服务。事实上,消费者在购买决策过程的任何步骤上都有可能决定不购买,决策过程就在那个步骤上停止。例如,消费者受到外界刺激后,经过冷静思考,认真衡量自己的各种条件,不再有购物的迫切需要,这时,该购买决策过程就中止了;或者,虽然消费者有了购物的需要,但是在了解大量信息并进行反复比较的过程中,发现市场上还没有自己中意的商品,这个购买决策过程自然就提前中止了。造成购买决策过程不能顺利完成,导致没有产生购买行为的原因有很多,消费心理学要分析这些原因,提出解决问题的思路和方法,促成消费者完成购买决策的全过程。

二、影响消费者购买决策过程的因素

生活消费资料的购买过程是消费者受到外界刺激后,不断地产生思维和采取行动的反应过程。思维是行动的基础,又受到行动的反馈影响。不同的人会产生不同的思维,同一个人在不同的环境里也会产生不同的思维。消费者在购买过程中的心理活动受两大因素影响:一是消费者本身特征引起的内部因素;二是因消费者生活、工作、学习等条件有差异而形成的外部因素。剖析消费者行为的影响因素,把握消费者购买时的心理特点,可以创造更为合理的促销环境,这是市场营销成功的重要途径。

(一)影响消费者购买决策过程的内部因素

1. 需要和动机是决策的第一因素。从心理学的角度看,人受到内外部因素刺激,会在精神上产生紧张感,无论有无意识,都会采取行动来消除这种紧张感。这种紧张感事实上就是人们对某种需要是否可能满足的担忧,而消除紧张感,欲望便形成,成为某种行为的动机。购买行为也是如此。当人们受到身体内部缺少某种物质的刺激,或是受到因比较工作、学习、生活或社会条件而感到不满足等外部因素的刺激,就产生了精神上的不安(或曰紧张感),就想采取行动消除这种不安,如果消除不安的行动指向某种商品,购买欲望就产生了,随后形成购买动机。

购买动机一旦形成,人们会产生一定的行为方向,即购买目标。购买目标的确定将使人们的需要进一步明确化、具体化。在一般情况下,人们总是千方百计地要使购买目标付诸购买行动,最后满足需要。购买目标越明确、具体,最终决策越迅速。

购买目标能否顺利实现,还影响着消费者后来的购买决策。购买决策的顺利实现,会使消费者在满足这种需要的基础上产生新的、更高级的需要,形成新的购买目标,循环上升,不断发展。如果购买目标不能顺利实现,消费者就会寻求代用品或索性取消购买行为。因此,消费需求和购买动机直接决定着后来的各个决策阶段,以至于影响最终的购买行为。

2. 个人经验影响消费者对购买方案的选择。消费者的个人经验是已往自身感官的感受,由此形成对某种购买对象的知觉,它常常左右着消费者的购买决策。消费者在商品知觉基础上的个人经验,是购买决策方案形成的重要影响因素。消费者的个人经验通过以下几方面表现出来,并影响决策过程。

(1)情趣爱好。人都有情趣爱好。随着阅历的增长,爱好会逐渐增加,有"形态爱好",如喜爱摄影、旅游,也有"机能爱好",如喜欢听音乐、读书,但爱好本身很难成为购买行为的直接动机,它只能影响购买动机的形成。由于人们在感知需要的基础上,总是按照自己的爱好去选择购买对象,因此,爱好是比较稳定的因素,它对最终购买决策的选择具有决定性的影响。

(2)个性。消费者的个性体现着一个人的素质,它是能力、性格、气质、文化、信仰的综合体现。人的个性是长期形成的,具有相对稳定性。个性完全不同的消费者,往往对购买方案的选择也截然不同。有的人喜欢追求时尚新奇,有的人则喜欢随大流,这显然代表了不同的个性。

(3)自我形象。在商品购买决策过程中,消费者的购买动机、购买目标和购买行为常常受到消费者自尊需要的影响。一般来说,人们总是到符合自己身份的商店去购买符合自我形象的商品。例如,城市中的白领职业女性在购买时装时,往往会去大型商场、著名品牌专卖店购买,而很少去小商品市场。

(4)对某种商品的购买经验。人们对某种商品的重复购买,总是以前一次购买为衡量依据,也总在寻求功能、品牌、包装、价格、服务的综合感觉,感觉越好,购买决策越顺利。此外,该商品自身的形象、市场占有率、广大消费者的认知情况等,也影响着消费者的决策过程。

(5)风险经验。消费者在作出购买决策之前,对商品会有种种顾虑,如是否安全?是否合算?是否有社会舆论影响?这些都是消费者主观的购买风险预感。风险越小,消费者的购买决策越顺利。

总之,个人的购买经验越丰富,购买决策越顺利,决策过程也越简便。对经常购买的商品,可以省略收集信息和方案比较等决策阶段,而对不常购买的商品,决策过程较为复杂,故个人经验直接影响着决策过程。

（二）影响消费者购买决策过程的外部因素

1.家庭对购买决策过程的影响。家庭是最基本的消费者群体,它对消费者的个性、爱好、生活习惯等均有着极为深刻的影响,其作用是不可低估的。家庭的规模、经济状况、文化程度等因素,直接影响消费者的购买决策。但同时,购买决策与消费者所处的家庭地位关系也很大,家庭地位不同的消费者决定着决策过程的不同阶段。

家庭购买角色分为倡议者、影响者、决策者、购买者、使用者等。倡议者是家庭购买决策的发起人,直接影响购买决策的认知需要;影响者是为家庭购买决策提供各种信息和评比购买方案的发言人,在寻求购买方案、比较选择购买方案的阶段,直接影响到购买目标的建立;决策者是家庭购买决策的最终决断人,他对家庭购买决策的拍板定案具有决定性的作用;购买者是家庭购买决策的执行者;使用者不仅是商品的使用者,而且是购买决策正确与否的评论人,影响着购买决策过程的用后评价阶段。

家庭成员在购买决策过程中所充当的角色不同,或其中之一或同时充当几个角色,因而,对不同商品所作出的购买决策,不同家庭成员在其中的作用不尽相同。但是,家庭购买决策反映家庭共同的价值观念、生活方式、经济状况和家庭的人际关系。

随着社会经济生活的变化,家庭中购买角色有这样一些特点:发出倡议者往往是接受社会影响较多的人,而决策也不是一个人说了算,在很多情况下,决策是协商的结果;虽然影响者发挥主要作用,但使用者、购买者的意见也不可低估。

对不同商品的购买,家庭对其影响是不同的。对一般生活日用品的购买,因其是经常性购买行为或来不及同家庭成员协商,往往由个人决定;而对耐用消费品、购买风险较大商品的购买,则需经过家庭的共同商议,方可作出最终决策。此外,家庭的购买决策还受个人的年龄、婚姻、经济状况的影响。年长、已婚、个人经济收入占家庭经济收入比重大的人,受家庭其他成员的影响小,在家庭购买决策过程中起的作用大;相反,年龄小、未婚、没有收入的家庭成员,则受家庭影响大,在家庭购买决策过程中所起的作用小。

但随着时代的变化,这些情况也发生了一些改变。例如,青年人是消费时尚的倡导者和追随者,虽然他们的收入不一定很高,但往往成为家庭购买决策的倡议者，他们的意见常受到重视。

2. 参与群体对购买决策过程的影响。“人以群分，物以类聚”，具有类似性格、习惯和价值观念的人，很容易相处。除家庭以外，还有许多参考群体对购买决策过程有着直接或间接的影响。

（1）亲友。亲友是与消费者关系较为密切的参考群体，他们往往站在客观的角度，为消费者提供购买商品的信息，或帮助消费者评价购买方案。一般消费者都将亲友视为最可信赖的参考群体。这个群体对消费者购买决策过程中的确定认知需要、寻找方案、评价和选择购买方案等几个阶段都具有重要的影响。

（2）周围好友。消费者的同事、同学或邻居等好友，一般对消费者的购买决策总要品评一番。消费者的购买行为，总要引起周围好友的议论，其直接影响着消费者的购买决策。这个群体对消费者决策的用后评价和日后的重复购买影响极大。

（3）社会组织。社会团体、专业组织一般是思想较为一致的社会群体，他们在对某些商品的购买决策上意见比较一致，因而互相影响。例如，摄影协会的成员，就影响着其他成员对照相机、变焦镜头的购买决策。不过，这个群体对消费者购买决策的影响范围较小。

（4）专家名人。专家名人是消费者崇拜的对象，这个群体具有权威性和参照性，容易引起消费者注意，影响着消费者购买决策过程中的认知需要及购买方案评估等几个阶段。影视明星、体育名人常常为某些商品做广告或形象代言人，“追星族”，特别是年轻的“追星族”，往往会紧随其后模仿，因此，这个群体对青年消费者影响较大。

由于上述群体与消费者之间的关系不同，所以对消费者的决策过程所起的作用也不同。有些人追明星、信权威，有些人则恰恰相反，无视外界、重视自我。这种或从众或逆反的心理，因个人素质不同而异。总之，人际关系越好，受群体的影响越大；个人素质越高，影响群体的作用越大。

3. 消费指导者对购买决策过程的影响。消费者在购买商品的决策过程中，总要为自己的决策方案寻找依据。通过各种大众传播媒介，消费者能够了解到商品的性质、价格、在哪儿卖、以什么方式出售等多方面的信息，但购买决策的最终选择，很少以大众传播媒介为依据，而往往要征询自己充分信赖的消费指导者的意见。

在日常生活中，总有一些对某些商品有较丰富购买经验的人，他们往往为周围人的购买决策出主意、提建议并协助他们最终选购，直接将自己的意见施加于他人，这些人被称为消费指导者。消费指导者多为富有购买商品经验的人或对商品信息掌握较多的人。实践证明,大多数人在购买商品之前,都愿意接受或主动征询消费指导者的意见。消费指导者为他人提供咨询,往往出于某种特殊的心理需要,或为证实自己的经验、能力,或为表示对他人的友好、亲近,或对某种商品产生某种感受,或出于出售商品的职业需要。因而,他们往往具有极强的说服力,会直接影响消费者的购买决策。市场营销人员应善于利用消费指导者的说服力,挖掘潜在的购买者。

4. 文化对购买决策过程的影响。文化是人类社会历史实践过程中所创造的物质财富和精神财富的总和。它包括人类所创造的、体现人类与其环境相互关系的物质、精神、社会、知识和美学等方面的一切东西。人们由于所处的文化环境和包括民族、籍贯、宗教、年龄、性别、职业、社会阶层在内的亚文化环境不同,形成了不同的习惯、爱好、生活方式、风俗、审美观念和价值观念。人们的文化素养大多形成于后天教育,又是长期受熏陶的结果,因此比较牢固,对人的行为影响极大。

(1)不同的风俗、爱好、习惯,产生于不同的民族、历史、地理环境,受物质丰富程度和接受教育程度的深刻影响。

中国是拥有 56 个民族的多民族国家,汉族和其他少数民族各有不同的风俗习惯和思维方式。例如,新疆、西藏、内蒙古的一些少数民族,性格豪爽、粗犷,崇拜英雄、勇士;广西、云南的一些少数民族,性格温和、温柔,崇尚智慧、文化。东北地区,由于气候寒冷,白酒的消费量很大;广东、上海由于气候温暖,轻、薄、艳丽的时装市场很大。总之,各地区、各民族经过长期发展形成了饮食、服饰、居住、婚丧、节日、礼仪等方面的诸多特色。由于地理区域不同,南方和北方、城市和农村、沿海和内地、山区和平原的居民,具有不同的生活方式、爱好和饮食习惯。消费者的购买决策也同样受上述因素的影响。

(2)不同的国家、地区的社会规范、价值观念也使消费者作出不同的购买决策。受政治、经济、社会的影响,不同国家、地区往往会有不同的价值观念和社会规范。例如,美国、欧洲一些国家,崇尚个性、强调个人,因此,消费者作出购买决策时追求个性张扬,与众不同,同时,这些国家工作节奏比较快,为节约时间,快餐、方便食品受到人们青睐;亚洲一些国家注重民族文化传统,在作出消费购买决策时往往追求民族性。

(3)不同的宗教、民族、语言也影响着消费者的购买决策。各国、各地区以及各民族有不同的宗教信仰和语言,这是文化差异的重要表现。一些宗教在日常生活中有严格的教规、教义,对吃、穿、用有明确的规定、禁忌,有一些宗教节日、活动,形成特有的生活习惯与方式。语言、文字也影响消费者的购买决策。如果文字、语言选择不恰当,则不仅不会激发消费者的购买欲望,有时还会适得其反。例如,我国著名的 IT 企业联想集团,原来的英文标识"Legend"容易使人误解,现改为"Lenovo"就是为了更好地走向海外市场,语意也贴切多了。

五千年的文化发展,使中国成了一个地大物博、人口众多,同时还有着多种不同的亚文化群落的泱泱大国,这就使得生活在这片国土上的人们具有与他国迥然不同的消费方式和消费行为,在研究其购买决策的过程中,必须考虑上述影响因素。尤其是进入 21 世纪和我国加入世界贸易组织以后,我国的企业和产品更多地走向世界,与世界各国不同的制度、风俗、习惯发生交集,这些是企业发展壮大后开拓国内外市场所必须关注的因素。

第三节　效用理论与消费者购买决策

在讨论消费者购买决策过程中各种影响因素的基础上,我们将进一步探讨在商品经济条件下购买决策形成的一个重要决定因素——效用。事实上,消费者大都是在现实的社会、政治、文化和个人素养的基础上,用经济的眼光衡量所需与所费是否成比例,争取综合效用的最大化,并依此来决定是否购买。下面将对效用理论与消费者购买决策的关系作进一步的分析。

一、消费者购买商品是为了获取满足

满足是指人们在实现欲望之后的一种心理上的充实感。在消费领域,人们的缺乏感和追求某种满足的愿望构成了消费欲望,消费欲望的实现就是满足,而个人从消费某种商品中所得到的满足也就是经济学家们所说的效用。

在实际生活中,人们的消费欲望是数不胜数的,如追求衣、食、住、行等方面满足的物质欲望,追求文化和自我实现等方面满足的精神欲望。由于人们的需求是无穷的,因而在一定条件下的欲望也是无止境的。一种欲望的实现意味着随之而来的新的欲望的产生,由生存到舒适再到享乐,欲望一步步地向着更高境界发展。人们正是为了追求更加美好的生活而不懈地努力,从而推动整个社会的进步。

但是,消费欲望的无限性,恰恰同消费欲望得到满足的有限性相矛盾。我们知道,消费欲望的实现是受社会生产力水平、家庭和个人的经济收入、商品价格及商品丰富程度等多种因素制约的。在尚未按需分配的市场经济条件下,消费者只有在拥有货币或具有获取货币的能力时,消费欲望才能转化为消费需求,人们的心理活动也必然建立在一定的消费能力基础之上。因此,盲目的、不切实际的需求是得

不到满足的。即便在有货币支付能力的范围内,消费者的需求也应统筹安排。因为需求不是唯一的,消费者在决定购买商品时,应考虑各种消费需求的轻重缓急,尽可能作出高质量的决策,以较少的费用开支买到称心如意、质价相符的商品,最大限度地满足特定消费需要。

消费者购买商品的行为,事实上表明其对购买该种商品作出了决策。这种决策是在考虑了诸多影响决策的因素后作出的。这种付诸购买行为的决策就是上述意义的满足,得不到满足的决策方案是不会付诸行动的。消费者运用手中的货币,将购买决策付诸购买行为所实现的商品购买,其目的在于获取最大限度的满足,即最佳的购买行为效用。

二、总效用与消费数量的关系

总效用是指从消费一定量某物品中所得到的总的满足程度。效用的大小是人们享受商品的主观感觉,因而没有客观量化的标准来衡量。不同商品,对不同的消费者的满足程度是不同的,所以效用也不同。但就一般意义而言,人们随着所消费物品的增加,心理满足感是逐渐增加的,但达到一定程度后,随着消费物品的增加,心理满足感反而会下降。在社会资源有限的条件下,人们心理上总希望自己能占有更多的社会财富,因为财富的增加能够使心理和物质的满足程度增加,也就是说总效用在增加。显然,消费者的满足不会停留在简单的食物和衣服的满足上,当个人温饱问题解决后,他要考虑今后的生活,如生病、失业、养老等。当基本生活问题解决以后,他会考虑精神文化等更高层次方面的需求和满足。由此可见,消费数量越多,满足程度越高,总效用也越大。

显然,消费量与总效用之间呈现正比例增长的关系,如图 5-2 所示。

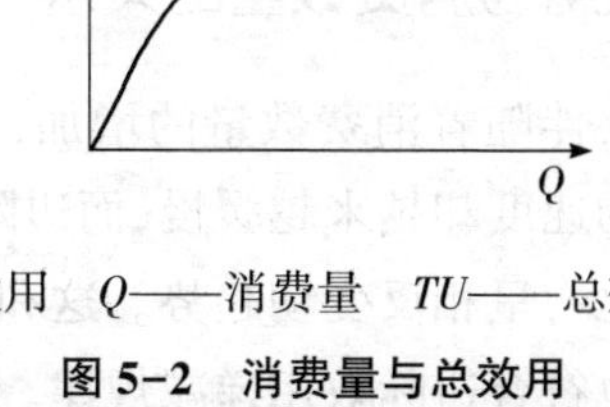

U——效用 *Q*——消费量 *TU*——总效用曲线

图 5-2 消费量与总效用

三、边际效用与消费数量的关系

边际效用是指消费量每增加一个单位所增加的满足程度。

如前所述,当人们增加商品总量的购买时,总效用是在增加的。但是,由于人们手中的货币是有限的,况且人们的生活中不仅仅只需要粮食和衣服,还需要其他方面和更高层次的满足,因此,无限制地增加某一种商品的需求和购买,会使消费者感到所获得的满足程度越来越小,甚至当某种商品堆积如山时,消费者会认为继续增加该商品的支出是没有必要的,因为其他物品也在等待他去购买。尽管消费者消费更多数量的商品时,总效用在增加,但每增加一个单位数量的同一种商品的购买,消费者心理感受的满足程度会逐渐减小,即边际效用是在逐渐减少的。边际效用的递减规律,体现了边际效用与某一种商品的消费数量之间呈反比例变动的关系,如图 5-3 所示。

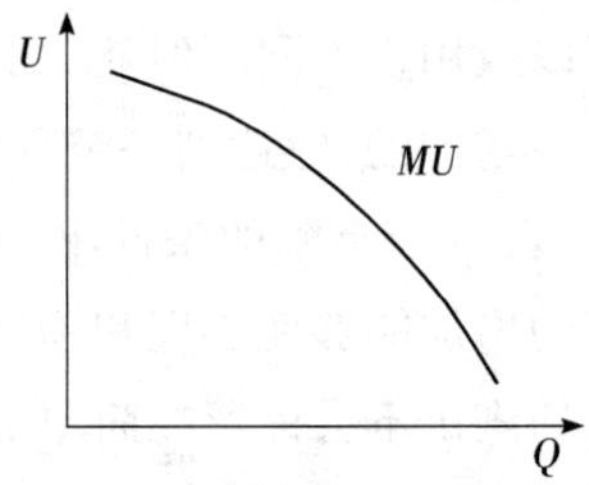

U——效用　*Q*——对某一商品的消费量　*MU*——边际效用曲线

图 5-3　边际效用

欲望和享受同一物品的心理满足程度递减,就使得每增加一个单位同一种商品,给消费者带来的满足程度是逐渐降低的。一物品的边际效用随消费数量的增加而减少的现象,普遍存在于一切商品之中,这种边际效用递减的趋势称为边际效用递减规律。

四、总效用、边际效用与消费数量的关系

从上面的论述可以看出,伴随着消费数量的增加,对某一物品的消费而言,虽然总效用也在增加,但增加的速度却越来越缓慢,而边际效用则随消费某一物品的数量和总效用的增加逐渐减少,呈相反变动趋势。这和总效用与消费量、边际效用与消费量的关系是一致的,也符合边际效用递减规律。

消费者购买物品是为了获得满足,因此,在现实社会条件下,在用有限的资金

购买商品时,消费者总要比较一下货币支出与能够获得的效用。如果消费者的货币收入是一定的,而单位货币所能带来的满足是相等的,那么,消费者对某一商品愿意付出的货币就要以该物品的边际效用为标准。如果边际效用大,消费者愿意付给该商品的货币就多;如果边际效用小,消费者就会将货币转付给其他可替代商品,而对该商品减少购买或根本不去购买。随着消费者购买某一物品数量的增加,该商品对于消费者来说,边际效用是递减的。这种规律不仅影响货币投放数量,也影响消费者的货币投放方向。由此我们不难看出,效用理论不仅决定着购买某一种商品的数量,而且决定着有限货币在不同商品之间的数量分配。那么,效用理论如何决定有限货币的数量和方向的选择投放决策呢?接下来我们将对这一问题作深入阐述。

五、消费者按边际原理决策

前面已经谈到,在市场经济条件下,人们还没有达到消费需求的极大满足,消费者的货币收入是有限的,而消费者的需求是多样的、无限的,所以,消费者要把有限的货币收入投向多种多样的商品上,以满足自身的各种欲望和多层次的需求。那么,如何决定货币的分配,使购买的商品能够最大限度地满足需求,求得效用最大化呢?那就要按边际原理进行决策,即在货币收入和商品价格一定的条件下,使购买各种商品的边际效用与其所付的价格比例相同,求得效用总和最大化。换句话说,就是使购买多种类、不同数量的各种商品所花费的单位货币所能提供的边际效用相等,使货币总量能提供的总效用最大化。用个简单的公式来表示,即:

$$P_A \cdot Q_A + P_B \cdot Q_B + \cdots = M \tag{5-1}$$

$$\frac{MU_A}{P_A} = \frac{MU_B}{P_B} \tag{5-2}$$

式中:A,B 分别表示所消费的不同商品;P_A,P_B 表示相应的商品价格;Q_A,Q_B 表示 A,B 等不同商品的实际消费量;M 表示货币总收入;MU_A,MU_B 表示购买 A,B 商品的边际效用。

通过公式,可以更清楚地看到:式(5-1)反映了货币的有限性,即为了获取最大的满足,必须将全部货币收入投向市场。式(5-2)反映了等量性,即购买各种商品的边际效用与投入到该商品中的货币比例相等。消费者之所以按这一原则来进行决策,是因为在货币收入一定的条件下,多买 A 种商品就要减少 B 种商品的购买。同时,A 种商品购买数量的增加,又会导致 A 种商品的边际效用减少,而随着 B

种商品消费量的减少,B 种商品的边际效用又会增加,这就必然使各种商品的边际效用的总和不能达到最大。为了使消费者所需要的各种商品的总效用最大,就必须调整各种商品的购买数量(当然也要考虑心理效用与经济效益和社会效益的比例),使各种商品的边际效用的比例等同于价格的比例,以求得总货币支出与所消费各种商品的效用总和最大,从而实现消费均衡。

在按边际原理进行决策的过程中,除了把握单位货币的边际效用相等外,需遵循以下两项原则:

第一,宏观最大满意原则。这是指从货币收入的总体出发,力求货币总支出所带来的总效用最大,使购买获得最大满足,追求决策效果最佳。

第二,微观相对满意原则。这是指对某一特殊商品的购买方案和购买效果,只需相对满意即可。

现代社会的市场信息瞬息万变,商品繁多,消费者不可能,也没有必要花费大量时间和金钱来捕捉全部信息,对购买每一种商品都作出最佳决策。况且,社会的发展使人们的满足永无止境,对于购买的每一个商品都绝对满意是不可能的。因此,在决策过程中,应着眼于全局,力争宏观决策最佳,微观决策满意。

六、评价

效用理论是研究消费行为的一个重要内容,它从心理学角度探讨了人的消费行为在一定经济条件下的心理反应,既揭示了在市场经济条件下,在有限货币与完全竞争的市场中,指导消费者购买行为的心理决策过程,也揭示了消费者追求心理满足和享受欲望最大化的心理活动过程,同时尽可能将心理活动公式化、数量化,更便于人们理解。但是,由于效用理论只是心理现象的反映,它还要受社会、人文、地理等各种因素的影响,因而对不同社会条件下的不同消费者所面对的不同商品不能一概用效用理论来解释。此外,决定商品价格的是价值,而并非边际效用,所以,效用不能左右价格,而要受价格制约。如果认为效用左右供求,从而决定货币与商品的交换比例,那就从根本上错了。

另外,效用理论假设消费者的购买决策完全是理性的,这也与社会现实不完全一致。有些消费者购物时是感性的,完全凭情绪、心态作出购物选择。因此,在分析消费者的购买决策时,要多方面进行判断和分析。

复习思考题

1. 怎样认识购买决策的概念？
2. 购买决策有哪些主要类型？
3. 购买决策如何影响消费者的购买行为？
4. 购买决策有哪些主要内容？
5. 影响消费者购买决策过程的主要因素是什么？
6. 什么是效用理论？
7. 边际效用对购买决策起什么作用？
8. 效用理论在应用时有哪些局限性？

上帝咬过的“苹果”魅力大

苹果公司的LOGO是一个被上帝“咬”了一口的苹果，其理念是只有不完美才能促使进步，才能去追求完美。

2009年，iPhone手机进军中国，在各地刮起一股“苹果”旋风。2017年11月，苹果公司发布iPhoneX，同年12月底在中国内地市场上市，立即引起大批的“果粉”[苹果产品粉丝(fans)的简称]的热捧。iPhoneX成为青年人追求的热门商品。到2017年，苹果公司的产品在中国的销售量仅次于美国市场，中国成为苹果产品全球最大的市场之一。

在中国手机市场如此饱和的情况下，价格不菲的iPhone一上市就引发了抢购热潮，导致产品一度断货，却还有大批消费者积极办理预约购机手续。这些人争相购买iPhone的架势，给人一种“抢白菜”的感觉。iPhone真的是白菜吗？中国人显然还没有富裕到那个程度，那么，人们争相购买iPhone，是出于怎样的消费心理呢？

一是追求时尚和创新。苹果手机的成功很大程度上归功于其创新的技术和时尚的功能。苹果手机系统在智能上的运用可谓发挥到了极致，让人们体验到随时随地上网、拍摄的乐趣。追求时尚、新颖以及高科技的消费者,自然喜欢购买这一类型的产品,尝试新的生活。

二是彰显个性和自我。在产品同质化程度越来越高的当今社会,大众化的消费标准日渐失势。人们更崇尚个性化消费,喜欢多变、刺激和个性的生活方式,强烈追求独立自主,在消费时也力图表现出自我个性。这些特征反映在消费者的心理与行为上,表现为消费者追求品牌的独特性,要求商品能有特色,具有商品个性并能体现自我特点,由此满足追求个性美和表现自我的心理需求。

三是炫耀心理。炫耀心理不存在文化差异,是人类社会中普遍存在的现象。人们喜欢炫耀那些大家渴望得到的东西,这些东西是财富、地位的象征。有的消费者觉得自己必须赶上"苹果文化",他们购买这一品牌可能是为了显示自己的品位和社会地位,向别人炫耀他们的与众不同并以此为荣。他们重视的并非商品的实用性,只要某商品能显示自己的身份和地位,就乐意购买。

四是超前和享乐心理。当代文化已经变得越来越具有开放性、超前性,人们更多地接触到了西方文化。当代消费者的生活方式、行为特征、行为趋向和价值选择等多个方面都受到西方消费的影响,人们的消费观念也不可避免地受到了影响。同时,人们也更加注重享乐,期望通过消费获得高品质的生活。因此,他们愿意选择超前消费,购买自己心仪的品牌。

资料来源:根据苹果中国网站整理。

思考题

1. 从案例中,分析中国消费者在进行购买决策时考虑的关键因素是什么。
2. 消费者的购买决策过程和购买行为受哪些主要因素影响?

第六章

消费者购买行为

消费者购买行为是消费心理的行动表现，研究、认识消费者购买行为会加深对消费心理的理解和把握，认识这两者的关系，对市场营销、管理决策等活动有着重要的意义。

第一节　消费者购买行为理论

消费者购买行为是人类行为的一种，或者说是人类行为系统的组成部分。按照认识规律和循序渐进的原则，我们的研究过程为：从人类行为到消费者行为再到消费者购买行为。

一、人类行为的一般概念

所谓行为，是指人们在外部刺激的影响下，经由内部经验的折射而产生的、具有目的性的活动。它是个体与环境交互作用的结果。

上述定义说明，人的行为十分复杂，它受人的内部特性和外部环境两方面影响。美国社会心理学家库尔特·卢因（Kurt Lewin）在进行大量试验的基础上，提出了著名的卢因行为模型：

$$B=F(P—P_{1i},P_{2i},P_{3i},\cdots P_{ni};E—E_1,E_2,E_3,\cdots,E_n)$$

式中：B(behavior)——个人的行为；

P(personal)——个人的内在条件、特征；

$P_{1i},P_{2i},P_{3i},\cdots,P_{ni}$——构成内在条件的各种生理、心理因素；

E(environment)——个人所处的外部环境；

$E_1,E_2,E_3,\cdots,E_n$——构成环境的各种因素。

上述模型表明，人类的行为是个人与环境相互作用的产物。同时，该模型进一步表明，人类的行为方式、行为指向和强度，主要受两大类因素的影响和制约，即个人内在特性和外部环境因素。其中，个人内在特性包括生理和心理两类基本因素，而外部环境则包括自然环境和社会环境两类因素。

卢因的行为模型在一定程度上揭示了人类行为的一般规律，并对影响行为的各种因素做了最基本的归纳和划分，其结论具有高度的概括性和广泛的适用性。

由于每个人都是一个独立的世界，即使处在相同的环境下，也可能表现出不同的行为。同时，人的行为亦受环境影响，不同的环境会导致不同的行为。消费者行为是“感知、认知、行为以及环境因素的动态互动过程，是人类履行生活中的交易职能的行为基础”（美国市场营销协会 AMA）。进一步理解，消费者行为是指消费者为获取、使用、处置消费商品或服务所采取的一系列行为，包括这些行为的决策过程。

如果人的行为发生在消费者的购买活动中，就自然产生购买行为。所谓购买行为，是指消费者为满足某种需要而在购买动机的驱使下，以货币交换商品的行为。任何人为维持其生存，必须不断地消费他们所需要的各种物品，以满足其生理和心理需要。消费者购买行为除受自身生理、心理因素支配外，还受自然环境、社会环境两类因素的影响和制约。

消费者购买行为是人类社会活动中最具普遍性的一种行为方式。为了更好地满足消费者的需要，促进社会再生产的正常进行，应研究消费者购买行为理论，认识购买行为的规律。

二、消费者行为的影响因素

消费者行为是一个复杂的概念，是指消费者以货币、信用或其他形式付出而获得所需商品或劳务时所表现出来的各种反应与活动。它既包括购买行为前的选择、比较、决策和实际购买行为，也包括购买前收集信息，购买后的使用、维修、保养、评价等活动。消费者行为处于不断发展之中，随着社会经济的发展、科学技术的进步、生活水平的提高，消费者行为从实体消费领域向非实体消费领域扩展，如旅游、体育健身、文化、教育等消费领域，在这些领域，消费者行为表现得更加丰富多彩、复杂多样。

消费者行为是一个动态的、持续的过程，行为复杂多样，是可以被营销活动影响和引导的。在现实生活中，消费者行为受到各种纷繁复杂因素的影响。根据卢因行为模型的研究成果，可以将影响消费者行为的诸多因素分为两大类，即个人内在特性和外部环境因素。这两大类因素相互联系、相互作用，共同构成影响消费者行为的因素体系。

(一)影响消费者行为的个人内在特性

尽管在现实生活中,消费者行为形态各异、千差万别,但究其本质,无不以某些共同的生理和心理活动为基础。

1. 生理因素。生理因素是指消费者的生理需要、生理特征、身体健康状况,以及生理机能的健全程度。

(1)生理需要。在影响消费者行为的生理因素变量中,生理需要是对消费者行为影响最直接的自变量。心理学上的"需要",是指客观刺激物通过人体感官作用于大脑而引起的某种物质缺乏状态或未获得满足的主观感受状况。这种主观感受会引起人的不适或紧张,促使人们去缓解或克服这种不适或紧张。

人的需要是多层次、多方面的。生理需要是指人们在衣、食、住、行、休息、健康、性等方面的需求,是为了维持人类自身生存和繁衍后代所必须满足的基本需要。可以说,满足自身生理需要是人类一切行为活动的原动力。生理需要满足之后,才能进行旅游观光、体育健身、文化教育、娱乐休闲、智力开发等享受和发展资料的消费。人的生理特点决定了生理需要是循环往复、重复发生的,没有止境,不会终结。当然,生理需要的具体内容和形式并非一成不变,会随着经济社会的发展,呈现出不同的特点。

(2)生理特征。生理特征主要包括身高、体形、相貌、年龄、性别等方面的外在特点,以及耐久力、爆发力、抵抗力、灵敏性、适应性等方面的内在特性。这些生理特征主要是先天遗传的结果,同时也受后天环境影响。生理特征的差异可以引起不同的消费需求,从而导致不同的消费者行为。例如,身高对于服装尺寸的选择,皮肤类型对于个人护肤品的选择具有重要的影响。年龄和性别的差异,使得不同年龄和性别的消费者在消费特点、消费内容上存在明显差异。

消费者生理上的内在特性,对消费行为的影响是深层次的,保健品、药品的消费,滋补品市场的扩大便与此有关。

2. 心理因素。除生理因素外,消费者行为还受到自身心理因素的影响。心理因素主要是指消费者的心理活动,它对消费者行为的影响更深刻、更复杂,处于支配性的主导地位。

影响消费者行为的心理因素主要包括心理过程和个性心理两个方面。

(1)心理过程。心理过程是指消费者心理活动的动态过程,包括认识、情感、意志等相互联系的具体过程。前面已经讲过,认识包括感觉、知觉、注意、记忆、联想、思维等多种心理现象。在现实生活中,消费者的消费活动是从对商品或服务的认识开始的,带有鲜明的感情色彩,体现出消费者的情绪或情感。意志过程是指人们自觉确立行为的动机与目的,努力克服困难以实现目标的心理过程。在消费者行为中,意志过程表现为消费者认识消费对象,自觉确定购买目标,据此调节行为,克服困难,努力实现目标的过程。

(2)个性心理。由于先天遗传与后天所处社会环境不同,人与人之间在心理活动过程的特点和风格方面存在着明显的差异。每个人独有的心理特点和风格,构成了他们的个性心理。对于消费者而言,个性心理主要表现在个性倾向性和个性心理特征两个方面。个性倾向性包括兴趣、爱好、信念、价值观等。个性心理特征是指人的能力、气质、性格等。正是由于个性心理千差万别,所以对同一消费对象或环境刺激,消费者会产生完全不同的心理反应,其行为活动也完全不同。

(二)影响消费者行为的外部环境因素

消费者行为除受自身生理与心理因素支配外,还要受外部环境的影响和制约。诸多外部环境因素按其性质可分为自然环境因素与社会环境因素两大类。

1. 自然环境因素。自然环境因素包括地理区域、气候条件、资源与环境状况等因素。自然环境是消费者的生存和生活空间,在很大程度上促进或抑制了某些消费活动的开展与进行,因而对消费者行为有着明显的影响。

(1)地理区域。这主要是指消费者生活、工作所处区域的地理经纬度及地形地貌。热带、亚热带、温带、寒带,城市与农村,内陆与沿海,高原山地与平原水乡的消费者,在消费需求和生活习惯上存在许多差异。例如,在饮食习惯方面,我国南方偏好甜,喜清淡,北方偏好咸,四川、湖北、湖南、江西、陕西偏爱辣味,但辣的特点还有所不同。城市居民与农村居民对商品种类、数量的需求及其购买方式也有着明显差别。

(2)气候条件。不论是地域性的气候条件,还是全球性的气候环境,都在很大程度上制约和影响着消费者行为。例如,炎热的气候与寒冷的气候使热带、亚热带地区与寒带地区消费者衣食方面的差异十分明显:热带、亚热带地区的消费者只需穿轻薄爽透的服装,而寒带地区的消费者则需穿厚重的棉衣,甚至是皮衣、羽绒服;热带、亚热带地区的消费者爱喝清爽解暑的饮料,寒带地区的消费者则偏爱能御寒的白酒。

(3)资源与环境状况。自然资源是人类赖以生存的物质基础。自然资源的开发利用与消费者的消费活动关系密切。资源的开发利用程度与消费者生活密切相关,如人们做饭使用的燃料,从柴到煤再到后来的煤气、天然气,表明消费行为的进步,而有些资源紧缺则抑制了消费者的消费需求。环境状况是指大气、水、噪声等的污染与治理、控制程度,这直接影响着消费者的身心健康,因而对消费者行为有着重要影响。例如,我国一些大城市缺水,水质不稳定,导致纯净水、矿泉水及净水设备畅销。

2. 社会环境因素。社会环境因素对消费者行为的影响更为直接,内容也更加广泛。具体来说，社会环境因素包括人口、社会群体、经济、政治法律以及科技、文化环境等。

（1）人口。人口因素是指人口总数、人口密度分布以及人口的年龄、性别、职业、民族构成等。一个国家或地区的人口总数与人均国民收入水平密切相关，因而对消费者的实际购买力水平、购买力指向和消费方式有直接影响。例如，2018 年，我国的国内生产总值超过 80 万亿元人民币，居世界第二位，但人均国内生产总值在世界排名仍然靠后，因为中国人口众多，所以经济总量虽大，但人均相对较少，意味着人均可支配收入也比发达国家少，居民消费总量必然受到限制。人口密度和分布关系到消费者的活动空间。一些大城市人口密度大、住房拥挤、交通紧张、污染严重，严重影响了消费者日常生活和消费活动。人口中的年龄、性别、职业、民族构成等人口统计变量直接影响着消费需求结构和购买方式。例如，我国人口老龄化趋势使老年消费市场不断扩大，形成了“银发市场”。

（2）社会群体。这主要是指家庭、社会阶层、社会组织、参照群体等。家庭是与消费者关系最密切的群体，家庭的规模、类型、所处阶段不同，消费者购买内容、购买意向也有所不同。随着社会的变革，我国户均人口不断减少，2010 年人口普查时，户均 3.10 人，比 2000 年的户均 3.44 人减少 0.34 人。家庭规模缩小，导致家庭数量增加，对住房和耐用消费品的需求也随之增加。我国家庭消费方式也逐渐转向开放和社会化，部分家务由专业服务部门承担。在食品消费上，购买半成品、熟食甚至外出就餐也越来越普遍。社会阶层是由具有相同或相似社会地位的社会成员组成的相对稳定的群体。处于不同社会阶层的消费者，由于收入水平、职业特点不同，在消费观念、审美标准、消费内容、消费方式上也存在明显差异。在社会生活中，每个消费者都处于一定的社会阶层，同一阶层的消费者在价值观念、态度和行为上有同质性。研究社会阶层，对于深入了解消费者行为意义重大。例如，不同阶层消费者选择和使用商品差别明显，在服装、住宅、汽车等商品的消费上，有些阶层追求奢华、档次，通常会购买国际知名品牌，有些阶层追求朴实、简单。不同阶层的消费者即使购买同一类商品，其趣味、偏好、动机也有所不同，如在购买、使用手机方面，有些阶层追求高档次、多功能，有些阶层追求简单、实用。社会组织是指企业、机关、单位，是消费者的工作场所。参照群体是指那些直接或间接影响人们看法和行为的群体，分为向往群体和疏远群体。例如，一些年轻人模仿流行歌手、演艺名人，后者就是前者的向往群体。社会组织和参照群体影响消费者对商品、品牌、购买行为方式的选择。

（3）经济。经济环境包括宏观经济环境与微观经济环境。从宏观角度看，从国家的经济政策、政府宏观调控政策、国民经济发展状况、市场供求总量到企业的产品开发设计、加工制造、广告促销、销售服务以及质量、价格、包装等,都对消费者行为有直接影响。例如,2018 年 9 月国家调整了个人所得税起征点,从 3 500 元提高到 5 000 元,这势必会扩大消费,增加消费者购买行为;提高或降低银行利率,也会减少或增加消费者购买行为;国家公布新的刺激消费的政策,对市场也会产生重大影响。

从微观角度看,消费者在市场选择商品品牌、比较价格等,取决于企业的产品质量、信誉、售后服务、广告促销等经济因素。

(4)政治法律环境因素。这是指法律、法规等因素。这些因素会直接或间接影响消费者的心理、消费信心、意愿,进而影响消费者行为。消费者只能在法律规定的范围内行使消费权利,从事消费活动。

(5)科技、文化环境因素。科学技术的迅猛发展,使消费者行为发生了巨大变化。例如,商品的更新换代,生命周期的变化等,使新产品市场不断扩大,老产品走向衰落。文化环境对消费者行为的影响是潜移默化且根深蒂固的。例如,中国和一些亚洲国家勤俭持家、精打细算的文化传统,使居民储蓄率居高不下,银行储蓄存款余额不断上升,截至 2018 年,我国居民储蓄存款余额超过 70 万亿元人民币,超过当年社会消费品零售总额。而在一些西方国家,储蓄率较低,贷款消费盛行。

通过以上分析可以看出,各种因素从不同方面、不同层次、不同角度和不同程度影响消费者行为。这些因素相互交织,共同作用,构成了影响消费者行为的因素体系。

三、消费者购买行为理论

消费者购买行为可以从狭义和广义两方面理解。狭义的消费者购买行为是指消费者使用货币交换商品的行为;广义的消费者购买行为包括消费者购买行为的全部活动和整个过程,如购买前收集信息,比较商品质量、品牌、价格,决定购买,以及购买中的活动,购买后维修、保养、评价商品的行为。

广义的消费者购买行为与我们这里所讲的消费者行为既有联系又有区别。广义的消费者购买行为是消费者行为的一部分,有些内容完全重合,但区别也是十分明显的。例如,我们所讲的消费者购买行为不包括消费商品的行为,也不包括消费者受外界刺激或内部体验后没有产生购买动机而中断购买进程的行为。

自消费心理学问世以来,一直有众多专家、学者在研究、探讨消费者购买行为活动规律,积累了许多实证资料,产生了一些解释消费者购买行为的理论,下面简要介绍几种。

（一）习惯养成理论

习惯养成理论认为，消费者的购买行为实际上是一种习惯建立的过程。这种理论的主要内容如下。

1. 重复形成喜好与兴趣。该理论认为，消费者对商品的喜好与兴趣是在重复使用该商品的过程中建立起来的。这已被有关实验所证明。例如，在国外有一个实验，让美国学生看他们完全不认识的汉字，有的汉字让他们重复多次地看，有的汉字让他们看的次数少，实验发现，被试者对重复多次的汉字喜好的程度高。这说明被试者喜好汉字完全是由重复造成的，因为被试者根本不认识汉字，不存在被试的认知过程。所以，这个实验证明，在排除认知过程作用的情况下，商品信息的长期重复接受和商品的长期使用，确实可以导致消费者喜好与兴趣的产生。

在我们的日常生活中，重复形成习惯，习惯引起喜好的例子也随处可见。例如，人们过去做菜时都用大粒盐（未加工过的粗盐），使用中感到味重，做的菜香，形成了习惯。但随着生活条件的变化和加工条件的改进，市场上大粒盐几乎看不见了，逐渐改用经过加工的精盐。开始时，许多人不喜欢、不习惯，总认为精盐味轻，做菜不香。随着时间的推移以及人们保健意识的增强，天天使用精盐成为习惯，人们反而认为精盐更方便、卫生。新产品在大众传媒中反复发布广告，也有使消费者养成消费习惯的效果。

2. “刺激—反应”的反复过程和反应的巩固程度决定购买习惯的养成。这种理论认为，消费者对某种商品的购买行为直接取决于“商品—购买”这一“刺激—反应”链的巩固程度。也就是说，假如消费者经常购买某种商品，就会形成一种习惯，建立起一种稳固的条件反射，一旦再次见到这种商品或重新对这种商品产生需要，消费者就会再去购买。而且，这种“刺激—反应”的强度越大，条件反射建立得越牢固，带有某种“定向”性质的购买行为就越容易出现。例如，生活在我国南方的消费者以大米为主食，这在世世代代的长期生活中已形成了牢固的习惯，当家中的大米吃完了，自然就会出现“大米—购买”的条件反射。

3. 强化物促进习惯性购买行为的形成。该理论认为，从心理学的角度看，购买行为是一种习惯建立的过程，也就是新购买行为建立的过程。根据巴甫洛夫条件反射学说和斯金纳操作条件反射理论，任何新行为的建立和形成都必须使用强化物。而且，只有在强化物的反复作用下，一种新的行为方能产生、发展、完善和巩固。可见，及时而适当地使用强化物，能有效促进消费者发生习惯性购买行为。例如，企业在商品设计、制造中，如果能严格把好质量关，使每种产品的质量都经得起检验，消费者购买使用后，就会因亲身感受到它的质量可靠和功能完善，对它加以肯定和赞赏,当第二次需要时就会再去购买它。第二次购买又导致肯定的体验,结果就会促成第三次、第四次乃至更多次的重复购买。久而久之,这个商品的良好形象就会牢牢地树立在消费者的心目中,致使消费者养成习惯性的购买行为。在此,商品的质量就是消费者购买行为的强化物。这恰恰说明了人们为什么喜欢购买优质名牌产品。

(二)减少风险理论

这里所谓的风险,是指消费者在购买商品之后可能遭受损失的危险。例如,购买了冒牌货或劣质品,致使消费者在经济上蒙受损失;商品功能少而差,与广告宣传的根本不符,不能满足使用上的需要;商品有害于人体健康;等等。

减少风险理论认为,由于消费者在购买过程中须承担某种程度的风险,因此,每个消费者都在努力回避或减少这种风险。从这个意义上讲,消费者的购买行为就是一种减少风险的行为。

具体来讲,减少风险理论的内容如下:

1. 消费者在购买时风险程度的大小与购买后造成损失可能性的大小及实际造成损失的大小有关。造成损失的可能性及实际造成的损失越大,风险就越大。

2. 消费者因购买而遭受的损失风险大致有五种类型,即经济风险、健康风险、功能风险、社会风险和心理风险。所谓经济风险,是指购买商品后,别处同样商品价格低于所购商品,造成经济损失;或者是白白耗费了时间和精力,所购买的商品质量差、不称心。所谓健康风险,是指消费者所购物品对其人身安全和健康有危害,如一些电器品质低劣,一些家装建材有毒有害等,会危及消费者的人身安全,影响消费者的健康。所谓功能风险,是指消费者购买并使用了商品后,商品功能没有广告宣传或消费者预期的那样好,没有达到消费者使用的目的。所谓社会风险,是指消费者购买该商品后,受到社会(这里主要指同事、亲友、家庭成员)负面评价,造成社会声誉损失。所谓心理风险,是指购买商品后,用起来觉得不好,感到后悔、惋惜,或者是指所购商品没有达到预期目的。

3. 消费者为了避免由于冒险而造成的损失,在作出购买决定时总试图采取一些办法。例如,多收集有关目标商品的信息;少买试用;选择多数人购买的那种品牌的商品;买自己已熟悉的商品;买过去买过的商品;去信誉高的商店购买商品;多逛几家商店,比较后择优购买;专买同类商品中价格最贵的那种;只买有“退换货”保证的商品;购买那些由朋友、同事和熟人使用过并予以推荐的商品;等等。

风险直接影响消费者的购买行为,营销者应当设法降低消费者的购买风险,以便满足消费需要,扩大商品销售。

（三）认知理论

1. 认知理论的含义。认知理论是近年来比较流行的一种消费行为理论，它的核心是把消费行为看成一个信息处理过程。该理论认为，从消费者接收商品信息开始，至最后购买行为结束，整个过程始终与对信息的加工和处理直接相关。这个对商品信息的加工、处理过程就是消费者接收、编码、储存、提取和使用商品信息的过程。它包括注意、知觉、表象、记忆、思维和语言等。在整个过程中，商品信息在消费者机体内"流动"，从注意、知觉开始，经过储存、提取，直到在购买时使用。

2. 信息处理的过程。消费者对商品信息的处理过程是：当商品信息刺激消费者时，在多种内外因素的共同作用下，经过消费者的知觉选择、过滤后，或被接受或被拒绝，从而决定是否购买。此过程可用图 6-1 表示。

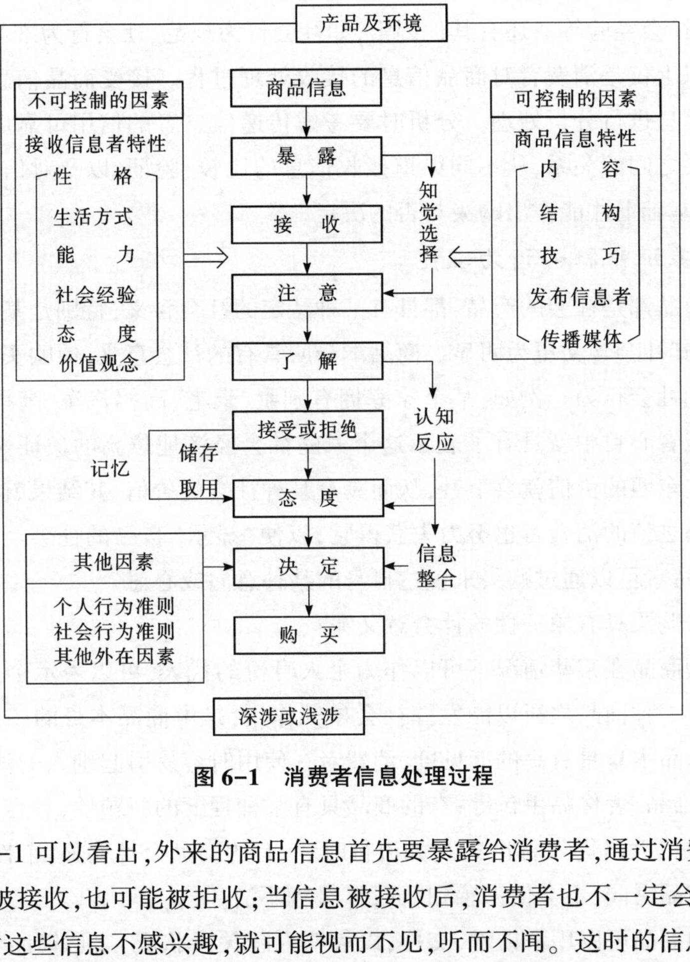

图 6-1 消费者信息处理过程

从图 6-1 可以看出，外来的商品信息首先要暴露给消费者，通过消费者的知觉选择，可能被接收，也可能被拒收；当信息被接收后，消费者也不一定会去注意，如果消费者对这些信息不感兴趣，就可能视而不见，听而不闻。这时的信息只是一种感觉登记,很快就会自然消退,从记忆中消失掉。只有当信息被注意后,才能转入短时记忆,这时,消费者就必须认知信息、了解信息,看信息是否与自己的知识、经验相一致,一致则予以接受,否则就予以拒绝。信息一旦被接受,就将转入长时记忆,以备取用。当消费者面对某种商品信息时,长时记忆中储存的信息就会与新接收的信息整合起来,形成对该种商品的态度,从而影响购买决策。

图 6-1 中的所谓可控制的因素,是指生产和销售部门能设法对信息加以控制的因素。例如,通过宣传、广告、促销活动传递有关商品信息的内容时,是突出强调商品的新功能、新特点,还是突出强调商品的价格优势;发布信息所采用的传播媒体,是选择大众传播媒介——报纸、广播、电视、网络等,还是选择针对性强的私人传播媒介——电话、信函、电子邮箱等。

不可控制的因素是指接收信息的人即消费者的特性,包括消费者的性格特点、生活方式、社会经验等。还有其他因素,如社会行为规范、社会行为准则、公共道德规范等。以上仅是消费者对商品信息的接收处理过程。接受商品信息之后,消费者还要对信息进行分析处理。分析时要考虑传递信息者的信用可靠度、传递信息与个人需要之间的关系,从不同渠道接收信息的比较、验证,以及对信息的理解程度,在这个基础上才能作出购买与否的决定。

(四)象征性社会行为理论

任何商品都是社会的产品,都具有某种特定的社会含义,特别是某些专业性较强的商品,其社会含义更为明显。商品本身所具有的社会意义,使购买行为成为一种象征性的社会行为。例如,某个家庭拥有别墅、豪宅、高档汽车、高档家具等,这在有些消费者心目中就具有了表示这个家庭社会经济地位高的象征性意义,在他们心里这些东西的价值就会上升,从而具有某种社会的价值,其结果就会使那些对此抱有羡慕之情的消费者也努力去获得它,以便"显示"自己的社会经济地位。这就是说,消费者可以通过购买来表达自身的某种意向或心愿。

为什么购买具有象征性的社会意义呢?

1. 因为商品在某些情况下可以作为个人身份的代表,可以表示个人身份和地位的改变。一种商品之所以能发挥社会象征作用,是由商品本身的一些特点决定的。有的商品本身具有高的能见度,消费者在使用时容易引起别人的注意,如高档轿车、名贵饰品、奢侈品手包等;有的商品具有某种程度的新颖性,具有多种不同的款式,而不是"大路货""标准式",如流行时装;有的商品个性明显,个性化程度高,不与其他商品雷同,不会使人感到"面目"模糊不清。

2. 因为商品可以用来馈赠、交换,以表明人际关系状况,表达馈赠者与接受者之间的情分。在消费者的日常生活中,商品不仅能满足消费者个人的消费需要,还具有礼品功能,可以作为礼品馈赠亲友,以表达某种情感。

3. 因为在流行性购买中,商品可以表达消费者的情趣与追求。每位消费者都有独特的个性,有自己的情趣与追求,通过购买,特别是通过流行性购买可以表达自己的情趣与追求。例如,一些年轻人热衷于购买 iPad 和 iPhone,以及名牌手包和高档化妆品,就是为了表达其品位和追求。

第二节 消费者购买行为模式

研究消费者购买行为模式,对于满足消费者需要,搞好市场营销工作具有重要的现实意义。

关于消费者购买行为模式问题,国外已有不少论述和研究成果,有的至今仍有参考价值,并为人们所使用。本节先介绍国外有关的消费者购买行为模式,然后讨论消费者购买行为的一般模式。

一、购买行为模式介绍

(一)尼科西亚模式

尼科西亚模式是20世纪60年代在《消费者决策过程》一书中提出来的。该模式由四大领域构成,即从信息源到消费者态度、对信息的调查和评价、购买行动、反馈。详见图6-2。

1. 从信息源到消费者态度。它又分为两个小领域,即小领域①和小领域②。小领域①包括企业属性与特点,小领域②包括消费者属性与特点。这个领域表示企业通过推销活动把信息发送给消费者,消费者受其信息的影响,并经过自己处理而形成对商品和服务的态度。

2. 消费者形成对某商品和服务的态度后,就开始对该商品和服务进行调查和评价,并形成购买动机的输出。

3. 消费者在购买动机驱使下形成购买决策并采取购买行动。

4. 消费者购买后,将购买经验(或者教训)反馈给大脑储存起来,以指导今后的购买行为,或者把购买后的感受反馈给企业。

尼科西亚购买行为模式对市场营销理论做出了贡献。该模式推理比较严谨,简单明了。但该模式缺乏对外界环境作用的说明,不能不说是一个遗憾,同时,四大领域中的内容也不易把握。

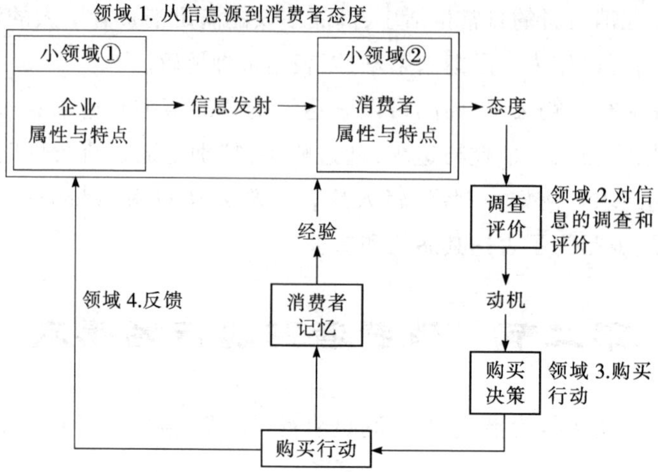

图 6-2　尼科西亚模式

(二)霍华德—谢思模式

霍华德—谢思模式于 20 世纪 60 年代初先由霍华德提出,后经修改,提出了霍华德—谢思模式。该模式的具体内容在霍华德与谢思合著的《购买行为理论》一书中进行了全面阐述。

该模式通过四大因素来描述消费者的购买行为:

1. 刺激或投入因素(也称输入变量)。刺激或投入因素,是指由产品销售部门控制的因素。①它包括三类:①产品实质刺激,如产品的质量、价格、特征、可用性及服务等。②产品符号刺激,如通过推销员、广告媒体等把产品特征传递给消费者。③社会刺激,如家庭、相关群体、社会阶层等。

2. 外在因素(也称外在变量)。外在因素,是指购买决策过程中的外部影响因素,如文化、个性、财力等。

3. 内在因素(也称内在过程)。内在因素,是指在刺激和反应之间起作用的因素。它是霍华德—谢思模式最基本、最重要的因素,主要说明投入因素和外在因素如何在心理活动中发生作用,从而引出结果。

4. 反应或产出因素(也称结果变量)。反应或产出,是指由购买决策过程引起的购买行为,包括认识反应、情感反应和行为反应三个阶段。认识反应是指注意和了解;情感反应是指态度,即购买者对满足其动机的相对能力的估计;行为反应包括购买者是否购买或购买何种品牌的认识程度预测和公开购买行动。

霍华德—谢思模式详见图 6-3。

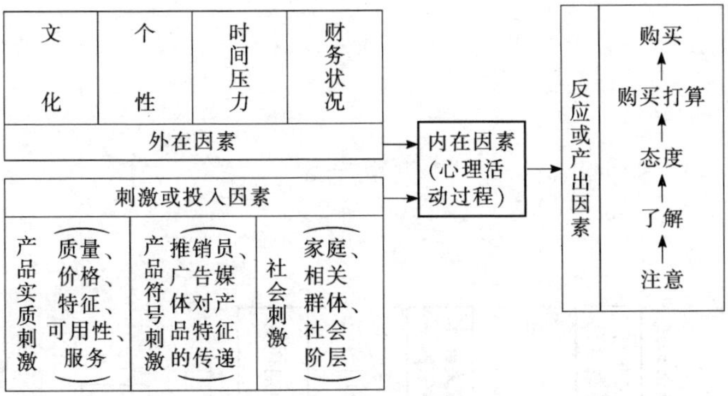

图 6-3 霍华德—谢思模式

霍华德—谢思模式认为，投入因素和外在因素就是购买行为的刺激物，它们通过唤起和形成动机，提供关于各种选择方案的信息等，影响购买者的心理活动状态。购买者受刺激物和以前购买经验的影响，开始接收信息，产生自己的一系列动机，作出对可选择产品的一系列反应，形成一系列购买决策的中介因素，或者制定出一系列使其动机与满足动机的备选方案相配合的规则。这些动机、选择方案和中介因素相互作用，便产生了某种倾向或态度。这种倾向或态度与其他因素，如购买行为的限制因素结合后，便产生了购买结果，即购买意向和实际购买行为。

由上可见，霍华德—谢思模式利用心理学、社会学和市场营销学的知识，从多方面解释了消费者的购买行为。此模式结构严谨、内容完整，并且只要将模式内的变量或相对重要性改变后，就可适用于各种不同产品和各种不同消费者的购买模式，其参考价值较大，一直被人们所重视。

（三）EBK 模式

EBK 模式也称恩格尔模式，是由美国俄亥俄州立大学三位教授恩格尔（J. F. Engel）、布莱克威尔（R. D. Blackwell）和科拉特（D. T. Kollat）于 20 世纪 70 年代在《消费者行为》一书中提出来的。该模式特别强调消费者购买决策过程，或者说，这一模式是以消费者制定购买决策过程为基础建立起来的。在这一模式中，消费者心理（大脑）构成了“中央控制器”。外界的信息，包括产品的物理特性和社会压力等方面的无形因素输入大脑后，通过处理，即外界信息在态度、经验和个性的作用下，便可产生“中央控制器”的输出结果，即购买决定。当然，如果输入信息不与消费者的态度、经验和个性相结合的话，就不会产生输出结果。EBK 模式详见图 6-4。

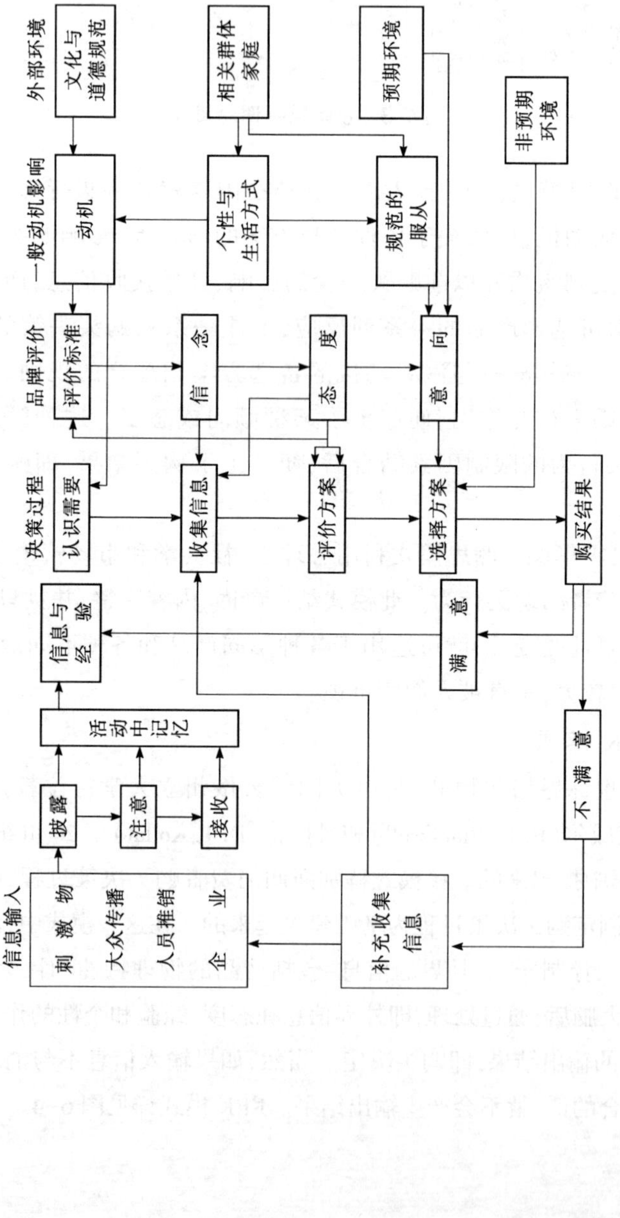
外部环境
文化与道德规范
相关群体家庭
预期环境
非预期环境
一般动机影响
动机
个性与生活方式
规范的服从
品牌评价
评价标准
信念
态度
意向
决策过程
认识需要
收集信息
评价方案
选择方案
购买结果
信息与经验
满意
不满意
活动中记忆
披露
注意
接收
信息输入
刺激物
大众传播
人员推销
企业
补充收集信息

图 6-4　EBK 模式

EBK 模式可以说是一个购买决策模式，它详细表述了消费者的购买决策过程，强调了购买决策系列化。模式中变量完全，逻辑性强。但该模式过于烦琐，不易掌握。

以上介绍了三种消费者购买行为模式，这无疑对研究、探讨购买行为理论，把握购买行为规律，满足消费者需要，搞好市场营销活动是大有裨益的。

以上三种购买行为模式各有千秋，但它们有一个共同的问题，就是模式中变量较多，模式比较复杂，不便掌握和利用。由于每个消费者的个性不同，企业投射的信息各异，社会环境不断变化，不可能把所有影响消费者购买的因素固定地、完全地、具体地表现在购买行为模式中，这就需要对复杂的购买行为进行抽象和概括，以得出包括所有购买者行为在内的消费者购买行为的一般模式。

二、消费者购买行为的一般模式

购买行为是人的行为的一个组成部分。因此，任何消费者的购买行为都不能脱离人类行为的一般模式，即 S-O-R 模式。这里的“S”代表刺激，“O”代表个体生理、心理特征，“R”代表反应。也就是说，个体通过刺激，经过心理活动，最后产生反应。

根据人类行为的一般模式理论，我们认为消费者购买行为模式如图 6-5 所示。

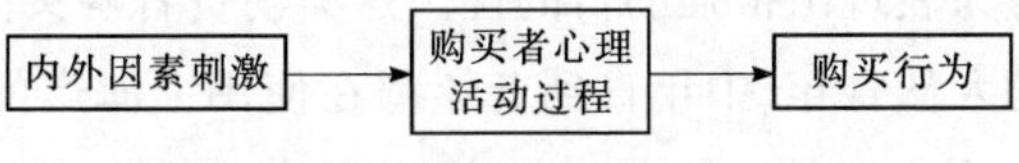

图 6-5　消费者购买行为模式

上述购买者行为的一般模式表明，所有消费者的购买行为都是由刺激引起的，这种刺激既来自外界环境因素，如产品的质量、款式、服务、广告，社会的政治情况、经济情况、科技水平、文化因素，以及个人的年龄、性别、职业、收入、居住条件、家庭结构、社会阶层、参照群体等，也来自消费者内部的生理和心理因素，诸如生理、心理需要，动机、个性、态度、观念、习惯等。消费者在种种刺激因素的作用下，经由复杂的心理活动过程，产生购买动机，在动机的驱使下，作出购买决策，采取购买行动，并进行购买评价，由此完成一次完整的购买行为。这里需要指出，购买者心理活动过程是在其内部自我完成的，并不完全显露在外，因此，心理学家称之为“暗箱”或“黑箱”。

消费者购买行为的一般模式，是营销部门制订营销计划、扩大商品销售的依据。它能帮助营销部门认真研究和把握购买者的内心世界，认识消费者的购买行为规律，并根据本企业的特点，向消费者进行适宜的“刺激”，以使外在的刺激因素与消费者的内在心理发生整合作用，使消费者形成购买决策，采取购买行动。

第三节　消费者购买行为类型

在现实生活中，消费者购买行为复杂多样，将其区分不同类型，找出不同购买行为的差异，是研究消费者心理的重要途径，同时，也可为开展市场营销，扩大销售市场提供依据。区分各种类型的消费者购买行为，可以依据不同的标准。现就几种主要的划分标准进行分类。

一、根据消费者购买行为的不同态度分类

根据消费者购买行为的不同态度进行划分，消费者购买行为主要有以下类型。

（一）习惯型

习惯型消费者在购买中对某些品牌的商品具有特殊的感情，喜欢购买，并长期使用。以往的经验和使用习惯，使这类消费者对这些商品十分信任、熟悉，以致形成某种定式。这种购买习惯往往不会因年龄的变化、环境的变换而改变，不受时尚风气的影响，购买行为表现出很强的目的性。这类消费者购买商品时当机立断，成交迅速。例如，有的人从青年、中年直到老年都在使用上海产的“中华”牌牙膏，有的人一直都在使用“力士”牌香皂等，家里没有牙膏或香皂，习惯性地去购买中华牙膏、力士香皂。

（二）理智型

理智型消费者有理智的头脑，善于观察、分析和比较，有较强的选择商品的能力。这类消费者在购买前，依靠自己的经验和知识，收集商品信息，了解市场行情，深思熟虑，成竹在胸；在购买时，仔细、慎重，对商品反复比较，权衡利弊，自主地作出购买决定，很少受他人或广告宣传的影响。

（三）经济型

经济型消费者有经济头脑，对收支统筹安排，计划性强，选择商品的能力也比较强。这种类型的消费者对价格的变化特别敏感，选价心理较重，往往以价格的高低作为选购标准。有的对同类商品中价格较低者感兴趣，认为其经济实惠，此类消费者对商品价格的差异特别敏感，削价、优惠价、折扣价、大甩卖的商品对其有很强

的吸引力;有的对同类商品中价格较高者感兴趣,认为价高质量一定会好,这类消费者对优质名牌商品特别青睐,即坚持所谓"只买贵的,不买对的",许多"80后""90后"的年轻消费者就有这些特点。

(四)冲动型

冲动型消费者选择商品的能力不强。他们个性心理反应强烈、敏捷,情感变化快而不稳,没有明确的购买计划,选择商品考虑不周到,往往受商品的外观、广告宣传、推销活动等外界因素的影响,对商品不去进行分析、比较,通常会草率购买,买后常常后悔不已。

(五)从众型

从众型消费者缺乏主见,对所购商品不去分析、比较,常常受众多人同一购买趋向影响,只要众多人购买、消费,就认为不错,从而购买。这种从众型消费者比较常见,在服装、服饰、鞋包等方面的消费中最为突出。

(六)疑虑型

疑虑型消费者的心理特征表现为优柔寡断,在购买中虽然细致、谨慎,但犹豫不决,挑来挑去,拿不定主意。这类购买者可能性格内向,也可能是新购买者或奉命购买者。

(七)想象型

想象型消费者感情丰富,想象力强,常常因商品的款式、颜色、包装等外形美引起联想。同时,也易受购物环境和营业员服务态度感染,往往因此而心血来潮,促成购买行为。

二、根据消费者购买目标的选定程度分类

根据消费者购买目标的选定程度进行划分,消费者购买行为主要有以下类型。

(一)确定型

确定型消费者在购买前已有明确的购买目标,对所要购买商品的种类、品牌、价格、性能、规格等早已成竹在胸,并能提出具体而明确的要求,一旦商品符合意愿,就果断购买。现在有些消费者事前在网络上对商品比质比价,有了明确目标后再前往实体店购买。这一购买行为的全过程都是在非常明确的目标指导下完成的。在超市购物时,这种类型的消费者较常见。

(二)半确定型

半确定型消费者在购买之前,对所需商品已有一个大体认识,但对该商品的具

体情况还缺乏了解，在购买时仍需要进行了解、判别与比较，直至认为满意才决定购买。这时，他们需要与销售人员进行信息交流，需要询问、比较。他们在销售现场注意力分散，指向不集中，在各种商品之间犹豫徘徊。在服装、电器专卖店，这种类型的消费者较多。

（三）不确定型

不确定型消费者没有明确的购买目的，他们进入商店之前可能在散步，或者顺路经过而进入商店观看、浏览商品。如果所见所闻唤起需要，或是浏览中有了购买目标，他们便会发生购买行为。但也可能浏览一番，什么也不买。这类消费者对商品需求处于“潜意识”中，遇到刺激，见到满意的商品，也会购买。

三、根据消费者在购买现场的感情反应分类

根据消费者在购买现场的感情反应划分，消费者购买行为主要有沉静型、温顺型、活泼型、反抗型、傲慢型等类型。

（一）沉静型

沉静型消费者感情稳定，性格沉着冷静，在购物过程中不易受广告促销和营业员态度影响，甚至会对过分热情的营业员产生反感。

（二）温顺型

温顺型消费者感情温顺，态度随和，在购买现场能够安静、耐心地听营业员推销，一般不会轻易反驳，作出购买决策比较快。

（三）活泼型

活泼型消费者性格活泼，感情易变。他们既可以安静地听营业员推销，也会与营业员交流，极易表现出对商品及营业员的喜欢或厌恶的态度。

（四）反抗型

反抗型消费者性格倔强，感情固执，在购物现场常常对营业员的推销言辞反感。

（五）傲慢型

傲慢型消费者性格高傲，对营业员的推销抱着一种盛气凌人的傲慢心理。当营业员投其所好，赞扬其消费观念时，他们往往表现出一种高高在上的态度。有时，他们也会因营业员所推销的商品档次不高而一走了之。

四、根据消费者对商品的认知程度分类

根据消费者对商品认知程度进行划分，消费者购买行为主要有以下几种类型。

（一）深涉型

深涉型消费者对有关商品知识有较为深入的了解，事前做了大量的“功课”，了解了商品信息，并能通过各种方式如听、看、摸、闻等对现场商品进行较全面的判别。在购买过程中，他们善于比较和挑选，比较自信，能向营业员提出各种商品技术知识的“细节问题”，能够有把握地按照自己的意愿购买商品。

（二）浅涉型

浅涉型消费者对所购商品的知识只有粗浅的了解，略知一二，只是按自己所知的内容对商品做比较、选择，他们希望营业员提供更丰富的商品知识，加深自己对商品的认识。这类消费者有时甚至对商品有一些似是而非的认识，这些认识有时会严重影响他们的购买选择。浅涉型消费者在购物人数中占有较大比例。

（三）初涉型

初涉型消费者对某些具体商品缺乏知识，当然也缺乏购买、使用的经验。在购买过程中往往走向两个极端：要么不假思索，在销售人员的推荐下毫不犹豫地购买；要么犹豫不决，希望销售人员更深一步介绍商品。但有时，他们会对营业员的介绍抱有怀疑态度，渴望得到权威的肯定。一些消费者在购买科技含量较高的商品，如在购买电脑、汽车时常表现出这种情况。

五、根据消费者介入程度和所购商品的品牌差异程度分类

当前还有一种较为常见的分类方法，就是根据消费者介入程度的深浅和所购商品品牌差异程度的大小划分。所谓消费者介入程度的深浅，是指消费者购买商品的谨慎程度和花费时间、精力的多少，以及购买过程中参与人数的多少。例如，消费者购买汽车与购买蔬菜的介入程度显然不同。按照以上内容划分，有以下几种类型的消费者购买行为。

（一）简单型

简单型消费者对于价格低廉、经常消费、商品同质（即品牌和质量差异小）的商品，不会花费较多的时间和精力，也不需要多人参与，一般是按照过去的消费习惯及时购买，购买的品牌变化不大。例如，购买食物、日用品等的行为，即属于这种类型。

（二）多变型

有些商品虽然价格低廉，但品牌差异较大，消费者为满足消费多样化的需求，常常变换所购品牌。在这种情况下，消费者不会主动寻求信息，购买时也不仔细评

价不同的品牌,也不会形成某种特定的品牌忠诚,只是从报纸、杂志、广播、电视、网络中被动地接收信息,购买时不需要多人参与。例如,购买牙膏、香皂、小食品等的行为,即属于这种情况。

(三)和谐型

有些商品价格较高,虽然消费者只是偶然购买这类商品,但仍须冒较大的购买风险,因此,在购买时往往需要多人参与。但是这类商品没有形成众多的品牌差异,如高档时装、名牌鞋等。在这种情况下,消费者会花费一定的时间关心商品价格变动信息,关心所购商品的信用程度,特别是关心所购商品的他人评价,争取他人支持,以获得新的认识。

(四)复杂型

有些商品价值高,商品品牌差异明显,消费者购买这类商品不频繁,在购买过程中往往会有多人参与。在购买这类商品时,消费者愿意花费时间、精力去广泛收集信息,对不同品牌的商品特性进行评价,形成对品牌的态度,再慎重决定是否购买。例如,购买汽车、电脑、住房等行为,即属于这种类型。

第四节　消费者购买行为过程

消费者购买行为过程,不仅是一个用货币交换商品和服务的简单行动,而且是一个既包括购买中的心理活动,又包括公开购买行为的复杂过程。这个过程在具体购买行动之前就已经开始,并包括购买后的行为。

一、消费者购买行为心理过程

消费者购买行为心理过程,是指消费者购买行为中心理活动的全部发展过程,是消费者不同心理现象对客观现实的动态反映。这一过程的心理状态变化,可以概括为三种心理过程:认识过程、情绪过程和意志过程。

(一)认识过程

认识过程是消费者购买活动的先导,也是三个心理过程中最基本的。消费者对商品的认识过程,是从感性到理性,从感觉到思维的过程。这个过程主要是通过人的感觉、知觉、记忆、联想等心理机能活动实现的。与对其他事物的认识过程类似,消费者对商品的认识,也是由浅入深、由表及里地发展的,一般有两个阶段。

1. 感性认识阶段。在这个阶段,消费者通过感觉、知觉得到商品的直观形象,并通过记忆实现经验积累,实质是对商品信息予以接收和储存。

2. 理性认识阶段。在这个阶段,消费者通过思维、联想、判断,获得对商品更为全面、本质的认识,实质是对商品信息进行加工、再储存。

消费者经过认识过程,可确定行为导向。因此,市场营销活动应根据消费者认识商品的心理规律,增加商品宣传信息量,通过有效的营销手段对消费者感官进行刺激,发挥认识的功能,为消费者购买商品打下心理基础。

(二)情绪过程

消费者对商品发生了认识过程,不一定必然采取购买行动,还会受其情绪过程的影响。情绪过程是消费者心理活动的一种特殊反映形式,是指对客观现实是否符合自己的需要而产生的态度的体验。消费者对商品的情绪过程,大体可分为喜欢、激情、评估、选定四个阶段。

1. 喜欢阶段。在该阶段,消费者在认识基础上形成对商品的初步印象,最初表示满意(不满意)或喜欢(不喜欢)的态度。

2. 激情阶段。在该阶段,消费者对商品由于喜欢而引起一时的强烈购买欲望和购买热情,但并非一心想把商品买到手,因为市场上还有许多同类商品可供选择。

3. 评估阶段。在该阶段,消费者在购买欲望的推动下,对商品进行经济的、社会的、道德的、审美的价值评估,使自己的感情与理智趋于统一。

4. 选定阶段。在该阶段,消费者经过对商品的价值评估,产生了对某种商品的信任和偏好,并对它采取行动,形成购买行为。

消费者经过情绪过程,会发生购买行动,但也可能产生消极情绪,中止购买行动。因此,只有在市场营销中遵循情绪过程规律,经营商品、服务项目、营业设施、店堂环境都要有利于激发消费者积极的购买热情,才能推动消费者购买活动顺次发展。

(三)意志过程

意志过程是指消费者自觉地确定购买目的并支配其购买行为达到既定购买目的的心理过程。意志对消费者购买行为过程起到发动、调节或制止的作用。消费者对商品的意志过程,有简单和复杂之分。简单的意志过程,是指消费者在确定购买目标后马上付诸行动,从决定购买到发生购买行为非常迅速。在复杂的意志过程中,消费者有了购买目的后,在拟订购买计划与实施购买计划之间,还需经过一番意志努力。消费者意志的心理过程一般可分为以下两个阶段:

1. 作出购买决定阶段。在这个阶段,消费者主要在权衡购买动机、确定购买目的、选择购买方式和制订购买计划。

2. 实施购买决定阶段。这个阶段是采取实际行动,把意志作用外化的阶段。消费者在这一阶段的表现,是根据既定的购买目的采取行动,把主体意识转化为实现购买目的的实际行动。消费者意志的心理过程,是保证实现消费者实践活动的心理功能。虽然这一过程主要依赖消费者自已克服困难、排除外部障碍,但市场营销者根据消费者的购买力投向,适时、适量地满足其需求,也能起到一定的作用。

消费者购买行为中的认识过程、情绪过程和意志过程,处在一种相互交替、密切联系、相互作用之中,并且三个心理过程之间的相互转移、渗透是十分迅速的。同一个心理过程,通常既是认识的,又是情绪的,也是意志的。因此,消费者对商品的心理过程,是认识、情绪、意志三个过程的统一。

二、消费者购买行为程序过程

以上所谈的消费者购买行为心理过程,是购买者在头脑中进行的内隐活动,而消费者的购买活动,是购买者的外显行为,它们彼此交错,相互包容,统一于购买行为过程之中。

消费者的购买活动,也称购买行为程序。这个购买程序过程,是消费者从产生需要到满足需要的过程。这一购买过程是因人、因商品而异的。但一般说来可分为以下五个阶段。

(一)认识需要

消费者在内外刺激的影响下,就会产生某种需要。例如,饥饿引起进食的需要,这是内在刺激的结果;看到商店陈列的新式服装引起对服装的需要,这是外在刺激的结果。消费者产生的需要就是一个要解决的问题,需要决定着购买动机和购买目标。当然,需要可能是主动的,也可能是被动的。主动需要在购买行为之前就经过"深思熟虑",主观意识很强;被动需要恰好相反,购买前没有成熟的购买目标,购买前的处理比较粗糙。产生这种被动需要之时,正是商家广告宣传的大好时机,商家可以通过广告宣传,诱发消费者的需要,进而使其产生购买动机和购买目的。

消费者具有各种各样的需要,而且对需要的认识有个发展变化的过程。市场营销策划者应刺激消费者的需要,迎合消费者的需要,满足消费者的需要。

(二)收集信息

当消费者认识到某种需要,并确立了满足需要的购买目标后,就开始着手了解和收集各种有关信息。收集信息的方法有翻阅广告，上网查看，征求同事、朋友的意见，亲自去商店看看，向厂家询问等。消费者收集信息希望解答三个问题：①用什么标准去评选所购商品？②选择什么牌子的商品？③入选牌子的商品，在上述标准中的评价如何？消费者究竟要了解、收集多少信息，则取决于消费者的购买经验和所购商品的特性。收集信息阶段，是营销部门引导消费者实现被动购买的最佳时刻。广告或推销员要采用鲜明对比的手法来展示商品，特别是新产品的特性，以加深购买者的印象和记忆，促使其购买。

（三）分析评价

在收集到足够的商品信息后，消费者就要根据个人的收入多少、情趣爱好等对所有可供选择的商品进行认真分析和评价，比较它们的优缺点，从而缩小挑选范围。对商品的评价是以消费者自己的选择标准为基础的，如有的消费者追求“物美价廉”，有的消费者追求“名牌高档”等。

当然，在消费者对产品，特别是新产品缺乏了解时，亲朋好友、同事同学等的意见常常具有决定性的影响。当看到别人纷纷购买时，消费者心里会产生“购买安全感”，也会购买。在这个阶段，继续宣传推销商品仍是很重要的。宣传推销的有效方法是积极开展各种试销体验活动和赠送活动，如赠送新产品试用等，以打消消费者的各种顾虑，强化其购买欲望。

（四）决定购买

在消费者对商品信息经过分析评价后，就进入决定购买阶段。一般来讲，消费者有三种性质的购买行为：①试购。消费者在初购产品或购买新产品时往往会少量购买，其目的在于通过直接使用商品来获得感性知识，把握第一手材料。②重复购买。当消费者对某些商品经过试用感到效果较好时，就会经常购买该种商品，对这种商品的重复购买使消费者产生了对此种品牌商品的偏爱。③连锁购买。连锁购买也就是系列购买，是指消费者购买了主购商品后对附属商品的购买，如买了房子还要购买装修装饰材料和家具，买了汽车还要购买保险等。

消费者作出购买决策并非发生了实际购买行为，因为购买还受诸多因素影响，在这个阶段，营销部门可以利用售后服务的作用坚定消费者的购买决心。例如，实行商品终生保修、最后残值作价、以旧换新等优惠政策，促成消费者发生最终购买行为。

（五）购后感受

商品买回使用后，消费者通常会根据个人的感受和期望进行评价，评价的目的主要在于论证自己所作出的购买决策是否正确，借以消除自己由购买而产生的怀疑和担心的心理负担。假如所购商品符合自己的愿望,他会重复购买,并积极向别人宣传和推荐。如果所购商品与他的愿望不相符合,或相差甚远,他就不会再买这种商品,并且竭力劝阻他人购买。可见,购后的感受和评价常常会作为一种经验反馈到购买活动的第一阶段,起着帮助消费者作出新决策的作用。所以,企业要特别重视消费者的购后感受和评价阶段;否则,消费者的反宣传影响足以使企业的促销努力付诸东流。消费者购买行为程序过程见图 6-6。

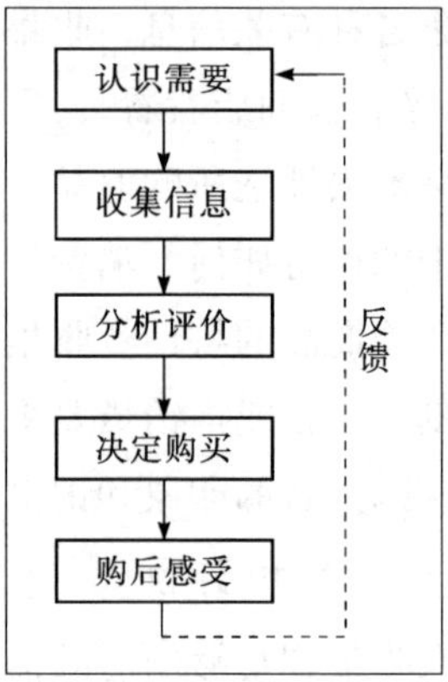

图 6-6 消费者购买行为程序过程

复习思考题

1. 怎样理解人类行为的卢因模型?
2. 影响消费者行为的因素有哪些?
3. 什么是消费者购买行为?
4. 消费者购买行为的理论对你有何启发?
5. 简述消费者购买行为的类型。
6. 消费者购买行为心理过程有哪些阶段?
7. 如何认识消费者购买行为程序过程?

案例

粉丝(fans)——忠实的消费者

乐队、球队、鞋品系列和电视节目各有自己的粉丝。你也许认识某个粉丝,你或许本身就是某个明星的忠实粉丝。粉丝具有奉献精神。在生活中,他们经常为喜欢的对象做出奉献。有的购买歌星的唱片，有的光顾自己偶像开的餐厅，有的购买自己所喜爱的运动员的球衣、运动鞋，至于购买演唱会或球赛门票等更是不必说。

粉丝在体育界、音乐界、文学界等各个领域都有。以体育界粉丝为例，主要分为以下几种。

临时性粉丝：在赛事举办的特定时期十分痴迷，结束之后又回归正常生活的粉丝。他们没有太多的球队认同感，只是在特定时点，受各种媒介或者周围人影响，也会关注该赛事。典型例子是当波士顿红袜队参加世界职业棒球大赛时，甚至是不爱好棒球的人也给予了特别关注，尽管这支球队在过去的80年里从未获胜。

当地粉丝：由于地域因素（如球队就在本地）而痴迷的粉丝。如果你住在密歇根州的兰辛，也许会成为兰辛螺帽队（小型联盟棒球队）的球迷。一旦搬家，你可能就不再是他们的球迷了。某些北京居民只对国安足球队感兴趣，对四年三夺冠（中国职业男子篮球联赛冠军）的首钢男篮队感兴趣，对其他队不十分关注。

忠诚和狂热型粉丝：对于球队的忠诚不受时间和地域的限制的粉丝。

行为失常型粉丝：把成为某个球队球迷作为基本的自我认同感的粉丝。他们无法控制自己的情绪，如需要进行管理的足球流氓就属于此类。

即使是临时性粉丝，也会购买体育比赛或者演唱会门票，进行基本的消费购买。而忠诚和狂热型粉丝就更是积极的消费者，他们会购买由所钟爱球星代言的所有产品。

不管是参加仪式、购买相关产品，还是与他人分享和发展新人，粉丝都尽心尽力、忠心耿耿。这种持续的行为不仅包括购买，同时也包括正面的口碑传播和积极扩大粉丝（消费者）的队伍。忠诚的粉丝是其热爱的品牌、乐队、球队等的营销代表。分析他们的购买行为意义非凡。

资料来源：霍金斯，马瑟斯博. 消费者行为学[M]. 符国群，吴振阳，等，译. 北京：机械工业出版社，2011：297.

思考题

1. 粉丝购买自己感兴趣的品牌、乐队、球队的相关产品，属于哪种购买模式，哪种购买类型？

2. 营销人员可以利用哪些策略来鼓励粉丝，提高他们的消费忠诚度？

第七章

消费者群体购买行为心理特征

消费者群体由具有某种共同特征的若干消费者组成。具有这种同一特征的消费者,在购买习惯、购买行为、消费心理等方面有许多共同之处。根据这些共同特征对消费者进行区分,就形成了多个互不相同的消费者群体。

除了职业、收入、性格等参考因素外,年龄和性别是两个常用的划分消费者群体的标准。在按此标准形成的消费者群体中,少年儿童消费者群体、青年消费者群体、女性消费者群体、中年消费者群体、老年消费者群体在消费活动中表现特别活跃,消费心理特征比较突出,下面将分别进行研究。

第一节　儿童用品市场心理研究

一、儿童用品市场心理研究的意义

少年儿童消费者群体,是由没有收入,没有自主购买行为,受家长支配、影响,但反过来又对家长购买行为有较大支配、影响作用,心理尚未成熟的16岁以下的消费者构成的群体。

这部分消费者在人口总数中占有一定的比例。从世界范围看,年轻人口型国家,少年儿童占总人口比例在40%左右;老年人口型国家,占30%左右。

2010年进行的人口普查数据显示,我国0~14岁少年儿童共有2.22亿人,占总人口比例约为16.60%。虽然比例较低、总数也在减少,但2亿多的总量仍然是一个不容忽视的巨大市场。这个年龄段的消费者,具有特定的消费心理。

对少年儿童消费者的心理研究意义重大。一方面，对儿童用品市场进行心理研究，能适应其消费水平，开发新产品，进一步扩大、开拓国内外市场，促进经济发展；另一方面，儿童消费者在家庭中的地位突出，尽管他们人数少，但是，由于我国曾经实行计划生育政策，不少城乡家庭中的儿童为独生子女，虽然有些家庭有两个或几个孩子，但为孩子消费不惜花钱，所以他们的消费支出比例较大。不但父母为子女购买食品、服装、玩具、书籍等，其他长辈，如爷爷奶奶、姥姥姥爷等也乐于为孙儿辈购物。这部分市场潜力巨大。

儿童购买消费品尽管由家长和其他人付款，但是，在很多情况下，儿童消费者也直接参与作出购买决策，对购物选择有较大的影响作用，同时，家长在购买时通常也会考虑儿童的心理要求。因此，企业在产品设计、开发、广告、促销形式上，要充分认识儿童用品消费者的心理特点；否则，将会丢失一个大市场，影响企业的经济效益。

二、儿童消费者的心理特征

根据少年儿童的年龄和心理特征，可以将其成长时期划分为三个阶段，即学前期（6岁以前）、发育期（6~11岁）和少年期（12~17岁）。下面我们分别探讨不同阶段儿童消费者的心理特征。

（一）学前期儿童消费者的心理特征

婴幼儿从出生到成长，受一系列外部因素的影响，在生理上表现为学会行走，学会表达感情，身体迅速成长，活动范围扩大。但这一时期，他们大脑中枢发育尚未成熟。在心理上，他们开始了人类的学习过程，对外界事物逐渐有了意识倾向、感觉、知觉能力。这一阶段的儿童主要具有生理性需要，随着年龄的增长、外界环境的刺激，他们对环境影响的反应日益加强。这一时期消费心理特征主要表现为三个方面：

1. 消费中学会了比较。从初生婴儿到2~3岁的儿童，基本上消费心理单一，他们被动地接受外界信息，仅仅是商品和服务的消费者。但是从4~5岁开始，他们就逐渐有了意识的行为，学会了辨别和比较，有了选择满意商品的心理，对留下好感的商品乐于接受，对不喜欢的商品不屑一顾。

2. 模仿性消费特点突出。这一时期，儿童消费的模仿性比较突出，对别的小朋友的玩具、用品，会有羡慕、渴望得到的心理，会要求家长设法购买。他们产生了朦胧的购物动机，有了自己的目标和意向。2~3岁之前，这种心理不成熟，还不会明确表达；3~4岁之后，模仿心理活动逐渐增多，也学会了向家长表达自己的购物要求。

3. 消费情绪不稳定。这一年龄段的儿童消费情绪极不稳定,易受别人影响,易转移变化,刚才还吵闹着要得到的物品,得到后可能会毫不爱惜地抛弃。

这一年龄段的儿童处于感情、意识、情绪控制时期,消费心理不成熟,多以依赖型为主。在我国,儿童独立性较差,消费心理受家长的影响很大。

几乎所有子女的家长总怕委屈了自己的小宝贝,乐于购买高档食品、新潮童装、新颖玩具和儿童图书或者国内外知名品牌的商品。这种消费心理,对儿童消费心理的形成具有重要的影响作用。

(二)发育期儿童消费者的心理特征

发育期是指6~11岁的儿童,这一年龄段的儿童身体迅速成长,开始进入学校学习,大脑不断发育,智力不断增长。他们在心理上开始了有意识的主动的学习过程,逐渐有了认识能力,兴趣、爱好、意志等心理品质开始形成,学会了思维,在感知基础上能解决简单问题,行为也逐渐从被动走向主动。这一时期,他们在行为上、消费活动上表现的心理特征主要有以下几个方面:

1. 消费需要从纯生理需要转向有社会内容的消费需要。这个年龄段的儿童消费需要仍然以生理需要为主,但在学习过程中,逐渐转向有社会性的需要加入的过程。例如,在文具、服装、玩具的消费中,要求体现主观意识,影响家长的购买决策。购买商品时,不但追求实用性,还更多地考虑附加功能、象征意义,以满足自己优越感的心理。

2. 从模仿消费发展到个性消费。这个年龄段的儿童,模仿消费心理开始减弱,并逐渐被体现个性的消费心理所取代。消费的服装、文具、玩具要求有特点,不追求趋同性,希望得到特殊的商品,有与别人不同或别人所没有的商品。

3. 消费情绪开始较为稳定。儿童走进学校,开始了学习生活,感情控制能力有了一定的提高,消费情绪开始逐渐稳定下来。但是,这一年龄段的儿童仍然会受社会的诱惑而产生冲动性的购买行为。他们由于脑力、智力处于发育时期,仍然不够成熟,所以受到外部环境的强烈刺激时,缺乏意志控制力,行为责任能力较差。但是,在家长的指导和允许下,他们也会有少量简单的购买行为,如购买小食品、文具等,从完全被动消费向半自主型消费转移。

(三)少年期儿童消费者的心理特征

少年期儿童消费者是指12~17岁年龄段的消费者。少年期是儿童向青年的过渡时期。这一阶段他们在生理上出现第二个发育高峰,骨骼逐渐成形、智力快速发育。同时,心理上也有了较大的变化。首先是有了较强的要求被尊重的心理,有了强烈的自尊心。其次是行为能力有了很大的提高,抽象思维、逻辑思维能力产生。但这时,他们的生理与心理仍处于成长期,在经济上、生活上不能完全独立,考虑问题、处理问题仍显得不够成熟,单纯的直觉思维、线性思维较常见。这是一个成长发育与幼稚相互交织在一起的时期,依赖与独立、幼稚与成熟、自觉与被动相互交织。在行为上,他们力图表现出独立性,但实际上在经济、生活方面又不能脱离对父母的依赖;他们希望像成年人那样处理问题,但又表现得很幼稚;他们希望别人将他们看作成年人,但实际上又摆脱不了少年时期的许多心理。他们的消费心理特征表现在以下几个方面:

1. 有成人感,喜欢与成年人比拟。有成人感,是少年消费者自我意识发展的显著的心理特点。他们主观上认为自己已长大成人,应该有像成人一样的权利和地位,要求自尊和被尊重。他们在学习、生活、交友方面都不希望家长过多干涉,而希望按自己的意愿行事。在消费心理及行为上,表现出不愿受家长束缚,自主独立购买自己喜爱的商品。他们的消费需求倾向、购买行为尽管还不成熟,有时会与家长发生矛盾,但却在形成之中。

2. 购买的倾向性开始确立,购买行为趋向稳定。少年时期的消费者,知识不断丰富,对社会环境的认识不断加深,兴趣趋向稳定,幻想相对减少,有意识的思维与行为增多。随着购买活动次数的增加,感知经验越来越丰富,对消费品具备了初步的判断、分析、概括能力,购买行为趋于习惯化、稳定化,购买的倾向性也开始确立,购买动机与现实条件的吻合度有所提高。这一时期,他们的一些消费习惯开始养成,如对生活日用品的品牌意识开始形成,但又容易改变。

3. 所受影响的范围逐步扩大,从受家庭的影响转向受社会的影响。儿童时期的消费者,主要受家庭的影响,因为他们本身的活动受到限制,又没有能力改变。少年时期的消费者,自理能力增强,有了一定的独立性。他们经常参加集体活动,与社会的接触无论在时间上还是在范围上都大大增加,社会环境影响的比重逐步上升,这种影响包括新产品、新事物、新环境、新知识等对他们好奇心的诱惑。其影响媒介则是学校、同学、朋友、老师、书籍、电视、网络等。与家庭相比,这部分消费者更乐意接受社会的影响,具体表现在接受大众传媒的广告影响,崇拜歌星、影视明星、体育明星,因而名人消费的商品品牌成为少男少女们津津乐道并刻意追求的品牌。

4. 对家长购物的影响大大提高。在购买个人用品时,少年儿童甚至起到了决定性的作用。他们在日常生活中,对于食品、文具、饮料等有了自主的购买行为,对高档文具、电脑、手机等，也按照个人意愿要求家长购买指定品牌、样式或者亲自参加购买。在商品的选择上，独立意识、个人兴趣爱好得到充分体现。有些家庭甚至在购买高档贵重商品时，如汽车、住房、家具等，也让少年儿童参与决策。少年儿童或作为购物的发起者，或作为决策的影响者在其中发挥作用。

三、儿童用品市场营销的心理策略

了解少年儿童不同阶段的消费心理与行为特点，可以刺激少年儿童及其家长产生购买动机，满足少年儿童及其家长的不同心理和实际需求。那么，在这个特殊的市场上，应采用什么样的营销策略，如何唤起购买欲望，使购买行为得以实现呢？

（一）区别购买与消费对象

区别购买与消费对象，主要是为了运用不同方式刺激和诱导消费者的购买动机。因为在少年儿童用品市场中，许多商品的购买者是家长，而消费者是少年儿童。在不同的年龄段，少年儿童的购买心理对家长的影响是不同的。

少年儿童虽然没有经济收入，但有时也能获得一部分供个人支配的钱，这决定了他们的消费活动虽然不可能完全脱离成年人，但也有其独立性的特点。

学前期的少年儿童，一般由家长和其他长辈作为其消费品的主要购买者，特别是3岁以前的婴幼儿，没有参与购买的可能性。这时，企业在商品的开发、设计、制造中，在定价策略的选择中可以完全从年轻父母的消费心理出发，考虑儿童的实际需要。这个年龄段儿童的家长和其他长辈具有什么样的消费心理呢？受中国传统文化和社会习惯影响，子女一般被家长视为宠儿，“望子成龙”“望女成凤”的心理比较普遍，即使是收入低、受教育程度低，甚至生活较为贫困的人们，也将希望寄托在子女身上，“再苦不能苦孩子”。在婴幼儿食品消费上，追求名贵、高档，甚至购买进口奶粉、营养品的倾向较为突出，同时十分关注婴幼儿食品的卫生、安全。生产厂商和经销商要从家长的这种消费心理出发，注重质量，创造优质名牌产品，而企图以低价取胜的市场策略是不会成功的。在婴幼儿的服装消费上，家长也是将健康、穿着舒适的天然纺织品视为首选。近年来，在一些大中城市和经济发达地区，传统的手工制作的婴幼儿宝贝鞋、兽头枕等广受欢迎。

尽管儿童玩具也是由家长和其他长辈购买的，但要使儿童喜欢、有利于其智力发展、能提高儿童各方面能力是家长们购物的心理要求。因此，生产厂家在开发、设计产品时既要符合家长的这种心理，又要使儿童喜欢，在制作材料上要环保，在样式设计上要生动、活泼，还要色彩艳丽、安全可靠。符合这些要求的产品，即使价格较高也有很大市场。中国是玩具生产和出口大国，各种玩具占世界市场很大份额。现在,不但婴幼儿的长毛绒玩具消费量大,一些中小学生,甚至青年人也将此类玩具视为心爱之物。厂商在制造产品时,应考虑各种不同的心理需求。

3 岁以后的儿童,有了认识事物及比较、辨别的心理能力,这个阶段的购买决策虽然仍然由家长作出,但在儿童用品、玩具、图书等的商品选择上,儿童往往参与购买,他们所表达的喜爱与否的心理直接影响着家长的决策。所以,在市场营销中,这类商品的生产和销售要充分考虑儿童的特点,在商品陈列展示和促销活动中,应将吸引儿童的注意力、刺激儿童的购买愿望放在突出的位置上。

(二)改进商品的设计形象

改进商品的外观形象,主要是为了刺激、引导儿童的购买心理,促成购买行为。发育期的儿童消费者,虽然已进入学校学习,有时已能进行简单的逻辑思维,但直观的、具体的形象思维仍占主导地位。特别是他们生活经验少,认识不成熟、不全面,不能对商品作出全面判断。所以,商品的外观形象对他们的购买判断具有重要的影响作用。这一时期的儿童,由于学习和成长的需要,在购买文具、图书等文化用品,以及购买服装等商品时会出现不同于以往的新的购买特点。虽然在很多情况下,他们是在家长带领下选购商品,但其独立心理意识开始发挥作用,常常坚持自己的购买要求,而家长考虑问题时既要满足其需要,又要比较价格、质量。在这个过程中,双方的心理评价标准不同,常常产生矛盾。在商店,我们经常会看到家长与儿童意见不合而左右为难的情形。对生产企业和经销商而言,为了吸引儿童的注意力,刺激其购买,在文具如铅笔、文具盒、书包的设计和色彩上,要从儿童心理出发,形状要丰富多样,图案要生动活泼,色彩要斑斓艳丽,可爱的小动物形象、童话中的人物形象、流行的卡通形象往往受到少年儿童的喜爱。

但是,从家长的消费心理考虑,还要注重商品的质量、安全性、实用性、价格等因素。近年来,报纸、电台、电视台等媒体经常讨论这样一个问题:花哨的文具会不会导致小学生上课分心、不专心听讲,华而不实的学生用品是否应该生产。我们认为,活泼好动是儿童的天性,喜爱花哨的文具用品不是错误,只要教师引导得法、管理得当,不但不会影响学习,还会激发儿童的学习兴趣。

(三)开发流行动漫作品的配套产品

当代少年儿童十分喜爱活泼、生动的动漫作品,这符合少年儿童的心理特点。电视中播放的动画节目,报刊中经常刊登的动漫作品,深受少年儿童们的喜爱。其中流行的动漫人物，会对少年儿童的生活态度、日常消费产生影响，有时会成为少年儿童心目中的时尚人物。为了抓住这种市场机会，国内外的影视制片商会同时开发出系列的配套产品，如招贴画，绘有动漫人物的书包、文具、小饰物等。近年来，我国有关部门和许多城市纷纷投资于动漫产业，制作电视节目，同时生产销售系列配套产品。用这种形式进行宣传教育，既符合少年儿童的心理，又能扩大消费需求。

（四）建立商品品牌形象识别

建立商品品牌形象识别，是为了使少年儿童产生商品识记印象，使其成为忠诚的顾客。在购物消费过程中，儿童从成长期到少年期对品牌的认知、识别能力大大增强，对一些产品已经有了较持久的记忆。特别是一些独具特色、广为宣传、面向少年儿童的品牌，经过广播、电视、网络等大众传媒和同学、小朋友之间的传播，深受少年儿童的喜爱，成为他们购物的首选。

这一时期的购物活动开始出现转移与分化。中小学生的服装及文具、玩具的购买，已开始从家长主导向儿童主导转变。购买这些商品时，孩子的意见举足轻重，甚至会由他们自主购买。因此，市场营销要面向少年儿童，特别是商标图案、品名、色彩、广告宣传要针对少年儿童的心理偏好进行设计，使少年儿童好懂易记、热爱喜欢，使他们能够对品牌产生深刻印象。这样，在销售过程中会取得良好的业绩，将少年儿童培养成本品牌的忠诚顾客。例如，麦当劳餐厅经常推出面向儿童的促销活动，为少年儿童过生日提供场所，赠送生日蛋糕、蜡烛，播送祝福乐曲，这些活动深受小朋友喜欢，在他们心目中树立了良好的品牌形象，培养了很多忠诚的少年儿童顾客，他们不但在学生时代经常光顾麦当劳餐厅，即使步入青年时期，也会习惯性地迈进麦当劳的大门。

如果某种商品或服务场所给少年儿童留下了不良印象，使他们产生了厌恶感，要想改变他们的消费观念也是很难的。改进商品、商标设计，提高服务质量，给少年儿童消费者一个良好的印象，对于开拓市场、培育忠诚消费者具有重大而深远的意义。

第二节　青年消费者购买行为心理特征

青年是成长的一代，这一时期的消费者形成了青年消费者群体。不同国家、不同地区由于自然条件、风俗习惯、经济发展及生活水平的不同，人的成熟时期各异，青年的年龄范围也不完全一样。在我国，青年一般是指 18~35 岁年龄段的人。自然，这一年龄段的消费者即是青年消费者群体。

在我国，现在人们常常称呼“80后”“90后”，甚至“00后”的人群为青年，这一年龄段的青年人出生、成长在我国经济社会迅速发展的时期，经历了改革开放，生活消费水平提高，特别是与发达国家消费差距缩小，使他们经常将自己的消费与发达国家进行比较，流行趋势也与发达国家一致，这些青年消费者的购买心理行为有着许多新的不同寻常的特征。

一、青年消费者购买行为心理特征

青年人体力、智力逐渐成熟、定型。他们的消费活动复杂多变，消费心理发展趋于成熟。青年消费者除生理需要外，心理需要也逐渐从感情型向理智型发展，特别是一部分收入高、家庭经济条件好的青年人开始追求精神消费，如旅游、健身、运动休闲、文化消费（看戏剧、电影、演出）等。了解这些青年消费者的购买行为，认识他们的消费心理特征，对市场营销很重要。青年消费者在消费活动中，具有重要的位置和特殊的影响力。

（一）青年消费者的消费特点

1. 数量众多，群体庞大。青年消费者的数量众多，构成了一个庞大的消费者群体。

根据我国2010年第六次人口普查资料，我国青年消费者人数有3.5亿多，约占总人口的27%。这个巨大的消费群体，消费能力很强，不仅物质消费数量大，而且精神消费、文化消费比重也不小。

2. 分布广泛，流动性大。青年消费者分布在广大的城市、农村，为了升学、就业等，流动性比较大，人口流动也会带来巨大的消费市场，如交通、住房、食品、衣物等，这些消费既带有原居住地的风俗习惯、社会偏好，又受到新进入地区的影响，给消费带来变化与冲击。

3. 消费能力强，购买潜力大。进入青年时期的消费者，尤其是当他们参加工作后，有了经济收入，具备了独立的经济能力，但他们的家庭负担一般不重，消费能力很强。调查资料显示，青年消费者储蓄意识淡薄，消费率在95%以上。有些青年消费者在结婚之前吃、住基本上仍然依赖家庭，而自己的收入大部分花费在衣着、文化、娱乐、健身、休闲消费等方面。

4. 在购物决策中影响力大。青年消费者好动、好学，对新产品、新信息、新消费观念接受快、理解快，在家庭购买决策中影响大。尚未组成自己小家庭的青年人在和父母同住时，往往是购买大件商品的提议者、发起人。

在对某种商品是否购买的决策中,家长往往十分重视子女的意见。在组成自己的小家庭以后,青年人的购买活动一般都代表了新的消费流行趋势,对其他消费者会产生冲击和示范效应。这种影响力超过了其他年龄段消费者的影响力,有时还起到社会传播媒介的作用,形成消费冲击波。因此,争取到青年消费者,企业会获益长久。例如,这几年来网购成为青年人的购物首选,也影响到其他年龄段的消费者,网购占全社会商品零售额的比例不断上升。

5. 代表消费潮流和流行趋势。青年消费者是市场中最活跃、购买力比较强的群体,青年人的消费倾向反映着社会的消费时尚。青年人的消费思想不但影响着父母等长辈,而且影响着他们的子女等晚辈。这种影响在消费中会产生巨大作用。青年人又是不断求新、求变的群体,当一种消费潮流被社会普遍接受时,他们又开始追求新的消费时尚。例如,这些年,随着社会经济的发展和人民生活水平的提高,当休闲旅游从青年人的时尚成为社会普遍接受的消费方式时,青年人又开始热衷于探险旅游了。

(二)青年消费者的购买心理特征

青年消费者是成长中的消费者。他们在经济上,从不独立到独立;在购买行为上,从依赖、半依赖到完全自主;在购买心理上,从不成熟到趋于稳定。他们与其他消费者相比,在消费心理上有如下一些特征:

1. 追求时尚,表现时代。青年消费者的典型心理特征之一,就是内心丰富、热情奔放、思想活跃、思维敏捷,对未来充满希望和幻想,具有冒险精神,任何新事物、新知识,都使他们好奇、渴望,大胆追求,具有极强的创造力。在消费心理和消费行为方面表现为追求新颖与时尚,追求美的享受,力图领导消费新潮流。所以,青年往往是新商品、新消费行为的追求者、尝试者和推广者,并逐渐影响更多的消费者。在他们的带领下,时尚消费进入高潮。总之,一种新的消费趋势往往与青年分不开,时代的特征也从青年消费者身上最充分地表现出来。

2. 追求个性,表现自我。青年消费者处于少年从不成熟阶段向中年成熟阶段过渡的时期。自我意识的加强使青年消费者产生了迫不及待的心理需求,对事物的情感也越发深沉。他们追求独立自主,每一个语言、每一个行为,都力图表现出"我"的个性内涵。这些特征也体现在他们的消费心理和消费行为方面。青年的消费倾向由不稳定向稳定过渡,非常喜爱能表现个性心理的商品,要求与别人相区别,要求不一般化。随着自我意识的发展和性机能的成熟,他们希望确立、形成完善的个性形象,以满足交友的需要。因此,他们在消费方面注意仪表、追求个性美,以表现自我。

3.追求实用,表现成熟。青年消费者在追求时尚时,难免带有一定的盲目性,但又因为他们有知识、有文化,接触信息多,交流广,对消费品的选择与购买基本上不是盲从的。在追求时尚、追求个性的同时,也追求新产品的实用性和科学性,追求消费品的货真价实。这时青年消费者的消费要求有:①新产品反映时代的风格;②新产品符合现代科学技术的要求,实用合理。多种因素综合刺激青年消费者的购买动机,决定其购买行为,表现了青年消费者趋于成熟的消费心理。

4.注重情感,容易冲动。青年消费者的又一典型心理特征是"两极心理"。由于青年处于过渡时期,思想感情、兴趣爱好、性格气质还不完全稳定,重感情、易冲动,所以,客观条件对他们的消费心理及购买行为影响突出。购物时,他们情感变化激烈,容易走极端。尽管这时他们的消费心理由不稳定趋于稳定,但冲动性购买还是多于计划性购买。在购买商品的过程中,当理智和情感相碰撞时,他们总是更重感情。对商品的好恶倾向,使他们对购买的肯定和否定同样明了突出。直观选择商品的习惯,使他们往往忽略综合选择商品的必要。款式、颜色、形状、价格、时尚等因素都能单独成为青年消费者的购买理由。这也是冲动购买的一种表现。

5.世界眼光、全球视野。在青年消费者眼中,世界是平的,他们的消费心理、消费行为也与世界发达国家同步。例如,追求环保,爱护自然,关爱野生动物的理念,更重视奢侈品传递的文化,购买世界流行时装和高档的化妆品,追求世界知名品牌商品。由于网络的发达和国外代购的便利,特别是出国旅游的人数数以亿计,我国青年消费者的消费心理与纽约、巴黎、米兰的年轻人差异不大。

(三)制定青年消费者群体市场营销的心理策略

了解了青年消费者群体的购买特点及购买心理,将使我们充分认识到这一市场群体的重要性,特别是了解到他们对整个市场的引导、示范效应。因此,如何制定针对这一消费者群体的市场营销策略,刺激青年人的购买欲望,使其产生购买动机,是企业经营者要思考的问题。按照市场营销学、经济学、管理学的原理,认真做好以下几方面的工作,是适应青年消费者市场的有效心理策略。

1.产品的设计、开发要能满足青年人多层次的心理需要,以商品刺激青年人产生购买动机。

青年人进入社会后,会感到有多种多样的需要,即除了生理、安全保障需要之外,还产生了社会交往、自尊、成就感等方面的精神需要。企业开发的各类商品,如穿着类商品、日常生活用品等,既要具备实用价值,更要满足青年人的心理需要。例如,个性化的产品会使青年人感到自己与众不同,因此而受人关注。名牌皮包、时装及新型手机等会表现拥有者的成就感和社会地位感,特别受到青年人的青睐。

另外,有装饰功能的家庭用品,有寓意的礼品也深受青年人喜爱,因为这样的商品体现了青年人的心理需求,会使企业赢得更大的市场。

2. 开发时尚产品,引导消费潮流。青年人学习和接受新事物快,富有想象力和好奇心,因此在消费上追求时尚、新颖。企业在产品的开发、设计中,要注重开发时尚产品,以推动消费潮流。每个时期、每个年代,时尚是不断变化的,企业要研究预测国际国内消费的变化趋势,适应青年消费者的心理,开发各类时尚产品,引导青年人消费。时尚产品的开发、生产、市场投放以及宣传、广告、促销活动,要针对青年人的心理特点,使青年人能迅速接受,以此推动消费潮流。近几年来,苹果公司推出的 iPhone 手机,就面向青年人,引领了消费潮流。

3. 注重个性化产品的生产、营销。个性化的产品、与众不同的另类商品被青年人称为“酷”而大受欢迎。企业在产品设计、生产中,要改变传统思维方式,要面向青年人开发个性产品。尤其是服装、鞋、装饰品、书包、手袋、手机等外显商品的设计生产,要改变千篇一律的大众化设计风格,寻求特性,以树立消费者的个性形象。手工制作的小商品,个性化容易体现,而工业化流水线制造的产品能不能表现个性化呢?为了满足青年消费者的心理需要,工业化流水线产品也应力求有所差异或者在装饰配件上实行搭配组合。

在市场销售过程中也应注重个性化,如在商场设立形象设计顾问,帮助顾客挑选化妆品、设计发型。在时装销售现场,帮助青年人进行个性化的着装设计,推荐购买穿着类商品和饰物。另外,为青年人开办免费的消费培训班,传授科学的消费知识也是一种个性化营销。

4. 缩小差距,追求商品的共同点。由于职业、收入水平不同,在青年人中产生了不同的消费阶层。他们在商品的购买上,也存在因收入不同而带来的差别。但是,青年人好胜、不服输的天性又使这种差别的表现方式不十分明显。例如,城市中青年人结婚的居室布置也广为农村青年所模仿,后者也要求进行房屋装修,要求家具、家用电器等一应俱全。但是其购买商品的品牌、质量还是有所不同的。企业在开拓青年人市场时,要考虑到这些不同的特点,生产不同档次、不同价格水平、面向不同收入水平的同类产品。这些产品在外观上差别不应太大,但在质量、价格上应能形成多种选择,以满足不同收入水平青年人的需要。

5. 做好售后工作,使青年消费者成为推动市场开拓的力量。青年人在购买商品后,往往会通过使用和其他人的评价,对购买行为进行评判,把他的购买预期与产品性能进行比较。若发现性能与预期相符,就会基本满意,进而向他人推介此产品;如果发现产品性能超过预期,就会非常满意,进而大力向他人展示、炫耀,以显示自己的鉴别能力。相反,若发现产品达不到期望,感到失望和不满,就会散布对此商品的否定评价,进而影响这种商品的市场销路。企业在售出商品后,要收集相应信息,了解顾客反映的情况,以改进产品。同时,要及时处理好顾客投诉,以积极的态度解决产品存在的问题,使青年消费者感到满意。这种效应甚至比广告宣传更有效果,更能推动市场营销。

二、新婚青年和青年人家庭消费者的购买行为心理特征

结婚、建立家庭是多数青年人人生中的重要过程阶段。大多数青年人在这一过程中要实现人生道路的转折,体会到生活的艰辛,变得更有责任感,有了孩子后,更加体会到父母的恩情。这些人群的消费活动既有一般青年人的特点,又有其特殊性,由此构成了新婚青年和青年人家庭的购买行为心理特征。

(一)新婚青年购买行为心理特征

1. 需求量大。新婚青年在准备建立家庭时,会产生多方面的需求,在需求构成和顺序上,除住房外,用的商品数量大,其次是穿着类商品,而吃的商品比重下降。现在青年人举行结婚仪式,花费也比较大。在大城市和较富裕的农村的调查结果显示,结婚花费基本上在10万元乃至几十万元之间,即使在不太富裕的农村、中小城市,结婚花费也需要几万元。因此,结婚青年购买力巨大,同时对社会的消费影响也大。一些青年人追求在高档饭店举行婚礼,外出旅游度蜜月,在外景地拍摄婚纱照,还注重采用新奇的婚礼形式。他们在消费上有追求新潮、配套、高档次、有气派等心理。

2. 购买集中。过去,新婚家庭购买的物品多为生活必需品、一般家庭用品、家具等,一些大件耐用消费品多在婚后逐渐购置。改革开放以来,特别是20世纪90年代以来,随着人们收入的大幅增长和生活水平的提高,青年人的消费观念有了很大改变。新婚青年往往在结婚前一次购齐各种大件耐用消费品,像冰箱、电视机、洗衣机、音响、空调等家用电器,有些新婚青年还要购置汽车、住房等。新婚青年购物不但品种、数量集中,购买时间也比较集中,多在每年的“五一”“十一”“元旦”“春节”或有象征意义的日子(如5月20日、8月8日、9月9日)等节假日前一次性购置。

3. 购买行为心理特征具有鲜明的特点。结婚,使年轻人对生活充满希望、幻想,对未来有美好的憧憬。所以,他们对物质商品具有较高的要求,同时对精神享受也有较高的追求。在这种心理支配下,新婚家庭对其用品的购买有了全新的内容,如求新求美,追求寓意,追求与众不同、新颖时尚、高雅舒适,对价格的考虑则是

第二位的。在选择具体商品时,他们带有很浓的感情色彩,希望购买代表两人感情的物品,如钻戒、首饰或各自向对方表示爱慕的礼品等。总之,我国目前青年新婚家庭的消费档次在逐渐提高,并呈现继续提高的趋势。这一现象必然影响整个消费品市场。

4. 注重文化消费和婚礼的仪式感。现在青年人结婚一般都要拍一套婚纱照片,聘请婚纱摄影专业公司在国内的一些风景名胜区和国外有名的景区等一些特定的场所拍摄,青年人轮换穿着礼服和婚纱,还有中式大红服饰,摆出各种姿势,留下美好的时光。

有的青年人在教堂举行结婚仪式,但更多的青年人结婚一般在饭店举行仪式,由专业的婚礼策划公司主持,仿照中式传统或西方礼仪程序进行。注重仪式感是青年人婚姻消费的重要心理特征。

面对青年消费者以及新婚阶段青年消费者的购买行为心理特征,企业应制定相应的营销策略,及时推出能反映时代潮流的、代表现代技术的、实用合理的新潮消费品。要注意青年消费者共同的心理特征和不同的兴趣爱好,把推出的商品与青年的个性、气质、性格、兴趣联系起来,通过有特色的促销手段,刺激青年消费者产生购买动机,满足他们的需要。

(二)青年人家庭购买行为心理特征

青年人结婚后离开父母独立生活,组成二人世界,随着子女的"呱呱落地",其购买行为心理有了不同于以往的许多新的特点。

1. 无子女青年人家庭的消费特点。青年人结婚组成家庭后,除少部分人与父母同住外,多数人选择独立生活。这时的家庭食品消费表现出无计划、即时消费的特点,他们大多外出就餐、叫外卖、购买方便食品、快餐食品等;穿着类商品消费呈增加趋势;精神文化消费比重大大增加。

2. 有婴幼儿青年人家庭的消费特点。没有孩子的年轻夫妇,消费水平高、购买力强,主要购买服装、家庭用品,以及进行休闲、旅游、文化消费等。有了孩子后,消费重心发生变化,转而以婴幼儿为中心,有关婴幼儿的食品、玩具、服装以及其他日用品消费比重大幅度上升。在消费档次上,他们会尽量选择高档次、高质量的国内外知名品牌商品。选择商品品牌时,他们大多依据广告宣传和大众传媒推介,或者依据社会群体的口碑传播。

3. 青年人家庭购买的心理特征一般是盲目性、无计划性和随机性。青年人组成家庭(不论是二人世界还是三口之家)后,由于有较高的经济收入,储蓄意识不强。现在有许多年轻人已经接受了贷款消费的方式,使得购买行为无计划性,受到外界的影响刺激时,发生冲动性购买行为较多。他们听到别人赞赏某种商品或受到销售现场的广告促销活动的诱惑,很容易产生冲动性购买行为,事后往往会发现,买回去的许多商品使用价值不高,甚至不适合个人消费。不少年轻人要经过多次冲动性购买,其购买心理才会逐渐成熟。

4. 贷款消费使消费者购买力提高,但又带来还贷的心理压力。随着经济的发展和社会的进步,青年人大多数已经接受了贷款消费的方式。除了购买住房使用中长期贷款,许多人还拥有多张信用卡,进行透支消费。这提高了年轻人的购买能力,使青年人的消费心理发生了微妙变化,对商品的冲动性消费更为普遍,对商品档次的选择进一步提高。但是,按时还贷的心理压力也使一些年轻人产生了困惑。

三、网络购物的消费心理

随着互联网的普及(据统计,到 2017 年年底,我国已有 7 亿多网民),网络购物在青年人中已十分常见。在网络购物方式下,只需打开电脑,进入购物网站,点击鼠标下订单,进行网络支付,收款方就会委托快递公司送货上门,消费者足不出户就可购得货物。这种方便、快捷的购物方式,让许多青年人乐此不疲。网络购物不受时间、地点、天气、交通限制,成为青年人购物方式的优先选择。网络购物的商品种类主要是服装、日用品、电器等,即使是汽车、住房等不能直接在网上完成购买的商品,也可以在网络上收集信息,比值、比价、比较品牌的优劣等。

网络购物与现场购物在消费心理上存在一定的差别,研究网络购物的消费心理,对于开拓市场、开展市场营销活动意义重大。

网络购物的消费对象不仅包含传统购物中的各种实物商品,还包括纯数字化商品,如电脑软件、电子图书,以及各种网络游戏中的虚拟物品。在购买过程中,需要即时通信软件的支持,以在消费者与商家之间建立直接沟通。网络购物的支付,大部分通过支付宝、微信支付、电子银行转账完成。

网络购物的形式多种多样,最主要的是通过数字交易平台的 B2C 和 C2C 进行交易,自 2010 年兴起的网络团购可以看作 B2C 的发展,被称为 B2T(bussiness to team)。

(一)网络消费群体的心理特征

方便的互联网接入和基础的网络操作技能是网络购物的先决条件,这决定了网络消费群体主要由城市中的年轻人构成。他们相对于传统的消费群体有着更高的学历和好奇心,也更加冷静和擅长理性分析。

网络消费群体注重自我,追逐潮流。目前网络购物主要以年轻人、高学历用户为主,他们有活跃的思想和喜好,有独立的见解和想法,尤其对时尚的定义更加自我化,对自己的判断能力比较自信,所以他们的具体购物要求越来越独特,而且变化多,个性化越来越明显。

网络购物群体头脑冷静,擅长理性分析。网络用户以大城市、高学历的年轻人为主体,现在也迅速发展到中小城市和广大的农村,他们不会轻易受广告宣传和舆论左右,对各种商品宣传有较强的分析判断能力,在网络购物时多采用多家网络店铺比较的方式,把同一款式、同一颜色的商品相互比值、比价,选出性价比最高的商品。

网络购物群体好胜心强,有强烈的求知欲,喜好新鲜事物,但缺乏耐心。

从网络购物的过程来看,消费者首先为购物或进行比较而在网上虚拟的购物环境中浏览、搜索相关商品信息,为购买决策而比较网络中的商品价格、式样、颜色等,然后点击订货完成购买过程。在传统购物模式下,消费者最多也就能做到货比三家,而且还是局限在一个相对小的空间范围;而在网络中,消费者可以很容易地搜索到一件商品在全国甚至全世界的价格,以及该商品的价格变动情况,而且还可以看到已经购买该商品的消费者对于商品的评价,缩短了消费者与商家在空间上的距离,拓展了交易范围,极大地增加了交易机会。

(二)网络购物心理与传统购物心理的差别

网络购物与传统购物在消费习惯、消费心理上有很大差异,甚至是完全不同的。和传统购物方式不同,消费者对网络购物的接受态度取决于其能否熟练地运用网络搜索、货品比较和支付方式,从而挑选出自己中意的商品,完成订货、付款等一系列电子流程。对电脑操作不熟练的人和一些中老年人更倾向于采用传统购物方式。

网络购物者更加关注网络支付的安全性,关心通过物流配送渠道送来的商品是否与网络卖家描述的一致,即关心商品的质量。网络支付的安全性更是购物者最担心的问题。由于网络支付是虚拟交易,购物者担心银行卡支付信息会泄露或者遭到欺骗,这也与传统购物方式不同。由于在网络购物中,多数商品价格比较低廉,信息透明,购物者最担心的是得到的货品与网上显示的不同,因为电脑中商品的颜色、款式不一定是实物的真实反映。

另外,在网络购物中,大多数消费者会参考网店的信用等级以及之前购物者所给出的评价。卖家的信用评价很重要,很多在此购物的消费者会把自己的评价信息发出。网络购物者既会关注多数人的看法,也会特别关注少数人的挑剔意见。

研究青年人的消费心理,要区别不同情况,把握多数人的行为特点,在制定市场营销策略时要加强个性营销，这样才能适应消费者的消费心理，满足个性需求，创造更高的经济效益。

目前，网络购物销售增长速度远远快于零售业销售增长速度，有人甚至打赌称，未来几年内网络销售额将占到社会商品销售总额的一半以上。不但青年人成为网络消费的主流人群，其他年龄段的人也开始应用网络购物这一形式。企业应高度重视网络购物形式，研究网络消费心理，大力发展网络销售形式，搭建网络销售平台。

第三节 女性消费者购买心理研究

女性消费者是市场上人数众多，表现特征比较突出的群体。现代女性对消费品的追求从大众化转向多样化，其生理和性格特点较为突出。她们在市场上表现为细心、细致、细腻，在家庭中，女性又是多数购买行为的参与者。因此，研究女性消费者购买心理对于开拓市场、增加产品销售量具有重要的意义。

一、女性消费者市场特征

女性消费者不是指全部女性，只有在市场上有购买能力的女性才是女性消费者。在我国，通常包括青年、中年女性消费者，年龄段在18~55岁。这是因为少年儿童中女性购买者多是在家长指导下进行购买的，无论是男孩子还是女孩子，其购买行为尚未完全独立，心理特征区别不大，因此，不作为主体单独研究；而老年女性消费者的购买行为和心理在青年、中年时形成了习惯与定式，与中青年女性消费者差别不大，所以我们重点研究中青年女性消费者。

第一，女性消费者人数多、潜力大，是家庭和个人购买决策的重要参与者。我国人口统计资料表明，人口中女性占一半左右，其人数众多，女性消费市场是一个潜力巨大的广阔市场，特别是中青年女性，她们往往是个人、家庭购买行为的决策者或者重要影响者，在购买活动中起着举足轻重的作用。从青年时期开始，她们一般已经自主决策。在家庭中，她们又承担着妻子、母亲的角色，因此，也是绝大多数日用品的购买者和使用者。在家庭大件商品购买中，她们的意见也起着重要的影响作用，有些人甚至就是最终的决策者。受性格和生理特点左右，女性对逛商店、购物的爱好已被大多数人认同。

第二，女性消费者购买服装、家庭装饰品等往往是凭感觉、凭印象；购买食品、日用品、化妆品是凭消费习惯和品牌印象。女性消费者是市场的“主力”，她们进商店有时有初步的计划,有时就是在进行无目的的闲逛。在商店里,她们往往受外界因素影响较大,如受到广告诱惑,受到促销活动刺激,受到推销人员赞美而产生冲动性购买行为。一位自称"败家小姐"的女性消费者自述,在商家打折促销的时间段,"hold"(控制)不住自己,在元旦、春节期间,发现自己买下了3件羽绒服、1件大衣、4套保暖衣裤、1双运动鞋,还有各种化妆品和腰带,袜子若干双。商品的设计、陈列、色彩及现场促销是引导女性消费者产生购买动机的重要原因。这也迎合了女性消费者挑选商品重感情、易受情绪感染的特点。

第三,女性消费者性格细腻,对商品挑剔,选择性强。由于市场上商品的品种规格各异,消费弹性大,而且女性消费者性格细腻,挑选认真,对商品的选择、比较、鉴别特别仔细,所以她们对商品的挑剔程度大大高于男性。女性消费者的这一特点,给商品的生产者、经销者带来较大的营销困难。但是女性消费者表达能力、感染能力、传播能力都很强,企业能争取到的女性消费者,一般都会成为忠诚顾客,不但她们自己不会轻易改变,还可以影响周围很多人,从而使企业扩大销售市场。

第四,我国女性就业比例高、工作忙、竞争激烈,女性消费者对能减轻家务劳动时间、精力、强度的商品格外喜欢,如食品中的半成品,厨房、卫生间使用的电器等。现在,女性消费者也是网络购物的"主力军"。对于职业女性来说,她们接触的消费时尚信息多,收入水平高,其消费能力和欲望也较高。随着家务劳动时间的减少和休闲时间的增加,女性消费者对服务消费、精神文化消费、休闲旅游消费的兴趣在大大提高。

二、女性消费者购买行为心理特征

在现代社会中,女性消费者往往懂消费、懂时尚、懂得关心家庭成员,所以她们在购物心理上具有以下特点。

(一)注重商品的外观和情感因素

男性消费者在购物时,特别是购买生活日用品、家用电器时,较多地注意商品的基本功能、实际效用,在购置大件贵重商品时,有较强的理性支配能力;而女性消费者则有很大不同,她们购买穿着类商品,包括服装、鞋帽、围巾等时,对商品外观、形状,特别是其中表现的情感因素十分重视,往往在情感因素作用下产生购买动机。这里产生情感的原因是多方面的,如商品品牌的寓意、款式及色彩让人产生的联想,商品形状带来的美感,环境气氛形成的温馨感觉等,都可以使女性消费者产生购买动机,有时就会产生冲动性购买行为。这种情感因素不但在购买自己使用的商品时发生作用,在给丈夫、子女、父母、公婆购买商品时影响也很强烈。当然,女性消费者因商品引起的情感与个人的情绪、兴趣、本身的想象力有密切的关系。

（二）注重商品的实用性和细节设计

女性消费者在家庭中的地位及从事家务劳动的经验体会，使她们对商品的关注角度与男性有所不同。她们在购买生活日常用品时，更关注商品的实际效用，关心商品带来的具体利益。商品在细节之处的设计优势，往往更能博得女性消费者的欢心，如家庭洗涤剂精巧设计的喷头，家用微波炉使用的专用器皿，多用途的家庭刀具等。她们在购买商品时的反复询问，了解使用方法的迫切心情，使人明显感觉到女性细心的一面。

（三）注重商品的便利性和生活的创造性

目前，我国中青年女性就业率比较高，城镇青年女性的就业率高于农村。她们既要工作，又要做家务劳动，所以迫切希望减轻家务劳动量，缩短家务劳动时间，能更好地娱乐和休息。为此，她们对日常消费品和主副食品的方便性，有更强烈的要求。每一种新的、能减轻其家务劳动的方便消费品，她们都乐意接受，并愿意首先尝试。同时，女性消费者对生活中新的、富于创造性的事物，也都充满热情，如购买新装或饰品，布置新房间，做一个从未做过的菜等，以显示其创造性。

（四）有较强的自我意识和自尊心

女性消费者有较强的自我意识和自尊心，对外界事物反应敏感。她们往往以选择眼光、购买内容及购买标准来评价自己、评价别人。希望自己的购买是最有价值、最明智的，对别人的否定见解很不以为然。即使作为旁观者，也愿意发表意见，希望自己的意见被采纳。在购买活动中，营业员的表情、语言、广告宣传及评论，都会影响女性消费者的自尊心，进而影响其消费行为的实现。

三、面向女性消费者的营销心理策略

女性消费者在购买活动中地位重要，影响决策力强，她们的购买心理具有感情丰富、性格细腻的特点。根据上述特点，面向女性消费者的市场营销心理策略主要有以下几种：

第一，销售环境布置要典雅温馨、热烈明快，具有个性特色。女性消费者在购买家庭装饰品、穿着类商品时，追求浪漫的心理感觉。因此，销售这类商品的环境布置要符合女性消费者的心理需求，要创造条件，营造一个相对安静、舒适的场所，让女性消费者能悠闲地观赏、浏览商品，让她们产生感情联想，从而产生购买动机。例如，在销售现场提供良好的服务，体现更多的人情味，效果会很好。

第二,女性商品设计要注重细节,色彩、款式、形状要体现流行、时尚,并且使用要方便。例如,一些厨房刀具、小型电器、家庭日常卫生用品,为女性经常使用,这类商品的生产设计要为使用者着想,应简单、方便、实用。一些方便食品、半成品,要能为女性消费者节省时间,减轻劳动强度,品种样式要丰富,使女性消费者有更多选择。

第三,对女性消费者个人消费和经常购买的商品要进行广告宣传,并且要针对女性心理特点,注重传递商品的实用性、具体利益等信息,传递有关商品的质量、档次、时尚的信息,传递商品的品牌、性能、价格等方面的信息。要靠特色打动女性消费者,开拓市场。

第四,现场促销推广活动要关注女性消费者的情绪变化。营业员用语要规范、有礼貌,要讲究语言表达的艺术性,尊重女性消费者的自尊心,赞美女性消费者的选择,以博得女性消费者的心理满足感。切忌对女性消费者已购商品的选择、评价下简单、生硬的断语,更不能抢白、顶撞。

现场促销面向女性消费者的折扣商品,要注意说明理由,允许消费者挑选。实践表明,喧闹的促销现场有时反而会使女性消费者"敬而远之",收不到预期效果。

第四节　中年消费者购买行为心理特征

中年人是指处于由青年向老年过渡时期的人。处于这一时期的消费者,形成了中年消费者群体。在我国,中年消费者一般指年龄在35岁至55岁之间的人。

一、中年消费者的特点

(一)人数众多

在我国,中年消费者人数众多,在消费活动中有较大影响力。20世纪六七十年代人口生育高峰期出生的人,进入21世纪后,陆续步入中年人的行列,从而成为中年消费者。

(二)处于购买商品的家庭决策者位置

中年消费者的子女大多尚未独立,而其父母已步入老年人行列,所以,无论是在一代家庭(无子女)、两代家庭还是三代同堂家庭中,中年消费者一般都处于购买商品的家庭决策者位置。他们不仅决定一般家庭生活用品的购买,还决定家庭耐用消费品,以及子女、老年人(特别是没有任何经济来源的老年人)衣食用品的购买。其原因是，子女没有经济来源，且对商品的认识表面化、感情化，把购买商品的决策权交给了父母；老年人由于经济状况及身体不便等原因，获得的商品信息少，把购买商品的决策权交给了儿女。由此看来，中年消费者不仅掌握着家庭消费品购买的大权，同时左右着未独立子女及老年人消费品的购买权力，在消费活动中处于重要的决策者位置。

（三）可支配的收入高、计划性强

中年消费者工作多年，一般在单位已成为业务或工作骨干，还有的成为领导者，收入较高，并且多有积蓄，在对消费品特别是耐用消费品的购买上有较强的计划性。

中年消费者要扶养子女、赡养父母，虽然可支配的收入高，但他们的购买活动不盲从、不冲动，生活支出条理性、计划性强。近年来，不少中年人还为子女积累教育经费、为父母准备医疗费用，因此，他们的储蓄率高而消费率低。

二、中年消费者购买行为心理特征

中年消费者消费观念成熟稳健，消费行为形成了一定的模式，养成了一定的消费习惯，他们的购买行为一般体现出以下心理特征。

（一）注重商品的实用性、价格与外表的统一

青年消费者追求商品的外表和时尚；而中年消费者人生经验与经历比较丰富，对商品的实用性与性价比更为关注，往往对华而不实的商品外观、包装不感兴趣。他们中多数人具有这样的消费心理，即认为购买商品追求的是它的使用价值、合理的价格。因此，他们认为对那些用于个人或家庭消费的商品，为外观、包装花费太多不值得。当然，在特定情况下，如为父母或亲朋赠送礼品时，他们也会适当考虑商品的价格、外观与包装。

（二）注重商品的便利性

中年消费者工作紧张、繁忙，在家庭生活中要抚养子女、照顾老人，劳动量较大，为了减轻负担，他们对能改善家务劳动条件、降低劳动强度、节省时间的商品特别感兴趣。例如，半成品食品、速冻方便食品、烹饪类电器（电饭煲、微波炉、电磁炉）等往往能很快被中年消费者接受。

（三）理性购买多于冲动性购买

青年消费者感情热烈、情绪多变、消费观念不成熟，多产生冲动性购买；而中年消费者心理成熟、稳定，购买商品时既要考虑家庭生活需要，又要考虑收支合理安

排,计划性较强,在购买商品的品牌选择上多具有自己的消费习惯,对购物的场所和时间也有较固定的选择。对于厂家和商家而言,这是一部分忠诚顾客。因而,为中年消费者提供优质的服务,是巩固市场、增加销售量的重点之一。

(四)心理上不易接受信贷消费

受生活阅历和传统观念的影响,中年消费者除非因特殊情况,大多不大接受、不大认同贷款消费。他们一般是按照"量入为出"的原则安排各项生活开支。由于家庭生活开支较大,刚性消费较多,所以中年消费者一般不愿意接受贷款消费,认为还贷心理压力大,对贷款消费多采取回避态度。当然,随着社会的进步,刷卡消费的便利性逐渐被中年消费者接受,其中,使用信用卡的信贷消费也逐渐被中年消费者认同。

三、面向中年消费者的营销心理策略

中年消费者购买力强,购买活动多,购买的商品既有家庭日用品,也有个人、子女、父母的穿着类商品,还有耐用消费品。争取这部分顾客,对于企业巩固市场、促进销售具有重要意义。

第一,注重培育中年消费者成为忠诚顾客。中年消费者在购买家庭日常生活用品时,往往发生习惯性购买,即习惯去固定的场所,购买经常使用的品牌。生产者、经营者要满足中年消费者的这种心理需要,使其消费习惯形成并保持下来。不要轻易改变本企业长期形成的、历史悠久的商品品牌包装,以免失去顾客。商品的质量标准和性能价格比,要照顾到中年消费者的购买习惯,也不要轻易变动。

第二,在商品的设计上要突出实用性、便利性,在商品销售现场,要为顾客着想,提供良好的服务。中年消费者消费心理稳定,追求商品的实用性、便利性,华而不实的包装,热烈、刺激的造型,对比强烈、色彩富有动感的画面往往不受中年消费者欢迎。在销售那些中年人参与购买的商品时,应根据中年人的消费习惯,提供各种富有人情味的服务,如提供饮水区、休息区,提供物品保管、代为照看小孩等服务,这样会收到良好的促销效果,使中年消费者成为下次光顾乃至经常光顾的忠诚顾客。

第三,切实解决购物后发生的商品退换、服务等方面的问题。中年消费者购物后发现问题,多直接找经营者解决,而且态度坚定,理由充分。经营者应切实给他们解决问题,冷静面对,切忌推诿、扯皮、不负责任,否则会失去忠诚顾客。

第四,促销活动和广告要理性化。面向中年消费者开展的商品广告宣传、现场促销活动,要理性化。中年消费者的购物多为理性购物,他们不会轻易受外界环境因素影响和刺激。因此,在广告促销活动中,要靠商品的功能、效用打动消费者,要靠实在的使用效果、使用人的现身说法来证明。在现场促销时,营业员面对中年消费者时,要以冷静、客观的态度,以及丰富的商品知识说服他们、推介商品,给他们留下思考的空间和时间,切忌推销情绪化或者过分热情而招致中年消费者反感。

总之,面向中年消费者开展市场营销,要充分认识中年消费者的心理特征,采取适宜的促销策略。当然,这里介绍中年消费者的心理特征,是就多数人的行为特点而总结归纳的,并不排除特殊情况。例如,现代社会中,一些40岁左右的消费者更具有接近青年人的心理特征。因此,在制定市场营销策略时不能绝对化。

第五节　老年消费者购买行为心理特征

老年消费者,一般是指退休后离开工作岗位的、60岁以上的消费者群体。在我国,由于医疗条件改善,人民生活水平提高,老年人数量已占人口总数的17.3%,约为2.41亿(据2018年2月人口老龄化国情教育新闻发布会)。按联合国有关机构分类,我国已步入人口老龄化国家。而且据推算,老年人比例还将显著增加,到2020年前后,中华人民共和国成立初期人口生育高峰时出生的人将步入老年阶段,老龄化问题将更为突出。许多老年人在子女参加工作后经济负担减轻,他们常会寻找机会补偿过去因经济条件限制未能实现的消费愿望,如在美容、健身、旅游、文化、休闲等领域进行消费。老年人的消费市场被称为"银发市场",满足老年人消费需求,研究老年消费者购买行为心理特征是十分重要的。

一、老年消费者的消费特点

老年消费者经历了人生的各个时期,生活阅历丰富,心理需要稳定。离开工作岗位后,虽然多数老年人生活安定,有一定保障,但在吃穿住用行的消费方面有了新的特点,是一个特殊的消费者群体。老年消费者具有以下一些消费特点。

(一)饮食消费减少,保健品消费增加

老年人由于身体原因,知觉反应逐渐衰退,嗅觉、消化等机能也呈退化趋势,牙齿的松动和脱落又给他们在饮食方面带来不便,再加上年龄大、运动少,体能消耗不多,因此,饮食数量大大减少。

老年消费者的饮食要求逐渐向有益健康,利于消化吸收,低糖、低盐、低脂、低胆固醇及高蛋白质、高钙方面转化。由于身体机能退化,身体较弱,他们在医药和保健品上的消费力度大大增加。

（二）穿着类商品既追求舒适、实用，也追求华丽、质地好

老年消费者在穿着类商品消费上，更注重商品的舒适实用。由于老年人血液循环和机体自我调节功能下降，因此他们对外界冷暖变化十分敏感，既怕冷、又怕热，要求穿着类商品透气、松软、保暖，更注重商品的性能、质量，喜欢选择天然纺织品。一般而言，老年消费者购买穿着类商品时喜欢挑选素雅的色彩和图案，要求穿脱方便、手感舒适。现在随着生活水平的提高，对外开放和文化交流的增加，一些时尚的消费观念正在影响我国老年消费者，华丽、艳丽的服装也成为一部分老年消费者的购物选择。我们经常听到一些老年人抱怨，老年人的服装太单调、死板，买不到称心如意的服装，这表明一些生产企业还未认识到老年消费者的新追求、新观念。“越老越需要打扮”，逐渐成为我国老年消费者普遍接受的消费观念。

（三）用的商品追求安全、便利

老年人的听力、视觉功能随着年龄的增加而不断降低，身体的协调性、灵敏性减弱。由于老年人体质差，骨骼疏松，怕磕碰、怕摔跤，所以，他们使用的商品首先要考虑安全性、便利性。老年人使用的家具、用具要简洁、舒适、方便、安全性能好。

（四）居住环境追求安静

老年人睡眠时间少，受外界环境影响大，因此，居住环境要求安静。居室中可创造一些能种花、养鱼的条件。总之，有利于老年人身心健康，既安静又不封闭，有利于老年人交流的环境才能更好地满足他们居住的需要。

（五）学习、健身、旅游、休闲的需要上升

老年人离开工作岗位后，经过心理调适，寻求积极、向上的晚年生活成为主流。有些老年人退休后继续学习，在老年大学学书法、绘画、乐器，增长养鱼、种花知识，这类学习用品的需要必定有所增加。为了充实晚年生活，健康愉快地度过晚年，许多老年人积极参加娱乐、健身活动，有的喜欢琴棋书画，有的喜欢花鸟虫鱼，有的参加登山、跳舞、歌咏等活动，老年人在这些方面的消费需求量大增。

老年人退休后，有了较充裕的闲暇时间，同时自己有了一定的积蓄，有时，子女还会提供一些资助，因此，不少老年人在身体条件允许的情况下，常参加旅游活动，或出国观光、开阔视野，或国内游玩，饱览山川壮丽景色。因此，老年人对旅游、休闲、健身的需求有了显著增加，市场空间较大。

企业在开发生产老年人用品时，要考虑老年人反应慢、动作迟缓等生理特点，推出满足老年人需要的各种产品。

二、老年消费者购买行为心理特征

老年消费者受生理演变影响,在购买行为心理方面形成了不同于其他消费者的特征。

(一)惯性强,对商品厂牌、商标忠实性高

老年人的消费往往遵从习惯,很难轻易改变。他们对年少时期偏爱的商品商标往往记忆犹新,在购买时会给予特别的青睐,任何外界刺激都很难改变这种情况。这种习惯性的心理需要,使他们对商品的情感很难转移。所以,为争取更多的老年消费者,企业要注意老字号、老品牌、老商标的宣传。商店名称、商品名称和商标的经常更换,无论如何都是不明智的。

(二)追求方便实用,要求提供良好的服务

步入老年的消费者,其消费已不像青年人那样富于幻想,重视情感,而是非常成熟、理智。他们的购买动机往往以实用、方便为主,在购买过程中,也希望能有方便、良好的购物环境。所以,在陈列老年人用品时,位置、高度是否合适,都会影响老年人的选择。在购买过程中,商品的标价要清楚,服务要周到,手续要简便。应当让老年消费者感到周围环境对他们的关怀和照顾,从而提高老年消费者的满意程度。

(三)需求结构发生变化

老年消费者的需求结构发生了一定的变化,保健类商品需求上升,穿着类商品需求下降。对于老年人来说,健康、长寿是重要的心理追求,对于与之相关的商品,只要有效果,价格变化不会影响其购买。穿着类商品需求下降的原因是,有些老年人不太追求时尚流行,活动、运动少,一件衣服可以穿许多年,所以添置较少。他们的消费重心开始从购买生活日用品转向旅游、休闲、娱乐、健身消费。

(四)生活态度影响着消费心理

大多数老年人在生活追求上有以下几个目标:尽可能健康长寿,快乐、休闲、舒适地生活,自由支配时间、收入,得到他人尊重,维护已有利益。因此,他们的消费心理也与此相联系,如家庭观念较强,尽量加深与家庭的联系,在经济宽裕时,常给孙儿辈们零用钱,以维系精神寄托,而个人储蓄意愿不强,不愿意改变原有的消费模式等。

(五)爱炫耀,求新奇,自尊心强

随着时代的发展,许多老年人开始“返老还童”,有着像小孩子一样的心理,自

觉不自觉地产生很强的炫耀感。他们也喜欢在老友、老伙伴们面前晒幸福,喜欢夸耀子女们送的礼物。市场上适合老年人使用的新鲜的小商品,如样式新奇的放大镜,带有计步、相机功能的小巧收音机,大屏幕手机等,如果是子女送的,他们会津津乐道好多天。老年人比较敏感,自尊心强,不少人还不愿意承认衰老,即有不服老的心理。

三、老年人用品市场的营销心理策略

老年人用品的消费对象是老人,但购买者既可能是老人自己,也可能是晚辈,如子女、孙子女等,因此,研究老年人用品市场,要注意采用以下心理策略:

第一,要深入调查了解老年人的消费特点,开发、生产适合老年人的各类商品。虽然现在国内市场上商品丰富多样,但是在琳琅满目的货架上,专为老年人准备的商品少之又少,在商场、超市为老年人用品设置的专柜更是十分罕见。老年消费市场广阔,消费潜力大,目前我国市场上真正适合老年人的商品品种仍显单调,大有潜力可挖。例如,可专为老年人生产各种食品、保健品,并直接面向老年人销售,挖掘传统产品并赋予其时代特色,这样更能迎合老年人的消费心理。

第二,在销售老年人用品时,应提供良好的专门服务场所,以满足老年人要求方便、舒适的购物心理,并提供亲切、体贴的服务。营业员要满足老年人自尊的心理要求,耐心、热情地为他们讲解,并允许他们无条件退换,提供上门送货、安装、调试等服务。现在已经推出面向老年人的电脑、手机,很受老年消费者欢迎,填补了市场空白。

第三,广告促销活动不但要针对老年人,还可以针对老年人的子女等晚辈开展。有些商品,像老年人健身用品、营养品等,不但可以面向老年人设计广告,还可以面向青年人,激发他们孝敬老人的心理,从而产生购买行为。例如,很多情况下是子女为父母支付旅游费用,让他们可以通过旅游充实老年生活,有些营养保健品也是由子女购买后用于孝敬老人的。因此,老年人用品的广告面向青年人,也能取得较好的销售效果。

第四,关注老年人,开展亲情营销。人年纪越大,在情感上越期待受到关注。而越来越快的生活节奏,让子女无法分配更多的时间去关注父母的情感需求。2015 年发布的《中国家庭发展报告(2015)》显示,空巢老人占老年人总数的一半,其中独居老人占老年人总数的近 10%。老年人旅游、跳广场舞,是为了告别单调寂寞的老年生活。企业在销售产品时,开展亲情营销,组织老年人参加企业组织的各种活动,充实其晚年生活,常常能取得较好的效果。

总之,企业在策划老年人用品市场营销时,要考虑老年人用品的购买特点,根据老年消费者心理制定各项营销策略,满足老年消费者群体的需求。

复习思考题

1. 儿童消费者有什么心理特征?
2. 儿童用品市场营销有哪些心理策略?
3. 简述青年消费者购买行为心理特征及营销策略。
4. 简述女性消费者市场行为特征。
5. 简述女性消费者购买行为心理特征及营销策略。
6. 简述中年消费者购买行为心理特征及营销策略。
7. 简述老年消费者购买行为特点、心理特征及营销策略。
8. 简述网络购物的消费心理特点。

女性消费者心理变化

"钱包掌握在她手中",这个源于20世纪60年代以后发达国家的家庭经济模式,在21世纪不但得到进一步加强,甚至演变为一个世界性的经济模式,形成影响产品销售观念与策略的根本点。有人称21世纪为"她世纪"。如今,一些原本以男性为主导的市场,在"为她服务"的消费观念影响下正在发生变化。今天的经营者如何设计适应当代女性消费心理特点的营销策略,正在成为经营的重要问题。

一、女性在消费中的决策角色作用得到进一步加强

在过去的40年里,获益于中国经济起飞和社会开放的中国女性,在社会中的地位,大概是五千年来最高的,她们在家庭财务支配中拥有极大的发言权。有研究报告指出,在购买大件商品,如房子、汽车或奢侈品时,越来越多的已婚中国女性表示她们能作出独立购买决定。虽然有的女性会与配偶商量后作出决定,但她们的个人偏好仍然会对最终决定产生重大影响。近年来,在中国的一些发达地区,受外来思潮的影响,加之年轻人经济收入迅速增长,第三次单身浪潮正在袭来,这也使得单身女性成为一支不可忽视的消费力量。

四下望去,高档专营店、百货商城、超级市场,甚至汽车城、电器城,女性消费者的美丽身影频频出现。今天的女性消费者比上一代人对商品品牌有更多的认识和更高的要求,愿意为"形象"购物,以反映其正在提高的社会地位。同样,如果今天你还把这种城市女性对消费行为的影响局限于传统的化妆品、服装等传统女性用品,那么显然你已经完全落伍。大量的女性杂志、女性畅销书、女性网站,乃至女性电视频道,已经大张旗鼓地跨入人们的视野。谁也不能忽略的事实是,对如何购买地产、如何选择汽车和数码产品、如何进行理财等以往只有男性关注的话题,女性们都讨论得如火如荼。这也意味着,在越来越多的商业领域,以男性为"重心"的消费正转变为以女性为"中心"的消费。对经营者来说,如何讨好女性消费者已经成为促进销售的重要因素,否则就很难在中国这个全球最大和最有潜力的消费市场获得成功。

记住,"钱包掌握在她手中",这个源于20世纪60年代发达国家的家庭经济模式已经延续到21世纪的中国,并且大有要发展成为中国社会经济模式的趋势。

二、女性在消费中的自主性正在成长

一项调查资料显示,在北京的800多万驾车者里,女性占1/4以上,这一趋势在上海、杭州、广州等一线城市也有强劲表现;从几家汽车经销公司的销售状况来看,目前女性的购车量均有不同程度增长,平均占到总销售量的30%左右,而且据业内人士预测,这个数字还将有大幅度增长。目前被普遍认同的十大品牌女性车包括QQ、飞度、骐达、Spark、波罗、雨燕、赛欧、标致206、奥迪A4和威姿。2016年,有关机构有意识地调研分析了女性轿车的消费情况,结果发现,度身定做女性车在中国还真是有市场的。但女性汽车在设计中要考虑到她们的特点,如在汽车前座底下设有一个黑色的帆布箱,可以放高跟鞋;遮阳板上有可以拉开的化妆镜;副驾驶前面的储物箱里,设计纸巾盒和放饰品的地方;后座设计可以伸缩的衣架,其中间座位的靠背上设计收放式小桌板,上面可以放两个杯子和零食。

资料来源:中国营销传播网(http://www.emkt.com.cn/article/374/37438.html)。

思考题

1. 根据女性消费者心理的变化,简述女性消费者购买行为心理特征,并简要说明对应的营销策略。

2. 在以女性为“中心”的消费时代,请对如何“讨好”女性消费者发表自己的看法。

第八章

消费时尚与社会阶层购买行为心理研究

一种商品在一个地区成为多数人购买或追求的对象,该商品在这个时期就是时尚商品。一种商品的设计风格或一种生活理念受到大多数人的追捧,就形成了消费时尚。

时尚商品和消费时尚的形成有多种原因,这与经济发展水平、社会文化和生活水平有关,也和消费心理密切相关。有时,正是消费心理促成了消费时尚的流行,促成了消费习俗的变革。消费习俗又称消费习惯,它的形成是由社会的生产方式、生活方式乃至交换方式所决定的,同时,消费心理对消费习俗的形成与变革发挥了重要的影响作用。本章研究消费时尚与消费心理的关系,同时进一步研究消费阶层与消费心理的关系,并探讨如何利用消费心理引导消费时尚,适应乃至改变消费习俗,并就消费阶层与消费心理的关系展开分析,为企业产品开发与设计、市场营销提供帮助。

第一节　消费时尚的概念与分类

在人们的日常生活中,一些有特色的商品,特别是穿着类商品和日常生活用品,常常由于某种原因,在一个地区的一段时间内较为流行,成为众多消费者购买、使用或追求的对象。当使用和消费这种商品成为一种社会时尚时,这种商品就成为时尚商品,形成一种社会流行时尚。

一、消费时尚的概念

消费时尚是一种反映到市场的经济现象。一种商品的设计风格或一种生活理念受到众多消费者的追捧,就形成消费时尚,符合这种风格或理念的商品,就成为时尚商品。一般说来,各类商品都有可能成为时尚商品,但穿着类、日用小商品、新产品成为时尚商品的机会更多。

从20世纪80年代开始,随着经济体制改革的深化和人们收入水平的提高,我国经历了不同的商品流行趋势,以家用电器为例,从流行黑白电视机、半自动洗衣机、收录机到流行彩色电视机、全自动洗衣机、电冰箱、摄像机。进入21世纪,人们则热衷于购买住宅、汽车、电脑、新款手机。

从经济学意义上讲,消费时尚与消费流行没有本质上的区别,只不过前者是我国市场经济条件下商品丰富的现象,而后者是商品短缺时代的表现。

在西方发达国家,一种时尚商品的流行期十分短暂,如一种型号的汽车至多只流行一两年,一种新型号的手机只风光一年左右,而时装更是某一个季节的时尚。

在我国,时尚商品消费逐渐与世界接轨,如近几年流行的苹果系列产品,最新款式的汽车等,都是经济发达地区或者大城市的时尚流行商品。

消费时尚受消费心理影响,如某服装往往由于影视明星、体育明星或其他知名人士的广告宣传而成为时尚商品。这和崇拜名人、模仿消费的消费心理有关。名人、明星具有一定的社会地位,受到社会的关注,他们社会生活的各个方面都吸引着"追星族"的眼球,由于"爱屋及乌",他们使用或推荐的商品往往成为一些人尤其是年轻人模仿消费的商品,因而成为时尚商品。

消费时尚对社会生产会产生重大影响。企业在开发、设计新产品时要考虑消费时尚,因为时尚商品市场潜力大,销售量增长迅速,能给企业带来巨大利润。如果对消费量估计不足,生产能力不够,就会失去市场机会。在市场上推出新产品,并使它符合消费时尚,就需要进行认真的调查和反复测试,掌握消费者的心理变化。否则,商品设计落伍、呆板、缺乏变化,不能跟上时代潮流,就会面临巨大的市场风险。

消费时尚会给市场带来巨大的活力。由于时尚商品是市场的热门商品,销路好、周转快,因此产销双方都能获得较好的经济效益。

消费时尚是一种重要的市场现象,我们研究它的目的在于:因势利导,促进经济发展和生产水平提高;追踪消费心理对消费时尚的影响轨迹,为市场营销服务,为经济建设服务。

二、消费时尚的分类

从现象上看,消费时尚的变化十分复杂,时尚商品的流行时间、速度都有所不同，但是从市场的角度考察，消费时尚的产生与流行仍有一定的规律性。

（一）按时尚商品的性质分类

时尚商品按性质分类，可分为吃的商品、用的商品、穿着类商品的流行。

1. 吃的商品引起的消费时尚。这种消费时尚的流行是由于吃的商品的某种特殊性质而产生的，包含的内容比较广泛，流行的商品种类、数量比较多，而且流行的时间长、地域广。20 世纪七八十年代以来，健康无公害食品、天然食品在一些国家流行；到了 20 世纪 90 年代，世界主要发达国家和一些新兴工业化国家，流行吃绿色有机食品，即无污染、无农药残留，不使用化肥、添加剂，采用有机肥料的各类食品。

2. 用的商品引起的消费时尚。用的商品由于能给人们的生活带来巨大的便利而成为消费时尚。例如，手机大大方便了人们的通信联系，因而在短短的几年时间里，我国手机拥有量超过 10 多亿，可见流行速度之快。计算机和互联网改变了人们工作和生活的模式，使工作更快捷方便，生活更丰富多彩。到 2018 年年末，我国网民数超过 7 亿人，网络购物用户超过 4 亿人。使用电脑和上网成为时尚，不仅青年人热衷于上网，不少老年人也有上网的需求。汽车作为交通工具进入家庭，不仅节省了上下班时间，而且使周末、节假日驾车出游成为一种社会时尚。

3. 穿着类商品引起的消费时尚。这类商品之所以引起消费时尚，一方面是由于商品本身的性能，另一方面是由于商品的附带特性。例如，近年来，采用天然纤维（棉、竹、丝绸、羊毛）的服装面料成为时尚，服装设计风格流行复古、回归自然等。

进入 21 世纪以来，中国经济的发展引起了世界的关注，特别是 2010 年中国经济总量超过日本，位居世界第二，更是吸引了全世界的目光，因此，在时装界，中国元素、中国风格已成为流行时尚。

随着社会和经济的发展，文化生活更加多样化，现在年轻人的服装消费时尚是追求个性化、差异化、与众不同的风格。

（二）按消费时尚的范围分类

按消费时尚的范围分类，有世界性、全国性、地区性消费时尚，还有阶层性消费时尚。

1. 世界性消费时尚。这种消费时尚范围大、分布广，不但流行于发达国家，还流行于一些新兴工业化国家和发展中国家。它的流行一般来源于人们对世界范围内一些共同问题的关心。例如，健康食品、绿色食品的消费时尚，来源于人们对环境问题的关心和担忧；仿古商品和复古风格的流行，来源于人们对古代田园式生活的留恋,对工业社会喧嚣紧张生活的不满。近年来,由于中国经济的高速增长,进出口商品总额迅速扩大,引起了世界各国的关注,甚至成为时尚,如在时装设计界,"中国风"的设计风格成为时尚,中国红的喜庆色彩,中国结、中式盘扣的采用,中式刺绣、花边的装饰,甚至中式旗袍的剪裁风格、立领都被世界时装界广泛采用。世界性的消费时尚对许多国家的社会生产、人民消费产生了重大影响。

2. 全国性消费时尚。我国是一个幅员辽阔的发展中国家,人口多,经济发展不平衡,全国性的消费时尚有时并不能涵盖所有的消费地区和消费人口,而是只就大部分地区而言的。全国性的消费时尚有的是受到世界市场消费时尚影响而形成的,如绿色、健康、无公害食品的流行。但这种消费时尚有时会受到消费习惯的制约和经济发展水平的限制,只能成为某些经济发达地区和高收入阶层的时尚。

我国的全国性消费时尚一般起源于经济发达地区、沿海大中城市,并且,时尚商品一般符合我国人民的消费习惯与消费心理。时装的流行就具有这种鲜明的特点,北京、上海、广州开始流行某种时尚的服装,随后向其他大中城市扩散,然后是在中小城市和广大农村流行,而这时,京、沪、穗又开始流行新的时装。电脑和互联网也是如此,从东部发达地区开始引进,成长和普及以后,流向中部地区,最后流向西部地区。

3. 地区性消费时尚。从现象上看,这种消费时尚是最普遍、最常见的。从实质上看,这种消费时尚来源于世界性的和全国性的流行,又带有地区色彩。当然,也有的是纯粹的地区性消费时尚。全国性消费时尚起源于大中城市、经济发达地区,时尚商品相同或相似。有些全国性消费时尚流行速度不同,在某个地区形成社会时尚,因而给人一种地区性消费时尚的感觉。

纯粹的地区性消费时尚是因地区消费特点而产生的。在一些经济发达地区、沿海开放城市,消费时尚此起彼伏,不断变化。一些具有创新观念的消费者不断追求新产品,追求新颖刺激的消费模式,因而形成消费时尚。

4. 阶层性消费时尚。按照市场细分的原理,国内市场有高收入、中等收入、低收入阶层,有婴幼儿、儿童、青年、中年、老年人市场,有不同职业、不同文化程度的各阶层市场。有些消费时尚只在某个阶层引起较大反响,形成一种流行趋势。例如,最近几年,国内一些高收入阶层经常到香港、纽约、巴黎购物,到海外休闲度假,成为一种消费时尚。而一些老年人注重身体锻炼,在城市公园开展健身娱乐活动成为时尚,还有些老年人把参加"夕阳红"旅游作为一种时尚。

以上我们分类介绍了消费时尚的几种情况,在实际生活中,各类消费时尚不是单一线条发展的,而是交叉重叠在一起,互相渗透、互相联系、互相影响的。我们认识消费时尚,也应从多方面、多角度、多层次考察,综合分析,全面认识其形成发展规律,以便更好地开展营销,取得更好的经济效益与社会效益。

第二节　消费时尚流行规律与消费心理导向

消费时尚流行是一种客观经济现象,我们研究它,可以在市场营销活动中认识它的运动过程与运动规律,据此指导市场经营活动,引导消费者的购买行为,并在消费时尚流行中,为企业、国家、社会创造出更多的财富和更大的市场机会。

一、消费时尚流行的地域差、品种差、时间差

我们在上一节消费时尚的概念与分类中已介绍过,消费时尚按流行的范围划分,有世界性、全国性、地区性、阶层性几种形式,由此就形成了不同地区消费时尚流行的地域差。

针对消费时尚流行地域差别的存在,企业在市场营销中可以采取各种策略,延长商品的市场生命周期,增加企业盈利。一般发达国家在消费时尚流行进入尾声时,为减少损失,保持盈利,往往开始向发展中国家转移老产品的生产资金和技术设备,扩大产品的销售地区。发展中国家的企业在采取市场策略时,一方面应大胆引进技术,生产出适合本国需要的时尚商品;另一方面应利用发达国家的生产技术开发新产品,对产品进行创新设计,以便将产品打入发达国家市场。

消费时尚流行除了表现出地域差别外,还表现出时尚商品品种上的差别。例如,发达国家、发达地区流行的商品质地优良、功能比较完善,而在其他地区,则会演变出价格较为低廉的品种,如使用便宜一些的原料,减少一些使用功能等。但是,这种品种差别变化要建立在商品流行特色不变的基础上。这种品种差别来源于收入差别,有时也来源于气候环境的不同。例如,同一种时装款式,在我国南方多流行采用轻薄、柔软的面料,而在北方,特别是在东北地区,则流行采用厚实一些的面料。消费流行中品种差的存在,客观上为增加时尚商品品种、丰富商品种类提供了可能性,因此,在市场营销中,应按照消费时尚流行的特点,研究本地区消费心理,创造出适合本地区消费时尚的流行商品。

如果我们综合观察某种商品消费时尚流行的全过程,就会发现它除了表现出地域差、品种差以外,还体现出时间上的先后不同。在消费时尚流行的各个地区,出现的时间有早有晚,持续的时间有长有短,因此,消费时尚流行表现出时间上的差别。消费流行时间差的存在,是和消费时尚流行的地域差、品种差分不开的。一

种消费时尚在发达国家、发达地区流行时，在同一时间内，其他地区还没有产生多大反响；一些商品在发达国家、发达地区流行一段时间后，其他国家和地区才开始流行。因此，消费时尚在时间上是先后继起的。这种情况为企业的市场营销活动创造了许多条件和机会。例如，当发达国家时尚商品刚露头时，就积极研制开发这类商品，然后，在分析本地消费者偏好心理的基础上，迅速将符合本地特色的时尚商品投入市场。这样，在消费时尚流行浪潮到来之时，产品已站稳脚跟，跟上了流行趋势，这必将给企业带来巨大的收益。

消费时尚流行的地域差、品种差、时间差实际上是消费时尚在不同地区、不同时间的表现形式，是综合、全面认识消费流行的重要方面。

二、消费时尚与消费心理

我们研究消费时尚，应看到消费心理对消费时尚形成与发展的影响，反过来，还应看到消费时尚引起消费心理的变化。

（一）消费心理对消费时尚形成和发展的影响

对消费时尚产生影响的主要有以下几个社会阶层：

1. 高收入阶层。这一阶层收入高，消费水平也高，其生活消费支出有很大的选择自由，生活消费表现为高层次、多样化，对购买新商品态度坚决。

2. 社会地位较高阶层。例如，影视明星、歌星、体育明星等，因其职业的特殊性而受人追捧，他们在生活消费上也比较注意选择，并具有一定的倾向性。但并非高收入阶层和社会地位较高阶层中的全部人员都能够对消费时尚产生影响。

从消费心理角度考察，这部分人中那些具有良好的商品认知行为，购买商品追求时尚、美观、名牌、多功能心理的消费者，对消费时尚的形成影响大。由于他们对生活消费有较大的选择自由，因而对市场上新商品比较敏感，勇于购买使用。有些人对美观、富于欣赏性的商品非常喜爱，他们追求的是商品美观带来的心理愉悦作用。有些新商品，具有较多的功能，便利、实用，符合高收入者中一部分人的购买心理偏好而产生消费流行。为了显示自己的社会地位、名望，有些人就专门购买名牌、贵重商品、奢侈品，而不计较价格高低。这种求名心理实质上是许多收入较高的人的炫耀消费心理。当一种商品进入市场后，符合这些人的消费心理，这种商品就会形成一种消费时尚，使消费时尚流行进入第一阶段。

3. 收入中等或中等偏上的消费者。对消费时尚影响较大的还有一部分消费者，他们的收入中等或中等偏上，也具有某种社会地位，但不及以上两种人的社会影响大。还有一些是刚刚拥有较高收入的人，他们往往具有攀比心理，喜爱模仿消费，这种消费带有较大的盲目性。有些企业就抓住这种心理，加强对有一定社会地位、有社会威望人士所使用商品的宣传，博得众多消费者效仿，带动消费时尚流行的产生和发展。这些中等收入阶层人数多，产生购买行为后，对其他人的影响作用也大，他们的模仿消费心理可以带动社会其他阶层的从众消费心理，从而使消费时尚流行经历其发展的第二阶段。

（二）消费时尚流行引起消费心理变化

在一般情况下，消费者购买商品的心理活动过程存在着某种规律性。例如，在购物的信息收集阶段，消费者在心理上倾向于尽可能地多收集有关商品的信息，在比较中进行决策。在购物后，通过对商品的初步使用，产生对购买行为的买后心理评价，这些心理活动有一种正常的发展过程，循序渐进。但是，在消费时尚流行的冲击下，消费心理发生了许多微妙的变化，考察这些具体变化，也就成为研究消费心理、搞好市场营销的重要内容。

1. 认知态度的变化。按正常的消费心理，顾客对一种新商品，往往在开始时持怀疑态度。按照一般的学习模式，顾客对新商品有一个学习认识的过程。有的是通过经验，有的是通过亲友的介绍来学习，还有的是通过大众传播媒介传送的信息来学习。当然，这种消费心理意义上的学习过程，不同于正规的知识学习，它只是接受自己感兴趣的商品知识。但随着消费时尚的出现，大部分消费者的认知态度会发生变化，首先是怀疑态度取消，肯定倾向增加；其次是学习时间缩短，接受新商品时间提前。在日常生活中，许多消费者唯恐落后于消费潮流，一出现消费时尚，就密切关注它的变化。一旦购买条件成熟，马上积极购买，争取走入消费时尚潮流之中，这样，消费心理就从认知态度上发生了变化。认真分析，我们可以看到，这是消费时尚流行强化了消费者的购物心理。

2. 驱动力的变化。人们购买商品，有时是由于生活需要，有时是为维护社会交往。这两种需求催生了购买商品的心理驱动力，这些驱动力使人们在购物时产生了生理动机和心理动机。按一般消费心理，这些购买动机是比较稳定的。当然有些心理动机也具有冲动性，如情绪动机，这种情绪变化是与个人消费心理相一致的。但是，在消费时尚流行时，购买商品的驱动力会发生新的变化。例如，有时明明没有消费需要，但看到时尚流行商品，也加入了购买者的队伍，对时尚流行商品产生一种盲目的购买驱动力。这种新的购买驱动力可以划入具体的购买心理动机之中，如求新、求美、求名、从众心理动机。但有时，购买者在购买时尚流行商品时，并不能达到上述心理要求，因此，只能说是消费时尚流行使人产生了一种新的购买心理驱动力。研究这种驱动力对于认识消费时尚流行的意义具有重要的作用。

3. 原有的一些消费心理会发生反方向变化。因为在正常的生活消费中，消费者往往要对商品比值比价，在心理上作出评价和比较后，再去购买物美价廉、经济合算的商品。但是，消费时尚使这种传统的消费心理受到冲击。一些时尚流行商品明明因供求关系而抬高了价格，消费者却常常不予计较而踊跃购买。相反，原有的正常商品的消费行为有所减少。例如，为了购买时装，对其他服装产生了等一等或迟一些时候再购买的消费心理。

在正常的消费活动中，消费者购买商品，是由某种具体的购买心理动机起主导作用，如购买商品注重实用性和便利性的求实心理动机；但在消费时尚流行中，这种心理就会发生变化，对实用便利产生了新的理解。因为一些时尚流行商品从总体上而言，比原有老产品拥有更多功能，会给生活带来新的便利，特别是一些吃的商品和家庭用品。这些消费者加入消费时尚流行，是心理作用强化的直接结果。

4. 原有的偏好心理受到冲击。有些消费者由于长期使用某种商品，对其产生了信任感，购物时非此不买，形成了购买习惯，或者经常光顾印象好的商店。在消费时尚的冲击下，这种具体的消费心理发生了新变化，虽然这些人对老产品、老牌子仍有信任感，但整天不断耳濡目染的都是时尚流行商品，不断受到家人、亲友使用时尚流行商品时的炫耀心理的感染，也会逐渐失去对老产品、老牌子的偏好。这时，如果老牌子、老产品不能改变商品结构、品种、形象，不能适应消费时尚的需要，就会有相当一部分顾客转向购买时尚流行商品。

个人购物偏好心理是在较长时间的习惯消费中养成的，这种习惯心理的养成是建立在个人生活习惯、兴趣爱好之上的。在消费时尚流行中，这种偏好心理也会发生微妙的变化。有时，是消费者个人认识到原有习惯应该改变，有时是社会风尚的无形压力使之动摇、改变。

尽管这些常见的消费心理在消费流行中发生了变异，但综合来看，其变化的基础仍然是原有的心理动机，只不过在形式上强化或转移了，并未从根本上脱离消费心理动机。

第三节　消费习俗与消费心理

人们在日常生活消费中，由于自然的、社会的原因，形成了各地区各具特色的消费习俗。消费习俗也可以理解为生活习惯、社会风俗。这些消费习俗的形成有政治、经济的原因，也有消费心理的影响。消费习俗一旦形成，不但对日常生活消费产生直接影响，对消费心理也有一定的影响，因此认识消费习俗与消费心理的关系,就成为消费心理学的重要研究内容。

一、消费习俗的特点与分类

消费习俗是一个地区约定俗成的消费习惯,是社会风俗的组成部分。它具有以下一些特点:

第一,长期性。消费习俗都是在漫长的生活中逐渐形成和发展的消费习惯,一种习俗的产生和形成要经过若干年乃至更长的时间。消费习俗潜移默化地进入生活的各个方面,不知不觉地发挥影响作用。

第二,社会性。消费习俗是在共同的社会生活中,互相影响产生的,是社会生活的组成部分,带有社会性的共同色彩。也就是说,生活消费受社会影响,才能形成习俗。

第三,地区性。消费习俗是特定地区产生的,带有强烈的地方色彩,是和当地的生活传统相一致的,是当地的消费习惯。至于少数民族地区的消费习俗,更是他们在长期的生活中形成的民族传统和生活习惯。例如,西藏人由于其食物主要是青稞、酥油,对茶砖有一种特殊喜爱;内蒙古的少数民族过惯了游牧生活,一些烈性酒成了御寒的饮料;在南方的一些少数民族中,某些特殊的服装成为生活消费的必需品。消费习俗的地方性使我国不同地区形成了各不相同的地方风情。

第四,非强制性。消费习俗不是强制实行的,而是一种无形的社会习惯,千百万人的习惯也是一种无形的力量,使生活在这里的人们自觉或不自觉地遵守这些消费习俗。当然,这些消费习俗也会随着社会经济生活的变化而变化,有些不文明、不健康的生活习惯,不能靠强制和命令,只有靠耐心说服和长期教育才能改变。

为了更深入地认识消费习俗,下面作一简要分类:

第一,按不同的消费品形成的消费习俗,包括饮食方面和服装方面。饮食方面形成的消费习俗,内容比较广泛,有因袭民族传统形成的消费习俗,如一些少数民族在饮食上有一些禁忌;有遵从地区生活习惯形成的消费习俗,如所谓"南甜北咸东辣西酸",就是地区性的饮食消费习俗。

服装方面的消费习俗,主要是由于各地区气候、环境、生活交往存在差异而形成的,或者是因袭的民族传统。例如,朝鲜族、蒙古族、藏族、维吾尔族等少数民族,在服饰方面各有不同特点,表现出强烈的民族特色;南方一些少数民族的蜡染布、筒裙也是一种民族特有服饰。我国地域辽阔,气候差别很大,因而服装消费习俗的差异很大。

第二,由于社会生活习惯不同而产生的消费习俗。城乡之间、地区之间由于生产劳动方式、社会生活方式不一样,因而产生了各具特色的消费习俗。例如,在城市,人们在日常生活消费上一般是月收月支,按月计划购物,购买活动零星频繁;而在广大乡村,在不同季节人们需要购买不同的生产性和生活性商品,如春季购买良种、塑料薄膜,夏季购买化肥、农药,秋季要购买一些中小型农机具,所以其生活消费是按年计划的,人们在农作物收获以后有了较多收入,往往会集中购物。

受社会生活方式的影响,在社会交往较多的城市,消费习俗具有开放性特点,接受新商品、新事物较快,新商品能很快进入居民生活消费范围。一些农村地区尤其是边远地区由于交通、文化教育等方面的建设相对落后,信息传递速度慢,因此对新鲜事物反应、接受较慢。这些消费习俗是我们研究市场营销、考察消费心理的一个组成部分。认识了各种消费习俗,对于理解和把握消费心理很有启发。

二、消费习俗对消费心理的影响

随着社会的进步,人们的生活方式不断变化。新的消费方式进入人们的日常生活,虽然给消费习俗带来了冲击,但是,消费习俗对消费心理的影响仍可以时时感觉到。

第一,消费习俗给一些消费者心理带来了某种稳定性。消费习俗是长期形成的,对社会生活、消费习惯的影响是很大的,据此而派生出的一些消费心理也具有某种稳定性。消费者在购买商品时,受消费习俗影响,会产生习惯性购买心理,往往会去购买符合消费习俗的商品。

第二,消费习俗强化了一些消费者的心理行为。由于消费习俗带有地方性,很多人产生了对地方消费习惯的偏爱,并有一种自豪感,这种感觉强化了消费者的一些心理活动。例如,广州人钟爱本地饮食文化,一些少数民族保持对本民族服装的兴趣等。

第三,消费习俗使消费心理的变化减慢。在日常生活和社会交往中,原有的一些消费习俗有些是符合时代潮流的,有些是落伍的,但是对消费习俗在心理上的偏爱,使消费习俗的变化比较困难。反过来,适应新消费方式的消费心理变化也减慢了,变化时间延长了。有时生活方式变化了,但是由长期消费习俗引起的消费心理仍处于滞后状态,迟迟不能跟上生活的变化。消费习俗和消费时尚一样,是消费心理学新的研究课题,在这里我们仅是初步进行了分析,还有待深入探讨。

第四节　社会阶层与消费心理

消费时尚有些是由某些社会阶层传播的,同一社会阶层的成员在价值观、态度和行为上有许多共同点,而不同的社会阶层存在着较大的差异。社会中,社会阶层的存在是一个不争的事实。

每个社会阶层的成员都有一套独特的行为方式,直接影响着消费行为,而这些消费行为与消费心理有密切的关系。

一、社会阶层的特征

社会阶层是指社会等级的划分,将社会按照收入、价值观、生活方式划分为若干有共同特征的人口群体。一般而言,社会阶层是一个拥有很强认同感的非正式群体,是具有相似生活经验、生活态度的个体的集合。

社会阶层有如下的特征:

1. 社会阶层体现了一定的社会地位。一个人所处的社会阶层和他的社会地位相联系。处于较高社会阶层的人,拥有较多的社会资源,在社会中具有较高的地位。相反,处于较低社会阶层的人,只占有较少的社会资源。

2. 社会阶层的层级性和多维性。社会阶层存在着从低到高的地位连续体,每个社会成员都处于社会层级的某一位置,而决定社会阶层的因素不仅有经济因素,也有政治和社会方面的因素。

3. 社会阶层的同质性。同一社会阶层的成员在价值观、生活方式方面有共同的特点,社会交往也多发生在同一社会阶层内部。

4. 社会阶层的动态性。社会阶层不是一成不变的,随着时间的推移,一个人所处的社会阶层会发生变化,可能从较低社会阶层上升到较高社会阶层,也可能从较高社会阶层跌入较低社会阶层。

决定社会阶层的因素主要有收入、受教育程度和职业等,不同社会阶层的消费行为有较大的差异,而同一社会阶层的消费者具有许多共同的消费行为和消费心理。

按照一般统计学意义上的划分,社会阶层可以分为上上阶层、高收入阶层、中等收入阶层、中低收入阶层、低收入阶层。我们这里重点分析中等收入阶层、高收入阶层、低收入阶层的消费心理。

二、工薪阶层购买行为心理

在我国,工薪阶层是指家庭没有显赫的财富,主要依靠个人工作收入维持生活的群体。一般家庭成员中有一至两人有稳定和固定的工作,收入处于社会的中等水平,受过中等以上的教育,居住在大中小城市,家庭成员在3~4人。

在我国,工薪阶层大体属于中等收入阶层。从购物心理分析,工薪阶层在消费活动中有许多共同点:

(1)在饮食方面,消费心理观念是注重健康和安全,保持营养均衡,购买食品多在超市或者网络中进行,外出就餐或叫外卖频率也逐渐增加。

(2)购买服装和日用品等有所侧重和选择。一般购买服装、提包和鞋子,特别是女性商品时,注重品牌,显示个性,关注品质,关心同事、朋友的看法和意见。选好商品时往往并不一定马上购买,多在商品打折时购买,或在特定的时间如节日、"双11"时购买,亦可能在出国旅游时或委托朋友在国外购买,以便享受到优惠的价格。另外,在购买女性化妆品如香水、口红等商品时则非名牌不买。在给子女购物时特别讲究购买优质名牌商品。

(3)在家用电器的使用和购买方面,遵循大众化的流行趋势,"不落人后",多购买较为知名的品牌和商品,电视、洗衣机、冰箱、空调等已基本普及。对于新产品(如扫地机器人、洗碗机等)则采取保守的心理态度,不急于购买和使用。

(4)工薪阶层购买或租赁住房,选择交通便利,生活设施齐全,小区物业、卫生管理规范,周围环境好、绿化率高的地区。一般购买2到3居室,只求方便居住,舒适生活,基本不会购买别墅或大面积住宅。

(5)工薪阶层的交通出行,一般选择乘地铁或其他公共交通工具,为便利生活,家庭购买汽车,也多是购买中档甚至是低档国产汽车,很少一部分人去买中高档进口汽车。

(6)工薪阶层消费的大额支出多用于孩子的教育,除了正常的学习用具、笔记本电脑等用品外,多用于孩子的校外教育培训班支出。没有孩子的家庭用于美容健身支出比例较高,进健身房锻炼、请私人健身教练,购买美容养护用品支出也很高。2018年的"双11",淘宝天猫销售排名前三的商品,除了保健食品,就是面膜和面部精华。网络大数据也显示,"双11"最好卖的商品80%是美容护肤品。

三、高收入阶层的消费心理

高收入阶层是指那些收入高于社会平均水平,同时拥有金融资产(在中国包括房产)的群体。他们一般在大中型企业任高管,或者拥有中小企业资产,或者在金融证券行业就职,也有的在体育影视行业工作,或者是医疗教育领域的高级专业技术人员,在中国也包括在外资企业任高管、代理的专业人员。这些人一般受过高等教育,或者有在国外留学的经历,这个阶层的人占有经济、社会和文化资源,居住在一线、二线城市。

高收入阶层的消费行为与消费心理表现如下:

(1)有些暴富阶层(如富二代、影视明星、体育名人等)热衷于炫耀性消费。虽然收入和资产比不上富豪阶层,但往往与富豪阶层攀比;虽然不能购买私人飞机、豪华游艇,但对于汽车消费注重世界名牌和中高档产品,购买德国车或美国车,而不选日本车,住房也看重别墅和豪宅。

(2)家庭用品和服装消费选择国际著名品牌,在世界购物中心,如巴黎、东京、香港购买,家庭装饰有世界知名的艺术品、家具等,服装、提包、鞋和美容化妆品要购买奢侈品牌。家庭食品往往在进口超市购买,只买世界著名产地的产品,如澳洲的牛奶、意大利的面包、法国的红酒、英国的红茶、巴西的咖啡等。外出就餐只选择在米其林星级餐厅。为表现自我,只选择高质量、著名的品牌。

(3)高收入阶层每年定期到世界知名旅游胜地或度假地旅游。平时工作期间也非常注重健身、锻炼,到私人俱乐部请私人教练作指导,一些人也到游艇俱乐部或高尔夫球场休闲。

(4)高收入阶层也是新产品的踊跃购买者和使用者,护肤美容产品、新颖的家用电器(如家用机器人、洗碗机等)最先进入高收入者家庭。高收入者家庭多有家政服务人员,担任打扫卫生、熨烫衣服、烹饪做饭等各种工作。

高收入阶层在消费时,经常与富豪阶层对比,心理上不甘落后,购物时只考虑是否能显示其地位和身份,不考虑商品价格。

在社会引导和富裕阶层的影响下,有些高收入阶层也开始参加慈善活动,捐资助学,帮助贫困群体。当然这些活动才刚刚开始,还没有成为我国高收入阶层的自觉行为。

四、低收入阶层的消费心理

在国外,低收入群体一般是指受教育程度较低,在中小企业从事体力劳动,或个人经营,家庭收入低于社会平均水平的群体。在我国,低收入群体一般包括在加工业、商业服务业工作,或从事建筑施工、保安、保洁等工作的从业人员,也包括从事其他工作的进城的农民工群体。有的家庭人口较多,有的因病仅有 1 人工作。居住在城市的边缘地区。

这里应该说明,低收入阶层还不是社会底层,但如果他们失去工作又缺少重新就业的优势(如年龄、技能等),就可能会跌入社会底层。

低收入阶层的购物行为和心理表现如下:

(1)日常生活用品和食品购买追求经济实惠,不喜欢华丽的包装,多在居家附近几乎固定的店铺购买,特别关注商品打折优惠信息,往往在特定时间购买打折商品,求廉心理表现特别突出。

(2)穿着类商品消费追求实用、结实,价格便宜,往往只购买大众品牌和国内低端品牌的商品,家用电器消费也主要追随社会潮流的后期购买和使用,一般只选择国内品牌,认为国内产品方便维修,好用实惠。求实心理比较明显。

(3)为工作和生活需要,低收入阶层的群体也有购买汽车的愿望,有条件购买时,大多选择低端品牌,或者购买二手汽车。低收入阶层也有一些嗜好性消费,如喜欢饮酒,喜欢购买彩票,而文化娱乐消费比例较低。

五、社会阶层消费心理与市场营销

按照社会阶层的消费心理可以从以下几方面开展市场营销活动:

(1)按照不同社会阶层心理需求开发新产品,选择目标市场。例如,针对高收入阶层开发豪华奢侈品,针对工薪阶层开发物有所值的产品,针对低收入阶层开发经济实惠的产品。

(2)在广告宣传中,突出产品的市场定位。面向高收入阶层的高端奢侈品主打“品位牌”,表现产品显示的身份地位;面向工薪阶层的产品主打大众品牌和质量定位,突出宣传产品的社会流行趋势;而面向低收入阶层的产品则以“经济实惠”为宣传口号,产品去掉华而不实的包装,减少成本。

(3)根据不同社会阶层的购物偏好,选择商品的流通渠道。高收入阶层主要在奢侈品专卖店或高端豪华百货商店购物,高端名牌、奢侈品应该选择在这些地点出售。高收入阶层食品主要在进口商品超市购买,进口食品饮料在这些地点销售是恰当的渠道。工薪阶层一般通过网络或在居家附近的超市购物,面向工薪阶层的产品的流通渠道应该与此相符。而低收入阶层选择购物地点,一般只注重商品的价格,各种小商品市场、农贸市场就是各种廉价商品的集散地。

(4)社会阶层具有流动性,各阶层的消费心理也有变化,也可能有从低社会阶层向高社会阶层的模仿消费。事实上,有些地区由于经济发展水平总体较高,社会阶层的意识并不明显,因此在市场营销中也需要注意这些差别。

复习思考题

1. 什么是消费时尚?有哪些类型的消费时尚?
2. 为什么会产生消费时尚流行的地域差、品种差、时间差?
3. 消费心理对消费时尚流行有什么影响?
4. 消费时尚流行如何引起消费心理变化?
5. 什么是消费习俗?
6. 消费习俗对消费心理有什么影响?
7. 工薪阶层消费心理的主要表现有哪些?
8. 高收入阶层最突出的消费心理是什么?
9. 低收入阶层的消费最看重什么?

案例

个性定制产品的消费心理解读

时下,一些消费者越来越倾向于个性化消费,为满足这部分消费者的需求,定制消费应运而生。

一、随心所欲的心理实现

时尚的一个主要特征是,消费者可以按照自己喜欢的方式来展现自我,而对于标准化和规模化的产品,一些消费者总会觉得有缺憾。因此,这些消费者更希望企业可以按照自己喜欢的方式来设计和开发产品,这已成为当前的一种新的消费需求。特别是高收入阶层更喜欢定制产品。

消费者越来越希望拥有一些能够体现自己想法的个性化产品,电脑、家居用品的DIY模式就是这种消费趋势的代表。而对能够彰显消费者气质和审美情趣的标志产品,如珠宝首饰和其他奢侈品,采取定制方式实现消费自然也就成为满足消费者需求变化的方式之一。因此,商家按照消费者的要求来定制产品,是对其个性梦想的一种实现,同时也是更好地将消费者个性元素融入时尚潮流的表现。

二、求异是时尚核心要素

时尚是社会阶层之间进行区隔的标志,求异是时尚的一个核心要素。

从时尚的发展进程来看,最早的贵族消费就是以定制为主的。定制几十万元的晚礼服、上百万元的顶级珠宝首饰等,这些只为上流阶层提供定制产品的服务,曾经一度使富贵豪门生活充满神秘感与奢侈感,而时尚、个性、昂贵的专业制作更把这项服务推至顶峰。

三、稀有、独特的情感价值表达

为防止奢侈品贬值,很多生产商采用为顾客量身定做产品、销售限量版产品或推出非销售版产品等策略来保持领先地位。对于消费者来说,稀有的数量、独特的设计和特别的纪念意义极具吸引力,这甚至超越了产品本身的价值。因此,定制版、限量版的产品常常会让一些消费者无法拒绝,这与人们希望收藏一个产品,并在未来传世的心理有关。同时,也体现了消费者希望抬高身份及通过消费产品来体现自身特权的心理,或者说,这与人们的占有欲紧密相连。在这些追随定制版或者限量版的消费者身上,独一无二的个性,对生活品质的追求,以及满心狂热的态度被表现得淋漓尽致。

四、简单而时尚的生活方式

随着人们生活和消费水平的提高,定制服务已经不再是富豪和贵族的专属,个性化的新一代和追求生活品质的消费者已经成为定制服务的主要消费群体。因此,对于更多消费者来说,定制成为一种简单而时尚的生活方式。特别对于珠宝首饰这样极具个性化的商品来说,似乎没有比定制服务更好的选择了,因为消费者购买产品的时候,不仅需要美观,而且希望能与服装和自己的个性相配。因此,定制本身也是特定消费族群的生活方式的表达。

时尚奢侈品卖的是产品所富含的能够带给消费者情感满足的特殊属性,定制服务让这种情感属性发挥到极致。因此,定制是一种消费者个性化价值、参与价值、稀有价值、独占价值的心理体现。

资料来源:http://www.ccn.com.cn/news/shishang/2011/0715/366279.html。

思考题

1. 消费者热衷于个性化定制产品,这种时尚的消费方式包含的消费心理是怎样的?

2. 当前的消费时尚还有哪些?请举例说明。

第九章

文化与消费心理

文化与消费心理有十分密切的关系，任何人都生活在一定的社会文化环境中，人们的生活方式、行为准则、价值观念都与特定的社会文化环境有关，而生活方式、行为准则、价值观念又决定着消费需求和消费行为。因此，研究文化与消费心理的关系，对于企业的市场营销活动十分必要。

第一节　文化概述

文化广泛、深刻地影响着人们的消费行为，在不同国家和地区生活的人们，由于文化的影响，选择不同的生活方式和消费习惯，形成不同的“饮食文化”“服饰文化”“建筑文化”。那么到底文化是什么，怎么理解文化呢？

一、什么是文化

据不完全统计，关于文化的定义有几百种之多，从中国古代的甲骨文到《周易》，从《大英百科全书》到近代学者，都从不同的角度说明过什么是文化，虽然经历了悠久的历史，但要确切地说明什么是文化，仍然有一定的复杂性和困难。

英国人类学、文化学奠基人泰勒在 1871 年出版的《原始文化》中认为：文化“是由知识、信念、艺术、伦理、法律、习俗以及作为社会成员的人所需要的其他能力和习惯所构成的综合体。”

1952 年美国文化学者克鲁伯和克拉克梳理了从 1871 年到 1951 年 的文化定义，认为：文化由外显的和内隐的行为模式构成；文化代表了人类群体的显著成就；文化的核心部分是传统的（即历史的获得和选择的）观念，尤其是它们所带来的价值；文化体系一方面可以看作活动的产物，另一方面则是进一步活动的决定因素。

1982年世界文化大会在《总报告》和《宣言》中这样定义文化："文化是体现出一个社会或一个社会群体特点的那些精神的、物质的、理智的和感情的完整复合体。文化不仅包括艺术和文学，而且包括生活方式、基本人权、价值体系、传统和信仰。"

综合上述认识，我们认为：文化是一个内涵丰富、外延广阔的概念，分为广义文化和狭义文化。广义文化是指人类在社会实践过程中创造的物质财富和精神财富的总和。狭义文化指在历史上一定的物质资料生产方式的基础上产生和发展的社会精神生活形式的总和及人类精神创造活动和结果。

二、文化的特征和构成

文化作为一个国家、民族的标志，是一个复杂的意识综合体，很难用一个简单的实物来准确表现，但可以通过对其特征的描述，使人们较为清晰地理解其意义。

（一）文化的群体性

文化与人的群体活动有关，文化在群体中体现，为群体而创造和享用，通过群体传播与继承。文化就其本质而言，不是单个人创造的，它是处于复杂的社会关系中的人们共同创造的社会财富，它是社会群体共同享有的一种生活方式，包括民族、家庭、社会的生活方式。

（二）文化的习得性

文化不是通过遗传就天生具有的，而是通过后天学习得来的。这种学习既可以保持群体文化的延续，也可以借鉴外来文化的优秀基因，将其吸收成为本民族文化的组成部分。例如，个人在一个国家、民族、地区生活，通过学习，从小就了解饮食、习惯、态度，形成生活观念，牢固树立文化传统，不会轻易改变。

（三）文化的规范性

文化在一个国家、民族、地区中存在着普遍的现象反映，带有许多共同性的事物。人们在同一个国家、地区生活，遵循一些共同的价值观念、传统、行为规范。虽然不是强制性的，但是为社会多数人遵守的行为准则，规范着人们的行为。

（四）文化的民族性

世界上有2 000多个民族，每个民族在其繁衍和发展的过程中，都会形成本民族的语言（文字）、风俗习惯、民族性格、传统和生活方式，不同民族的文化内涵差别很大。例如，中华民族勤劳勇敢、务实含蓄、坚忍不拔、勤奋进取；英格兰民族大方庄重、实用简练、仪式庄重；法兰西民族潇洒飘逸、风格抽象、自由浪漫。

(五) 文化的传承性

文化在历史的演进中,既有民族文化的历史积淀、继承和发展,也有对其他民族文化的吸收、借鉴和融合。中国文化与西欧文化有着显著不同的特色,因为中国文化继承了先秦以来的文化传统,而西欧文化继承了古希腊、古罗马以来的文化传统。但是长期以来中国文化也从古希腊、古罗马文化中吸收借鉴了许多先进的文化成分。

(六) 文化的多样性

生活在地球的人类,存在着一些具有普遍性和共同性的文化现象,这是由人类的本质决定的。但是由于地理位置、气候环境、自然资源禀赋的差异,自然就形成了不同的文化现象和传统,这里既有物质形态的差别,也有精神形态的区分,因此文化形成了多种多样的形式反映。

(七) 文化的发展性

文化与社会共同发展,在一定的社会历史环境中,社会进步了,人们的价值观念、生活方式、生活习惯也会发生变化,形成新的文化内容,这是文化适应历史进步的必然表现。例如,由于科技的进步,过去文化中向自然无限索取的意识就发生了改变;由于交通的发展,过去时代固守家乡的就业观念就会被突破;由于生活水平的提高,人们的精神生活也越来越丰富;由于气候的变化,人们的环保意识越来越强烈。

三、中国文化的特征

中国是一个有着悠久历史的文明古国,经过几千年的演变,形成了源远流长、博大精深的中华文化。中国文化是中华民族智慧的结晶和精神风貌的体现,是世界上自成体系、独具特色的文化。

(一) 统一性

中国文化在几千年的发展历史过程中,逐渐形成了以华夏文化为中心,同时汇集了国内各民族文化的统一体。它具有强大的凝聚力和同化作用,在中华民族经历了各种危急存亡、政治纷乱、国家分裂、自然灾害频繁发生的困难局面下,仍然保持了完整性和统一性。

(二) 多样性

中国幅员辽阔、地域广大、气候不同、民族多样,所以中国区域文化和民族文化丰富多彩,形成了大格局下的个别差异,具有多元化、多样性的特点。在饮食、服饰乃至方言中形成了多种多样的风格。

(三)连续性

中国在四大文明古国中历史不是最长的,但是与古埃及、巴比伦、古印度相比,历史从未中断,是几千年连续发展的。现在的中国人仍能津津有味地阅读千百年前古人写的诗歌,体验千百年前作者的心情,欣赏千百年前的绘画、建筑、工艺品,体验制作者的匠心。中国文化在广袤的空间和悠久的时间中生生不息,延绵不绝,虽饱经磨难,但始终不断。

(四)包容性

中国文化植根于中华民族的土壤中,保持着内在的精神特质和风范,同时又不断地与世界其他民族相互交流,相互融合,相互学习,保持着中国文化的旺盛活力。中国在与印度文化交流中,引进了佛教文化;与西域各国交流中,引进了当地的水果和蔬菜品种;在近代与西方各国交流中,引进了先进的哲学和自然科学成果。正是在与外来文化的交流碰撞中,吸收外来文化的精华,构成海纳百川的中华文化。

中华民族生生不息,绵延发展,饱受挫折又不断浴火重生,都离不开中华文化的有力支撑。中华文化独一无二的理念、智慧、气度、神韵,增添了中国人民和中华民族内心深处的自信和自豪。①

第二节　文化与消费者心理

文化影响着人们的生活,不同的文化使人们产生不同的生活习惯,文化培养了人们的社会价值观。

一、文化环境的差别

人们生活在不同的国家和地区,由于民族不同、文化背景不同、宗教信仰的差别,产生了不同的社会价值观。

(一)东方文化的价值观

东方文化由于产生的时代特点和历史原因,重视团队合作,重视集体精神,因此在文化中更注重团体。在工作中,更加强调合作协同,履行工作职责。因此在工作单位,互相交往较多,在餐饮中共同消费,在服饰方面互相比较、互相评价。

① 摘自2016年11月30日习近平总书记在中国文联第十次全代会、中国作家协会第九次全代会的讲话。

在东方文化中,家庭是社会的基本单位,家长对子女有抚养教育的义务,子女未成年时,与父母共同生活、共同消费,子女成年后,有的独立组成家庭,但对父母长辈仍然有照顾甚至是赡养的责任。

东方的国家历史悠久,古籍保存众多,人们在思想上重视历史经验,以史为鉴,一事之前,回顾历史,寻找依据。

(二)西方文化的价值观

西方文化更强调个人的作用,主张个人奋斗,取得成就,获得个人价值。因此在工作中,每个人的工作职责清晰划分,在工作单位,工作是工作,绝不容许干涉私人事物,工作之外的私人交往也很少。

西方文化中,家庭虽然是生活的基本单位,但父母对子女的消费干涉较少,家庭的作用较小,父母与子女共同生活到子女成年(一般到 18 岁),就不再负担子女的生活开支,子女独立之后,对父母长辈基本上也没有赡养和照顾的责任。

西方文化中,历史包袱较小,一事之前,思想上更重视对当前和未来的影响。

二、文化环境对消费者生活的影响

在不同的国家、地区,由于文化环境的影响,形成了不同的社会生活习惯。

(一)东西方不同的饮食习惯

东方的主要国家历史上以农耕为主,古语云"民以食为天",吃得饱了就是"太平盛世"。饮食包括食和饮,食有五谷、蔬菜、肉食之类,饮是指酒和茶等饮料。

中国具有 5 000 年的历史,饮食文化造就了中餐的世界性影响。中餐的菜肴以色艳、香浓、味鲜、型美而著称于世。中餐的菜肴名称也别具特色,富有中国传统文化特色,给人以美好的想象和回味。中国地域辽阔、气候多样、民族众多,形成了各地极具特色的菜系与菜肴。

茶是世界上三大无酒精饮料之一,是中华民族的举国之饮,饮茶形成了茶文化,人们在饮茶过程中,产生了茶道和茶艺。

中国饮食文化源远流长、历史悠久、内涵丰富,以其工艺精湛、工序完整、流程严谨、烹调方法复杂多变著称于世。

西方的饮食文化由于历史的原因,更重视餐具的精美和就餐的仪式感觉。餐饮的原料较为简单,烹调方法多以煮、烤为主,保存原料的原始形态和营养成分。

(二)东西方的服饰差别

服饰在人们的生活中占有重要地位,既是人类文明的标志,也是人类物质进步的体现。

东方文化中，服饰是身份的象征，作为标识等级、礼仪规范的外在形式，甚至服饰的颜色、服装上的图案也有特殊的意义。随着时代的进步，服饰功能也扩充到劳动、运动、休闲活动中。从御寒保暖到卫生美观等要求的改变也反映了一个人的社会地位、文化品位、审美意识以及生活情趣等方面的变化。服饰与自然环境气候有重要的联系，与不同民族的文化传统有密切的联系。

进入现代社会，中国服饰也消除了服饰上的等级区分，引进了西方的西装革履，中西合璧的服饰也出现了。但是中国服饰仍然体现了东方基本的哲学观和美学观，表现了服饰的丰富性和兼容性。

西方的服饰体现了分类的特点，不同的场合穿着不同的服装，佩戴不同的饰物。工作场合穿工作装、职业装，健身运动穿运动装，休息娱乐时穿休闲装，礼仪场合穿着正装和晚礼服。

（三）东西方的节日传统

节日是一种民俗，是指在一定的社会自然条件下，人们因一种崇拜、纪念，或一种期盼的心理而设定的在某一时日或时段举行风俗活动。

中国历史悠久，民族众多，具有形式多样、内涵丰富的传统节日，每个节日都有相应的礼仪、禁忌、传说、饮食风俗和娱乐活动。

中国和儒家文化圈的主要节日有春节、元宵节、清明节、端午节、中秋节、重阳节等。春节是中华民族最重要、最盛大、最隆重的传统佳节。春节的习俗有守岁、吃团圆饭等。各地也有祭祀神佛、祭奠祖先、除旧布新、迎禧接福、祈求丰年等内容。清明节主要有祭扫先人坟墓、踏青郊游等活动。端午节主要有赛龙舟、吃粽子、饮雄黄酒、戴香包等活动。中秋节祭拜月神、吃月饼等。重阳节又称登高节，主要习俗有登高、吃重阳糕、赏菊饮酒、佩戴茱萸等。

阿拉伯地区的节日习俗主要有斋月和开斋节。在斋月里，每个成年男女信徒必须斋戒，即在太阳升起到落下的时间内，禁止一切饮食，到 29 个傍晚，见到新月次日为开斋节。

西方最重要的节日是圣诞节、复活节等，圣诞节是每年的 12 月 25 日，纪念耶稣诞生，24 日夜称为平安夜。西方家庭在这期间，摆放圣诞树，给儿童的礼物在平安夜放在袜子里。复活节是每年春分月圆后第一个星期日，大概在三月和四月间，是纪念耶稣受难后的复活。

美国、加拿大等国有感恩节，美国的感恩节是每年 11 月的第四个星期四，这一天感恩先民定居北美大陆，以及当地土著印第安人的帮助，在这一天，他们吃烤火鸡、南瓜饼等。西方的节日个性化比较强,注重个人感受,与东方集体主义的节日不同。

三、文化与消费心理

(一)节俭与奢华

由于文化不同,生活环境不同,东方和西方产生了不同的消费心理。

中国及东方人的消费更重视节俭,生活中宁愿省吃俭用、精打细算,也不愿意负债消费。在支出中处处注意节约,储蓄率较高。随着经济和社会的发展,现在年轻人的消费心理有所改变,但受传统文化的影响,中国消费者对“负债消费”还难以全面接受,像购买汽车、电脑、化妆品、奢侈品包、珠宝等还是全额付款。

西方文化奉行物质主义,享受生活,放纵欲望,尽情消费。在英美一些西方国家,借贷消费是一种较为普遍的行为,像汽车、住房这方面的消费普遍采用信贷消费,心理上从不把负债作为很大的压力。即使是服饰、化妆品乃至假期旅游也采取分期付款的形式。

(二)保守与冒险

中国及东方一些国家的人有规避风险的心理,对新事物、新现象心里感到不适应和不安。表现在消费行为上,对于新产品不盲目接受,对于传统产品有很强的依赖心理,他们往往成为一些老产品的忠诚消费者。

在西方文化中,富于冒险精神,面对困难和问题时,勇于接受挑战,对于新产品、新事物,愿意探索、大胆尝试的人更受到社会的尊敬。消费心理上“喜新厌旧”,这种心理在一定程度上也刺激了新产品的开发。

(三)工作与休闲

在中国及东方文化中,鼓励工作兢兢业业,甚至加班加点完成工作任务,当收入满足基本生活需要时,仍然继续勤奋工作。中国和东方一些国家的人在心理上认为工作是第一位的,认为整天拼命工作是天经地义。

当然,现在一些年轻人的心理也开始改变,对于“996”(从早九点到晚九点,一周工作六天)的状态也多有不满,要求减少加班时间,保证充分的休假时间。

在西方文化中,工作与休闲是截然分开的,工作是工作,休闲是休闲。他们从心理上认为工作是为了更好地休息和娱乐,因此工作时间努力工作,休假时间充分休息,利用假期度假、旅游、健身锻炼,平常也很少甚至从不加班,下班后享受精神生活，听音乐会、看戏剧表演等。

四、文化营销

文化对人们的影响根深蒂固，按照文化进行营销是一种新的观念，是企业为满足文化差异而产生的战略营销。

（一）按照消费心理开展文化营销

文化影响着人们的生活习惯和消费心理，文化使不同国家和地区的人们产生不同的节日和节庆活动，这些特定时间和特殊的活动是开展市场营销的最好时机。例如，在中国的春节，几亿人要从工作地回到家乡与亲人团聚，形成了中国独一无二的"春运"现象，车站、机场成为人们的必经之地，在这里，企业为人们提供一些必要的服务，为游客留下深刻的记忆，如果赠送给过往的人们一些小纪念品，也将成为营销的绝佳机会。同样，人们返回家乡必然要带一些当地的纪念品，如果将本地的特色商品打包并包装成容易携带的形式，必将有极大的市场。

同样，圣诞节是西方一些国家和民族最隆重的节日，人们也在这期间购买各种商品。商家利用这一时机，在刚刚进入 12 月时，就纷纷布置销售场所，装饰圣诞树，布置彩灯，商品打折降价，开展各种各样的促销活动，获得很好的市场机会。

不同国家的人民有不同的文化习惯和社会习俗。例如，在中国及一些东方国家，多数人的性格是内敛、含蓄、谦虚的，社会以此为道德标准，因此在消费心理上不追求过分张扬的服装，随身携带的饰物也不过分夸张。而西方国家的人，性格特点是个性突出，引人注目，所以消费心理是展示个性，处处表现与众不同。按照文化形成的消费心理开展市场营销活动，必定可以取得良好的效果。

（二）产品开发与文化的有机结合

新产品开发是满足不断变化的消费需求，改善消费结构，提高生活质量的物质基础。企业要想在市场竞争中获得成功，在竞争中取得优势地位，就必须善于开发新产品，加之科技的进步为新产品开发提供了可能的条件，新产品的开发已经成为企业生存与发展的决定性因素。但是新产品的开发存在着很大的风险，甚至面临着失败的可能。而根据市场需求将新产品开发与文化结合往往可以取得巨大的成功。

在快速消费品、服装服饰、鞋类和提（背）包商品中，将商品的设计与文化结合是新产品的一个发展方向。文化与新产品结合又称为文化创意产品，在新产品的开发中利用文化传统,经常能取得意想不到的效果。北京故宫博物院利用深厚的历史文化积淀,设计出大批文化创意产品,吸引了大量的游客购买,不但中老年游客,青年游客也是故宫文化创意产品的踊跃购买者。像故宫设计的朝珠式耳机,写有乾隆书法的折扇,有着夸张历史图画的背包,在故宫纪念品销售处经常供不应求。以前,中国旅游景点的纪念品类型单一,千篇一律,销售情况不佳,而自从设计出文化创意产品后,一举改变了旅游纪念品的销售冷清场面。

将新产品开发设计与文化结合有着广阔的不可估量的市场前景。

(三)产品的宣传广告与文化的衔接

广告是产品进入市场的先锋,是历史久远又充满着现代形式的促销工具,在市场营销中占有重要的地位。宣传广告是传播信息的重要手段,但是在海量的、纷繁复杂的市场信息中要想引起消费者的注意,却很不容易,将产品的宣传广告与文化结合既可以使商品信息有效地传递到消费者当中,又可以使消费者的心理发生变化,接受广告信息。例如,市场上的食品广告,如果仅具有简单的宣传产品的功能,则不能引起大家的注意。如果将食品与历史结合,传递这种食品在历史上的传承,是一种食文化的演变,将给消费者一种心理上的暗示,宣传效果必将不同。

西方的一些奢侈品,就很注意将宣传广告与文化结合,传递出商品悠久的历史和丰富的文化内涵,使得一些奢侈品在市场上经久不衰,使消费者心理上接受奢侈品。

(四)产品的销售促进与文化的联系

销售促进是利用各种短期刺激因素诱使消费者购买商品的促销工具,而消费者在购买过程中,经常有一种疑惑,害怕商品不实用,害怕改变消费习惯。将销售促进与文化因素有机地结合就可以打消消费者的顾虑,取得良好的销售效果。例如,在各国各地各民族的传统节日进行促销,或者结合消费习惯进行促销,将在一定程度上化解消费者的顾虑。特别注意将适销的商品在适当的时间和地点进行促销,也将化解消费者的疑虑心理。

第三节 民族亚文化与消费心理

消费者心理不仅受国家社会文化影响,还受到不同地区、不同民族文化的影响,这些民族和地区的文化被称为亚文化。亚文化是社会文化的一个分支,它包括年龄、宗教、社会阶层、家庭等亚文化。它是由各种社会因素和自然地理环境造成的,在统一的社会文化之中,又有其自身的特殊性。亚文化对于消费者心理也有重要的影响。

一、民族亚文化特点

一个国家、民族的发展和繁衍与特定的地理环境有密切的关系,一个国家、民族所处的地理位置、地形地貌、气候等对文化产生直接和重要的影响。中国幅员辽阔,气候多样,地理环境差异很大。中国56个民族,每个民族都有自己悠久的历史和独特的传统风俗,形成了许多地区民族亚文化。

(一)山岳地区民族亚文化

中国地形西高东低,以青藏高原为代表,包括昆仑山、祁连山、横断山脉,平均海拔4 000米以上,以高原为主。从青藏高原往北向东,以高原盆地为主,有内蒙古高原、黄土高原、云贵高原,海拔1 000米到2 000米。高山与峻岭、飞云、奇松、怪石连在一起,自然界的地壳运动形成了多姿多彩的景观。这里生活环境历经演变,气候多变,物产丰富。

生活在高原的居民性格热情、豪放,各种形式的集会众多,信仰佛教或本民族的宗教,有适合当地气候的服装、就地取材的建筑和饮食,有历代传承的禁忌。由于生活环境相对封闭,居民的消费心理保守,对于新产品接受较慢。但是,这里的饮食习惯保留得较好,加上少数民族人人能歌善舞,独具特色的集会,形成了这里优秀的文化传统。

(二)民族歌舞

我国少数民族能歌善舞,号称"会说话就会唱歌,会走路就会跳舞"。从南到北,壮族的情歌,彝族的歌舞,侗族的大歌,瑶族的舞曲,一直被人们称颂。藏族的原始舞蹈,蒙古族的长调和舞蹈,朝鲜族的长鼓舞,更是受到普遍的欢迎。少数民族歌舞表现的是居住的山川大地,描述的是日常生活,歌颂的是纯真爱情、自由和平。民族歌舞成为少数民族生活的一部分,新疆的少数民族更是能歌善舞,举行婚礼,不是大吃大喝,而是唱歌跳舞。通过这些活动可以感觉到这些少数民族性格热情,待人淳朴。

(三)民族服装服饰

由于居住环境不同,我国少数民族服饰都有各自的特点。壮族的绣花、滚边衣服,维吾尔族的长袍和四棱花帽,蒙古族的长袍腰带,藏族上身长袖短褂、外套长袍,朝鲜族的齐腰素服,傣族的花长筒裙,彝族的披毡都是各民族代表性的服饰。

苗族颜色鲜艳、斑斓图案的服装受到女孩子的喜爱。由于自然环境的差异,北方和南方气候的不同,山区、草原的差别,少数民族服饰表现出不同的风格和特点。由于对民族风俗习惯和审美情趣的爱好,各民族仍然固守着本民族的服饰风格和服饰特点。因此,在消费选择中,少数民族心理上仍然易于接受符合传统的服装和服饰。当然随着社会的发展和进步,生活在城市的一些少数民族也受到影响,服装服饰也在发生一些改变。

(四)民族饮食与建筑

我国各民族几乎都有自己的饮食习惯,蒙古族的烤全羊和奶茶奶酪,藏族的青稞糌粑,维吾尔族的羊肉串和烤馕,贵州、云南的少数民族的酸汤鱼、过桥米钱,都成为饮食的风俗习惯,随着广泛的社会交流,现在一些少数民族的特殊饮食也成为受欢迎的食物。

少数民族的建筑善于利用自然地貌和原生的建筑材料,建造成独具特色的住房。苗族的吊脚楼,壮族的两层干栏式住房,侗族的鼓楼,蒙古族的蒙古包,都是具有技艺和独特风格的建筑。

通过建筑表达秩序等级观念,成为少数民族的思想意识。

饮食、建筑上的风俗习惯表现在心理上是饮食上"尊老爱幼",居住上尊重自然,适应环境。

二、民族文化与消费心理

(一)饮食上的天然选择

民族饮食的原料选择、食物制作、饮食习惯与民族文化有天然的联系,具有明显的历史特征和民族风格。民族文化影响饮食方面的消费心理,一般而言,少数民族善于利用天然的原料,进行灵活的肴馔制作。例如,新疆地区的少数民族,利用羊肉加上羊油、胡萝卜、葡萄干、洋葱制成"手抓饭",至今新疆地区吃的牛羊肉多是鲜肉,不存冰箱或冷库。而在内蒙古地区,蒙古族的早饭以牛羊肉为主,嗜饮奶茶,就是牛奶中加茶、加盐,在这里,别的饮料是没有市场的。西藏的藏族喝茶只认茶砖,这是因为长年的习惯,也是帮助消化油腻的肉食而形成的消费习惯。

(二)服饰上的顺应自然

少数民族的服饰与消费心理的联系来源于文化传统和生活习惯,生活在南方温暖地区的少数民族如苗族、彝族、壮族等的服饰,分为男服和女服,女服又分为未婚的女人和已婚的女人,衣服花色鲜艳、色彩缤纷,显示出这些民族对于美的追求。而生活在青藏高原的藏族的服饰追求方便,这与当地的气候有关,一天中温差较大,随时穿脱方便。流行时装在这里是不受欢迎的。经过历史的发展,少数民族服装变化较小,不只是简单的消费心理保守,也是为顺应当地的环境气候。

(三)建筑上的适应环境

少数民族的建筑形式,多是根据地形、气候、环境等多方面的因素形成的传统,像苗族的吊脚楼,壮族的干栏式,黎族的船型屋,都是如此。有些少数民族的建筑还具有其他功能,像维吾尔族的平顶屋是为了晾晒水果和葡萄干,蒙古族的蒙古包方便拆卸搬家。为了适应当地的气候环境,少数民族的建筑大多是就地取材,利用木料、石头等,很少使用现代建筑材料,如水泥、钢材等。

(四)生活上的乐观向上

一般而言,少数民族人们的性格多开朗外向,在与人交往上豪爽大方,生活上乐观向上,在消费心理上偏向传统,不愿意轻易改变。当然随着经济的发展和社会的进步,新产品也进入少数民族地区,像电视、手机、摩托车已成为一些地区少数民族的家庭用品。这些产品要想打开市场,必须遵循少数民族的传统和习惯,避免触碰其信仰禁忌。

复习思考题

1. 文化有什么特征?
2. 中国文化有什么显著特点?
3. 东西方文化有什么差别?
4. 东西方在饮食文化上有什么差别?
5. 东西方在服饰文化上有哪些不同追求?
6. 产品开发如何与文化有机结合?
7. 民族文化有什么特点?
8. 民族文化如何影响消费心理?

雍福会——文化带来的盛宴

上海永福路上，一家在小洋楼里开办的餐厅吸引了很多人的目光，这里创造了一个过去，“当东方遇见西方”，里边有大户人家的牌匾，中式的对联安在西式人家的欧式壁炉上，明代千金小姐的床与大红底色的英式茶炉相安无事，这还不是文化的全部含义，重要的是餐饮菜单上餐食带来的文化。

其中一款是穿越历史，饱含历史文化的“宋宴”。

腌渍过的梅子、金橘，樱桃焦糖酪，以蜜饯和奶酪为华宴暖席是宋代的惯例。

四碟冷菜：青梅卤春兰秋菊，就是用紫苏子微渍青梅卤，杂和橙子、石榴、鸭梨等果粒，配色漂亮、味道清甜。奶房蟹签，用生鱼片将蟹柳和生菜包裹成卷，在封口处贴一片生火腿，再用花式竹签固定。花炊乳鸽，乳鸽煮熟后放在用玫瑰花瓣和话梅等调味料腌制的卤水中浸渍适当时候，斩好上桌。蛤蜊脍，用切得很细的生肉或生鱼，挂上酱料，鲜嫩又没有腥味。

前菜是蟹生。宋人喜欢吃蟹，尤其是喜欢吃生腌的螃蟹。用绍兴黄酒的酒糟，再用丁香、花椒、桂花、山楂、紫苏、话梅等调汁，两者混合，用于糟醉阳澄湖大闸蟹，出来后，蟹黄如赤金销熔，蟹白如乌晶冻结，蟹柳如和田白玉，咸中带甜，馥郁芳香。

四道热菜是炒虾蟹酿橙、蟹粉烩花胶、清蒸大闸蟹、生拆蟹肉两面黄。

然后是一杯紫苏饮。这是宋代的经典饮品，有一股古雅的淡香与沉郁的味道。

尾菜是广寒糕和桂花茶。

这里开发出的菜品不止这些，还有多道宴单。

因为浓郁的文化氛围，这里成为世界著名的“米其林餐厅推荐”餐厅，当年法国总统希拉克访问中国，总统夫人专程来此品尝这里的美食。

资料来源：整理自“雍福会”网站及沈嘉禄《穿越的“大宋宴”》（《北京晚报》2018年12月6日第45版）一文。

思考题

1. 雍福会是如何将文化与餐饮结合起来的？
2. “宋宴”反映了什么样的文化传统？

第十章

社会群体、家庭与消费心理

消费者在消费活动中,不是孤立地进行购买决策,时时受到社会群体和家庭的影响,因为人是一种社会性的群体,人离不开社会,离不开群体。

第一节　社会群体与家庭

人在社会中工作和生活,社会群体是基本的活动方式,再小一些的社会组织就是家庭。家庭也是基本的消费单位,住房、汽车、家用电器、厨房用具大多是以家庭为单位进行消费的。

一、社会群体的含义和特征

社会群体是通过一定的社会关系和社会互动结合起来进行共同活动的人群的集合体。由于活动方式不同,社会群体规模有大有小,如学校的同学,有几十人;有居住在一起的邻居,可能交往频繁的就几个人;还有可能是同一单位的同事;一起进行健身锻炼的一些人。

社会群体成员之间一般有比较经常的交往和互动,交流各种信息,共同进行一些活动,如共同购物,共同乘坐交通工具上班、上学等。现在青年人还有一些新的社会群体,如一起在健身房锻炼,一起外出摄影,一起跑马拉松,一起打篮球、羽毛球、乒乓球等。如果没有交往和互动,就不能成为社会群体。

社会群体有如下几个特征。

(一)经常的互动

社会群体是通过一定的社会关系为纽带形成的,社会群体成员有比较经常的互动关系,有共同的活动,在活动中有了了解和认识,形成比较熟悉的群体关系,进一步随着时间的推移,发展成为较为固定的社会群体。

(二)比较稳定的成员和一两个比较热心的联络人

一个社会群体举办活动,一些人产生了兴趣,经常参加活动,成为较为固定的成员。这时,群体中有了一定的成员身份,产生了共同的成员意识。当然这种身份和意识有些是明确的,有些是模糊的。在群体成员中,必然有一两位热心的组织联络人,经常邀请大家一起活动。

(三)具有明确的行为规范和一位"意见领袖"

社会群体是一种非正式团体,但是在活动中,也有一些不成文的行为规范。有了这些人们自觉遵守的行为规范,群体活动才能长久,才能在活动中互相理解、互相包容,协调成员之间的关系。由于是非正式群体,又经常活动,必然产生一位"意见领袖",处理出现的一些复杂问题和矛盾。

(四)具有较为一致的群体意识

既然成为群体成员,由于经常一起进行活动,自然而然就产生了群体意识,这也是群体归属感的表现。有了这样一种意识,活动中就天然有了群体内和群体外之分。

(五)群体成员没有错综复杂的经济利益关系

由于是非正式群体,成员之间没有十分紧密的经济联系,一般也没有正式的章程,如发生一些共同活动的经济支出,也多采用AA制形式,避免利益受损。

二、家庭

家庭分为原生家庭和组建家庭,原生家庭是出生的家庭,组建家庭是两个人由于婚姻关系结合而成的家庭。一般而言,家庭是最小的消费单位,个人消费很大程度上受家庭影响,如餐饮在家庭进行,居住在同一所房子,汽车由家里人共同使用,家用电器如电视、冰箱、洗衣机、空调也是家里人共同消费的。

一般来说,家庭分为几个阶段,每个阶段都有不同的特点。

(1)新婚家庭。两个人由于婚姻走到一起,组建了家庭,这时,如果购房或租房独立居住,就成立了新婚家庭。这时,两人还没有孩子,家庭主要消费除了家用电器、汽车外,喜欢外出就餐、旅游、文化消费等。新婚家庭成员的消费心理不大成熟,经常有一些冲动性购买,包括在网络上购买一些暂时用不到的商品。

(2)年轻有子女家庭。这时家庭的主要消费一般是围绕孩子进行的,消费重心是婴幼儿食品、服装、玩具以及带领孩子旅游、去游乐场、参加各种幼儿培训班。消费心理表现为“不愿意孩子输在起跑线”。

(3)夫妇与上中小学的子女家庭。这时,家庭消费仍然围绕孩子进行,消费包括学生食品、服装以及学习用品等。学生的攀比消费可能导致其购买名牌自行车、名牌运动鞋,以及笔记本电脑、手机等商品,支出中也包括参加各种补习班、培训班等费用。这时也经常出现家长与孩子因消费观念不同而产生的矛盾。

(4)夫妇与成年子女的家庭。当子女逐渐成长,开始上大学或就业时,家庭消费开始转移重心,一些家长开始注重个人消费,如注重健身、旅游、美容、保健等,一些人特别喜欢培养一些兴趣,如观看音乐、戏曲、表演等活动。这时的文化娱乐消费开始上升。

(5)空巢家庭。子女成家,家庭成员只剩下中老年夫妇,这时食物、服装等消费数量减少,健康、护理、医疗需求开始增加。中老年人的消费心理已经成熟稳定,改变较少,但随着社会的发展和技术的进步,一些新科技家庭用品也受到一些人的欢迎,服务消费可能成为未来的重点。

第二节 社会群体对消费心理的影响

社会群体存在于社会中,有几种不同的类型。一种是正式群体,如组织机构确立的工作团队,有着明确的分工和制定的任务。另一种是非正式群体,有的是在工作环境中形成的自发组合,有的是由于具有共同爱好和兴趣而组成的,还有的是同学、同乡等由于相同的某些经历而形成的组合。我们这里更多的是讨论非正式群体对成员的影响。

一、归属群体

一个人进入社会,自然而然地就属于一个社会群体,这个就是归属群体。归属群体的形成一般分为五个阶段,即形成阶段、震荡阶段、规范阶段、执行阶段和解散阶段。

社会群体形成阶段来源于人们加入某个正式群体之时,群体成员经过认识和交流,确定哪些行为是可以接受的,当意识到自己是群体的成员时,这个阶段就完成了。

震荡阶段，这个阶段主要是形成群体成员的角色意识，谁成为群体的“意见领袖”，群体需要成员做什么。

规范阶段，这时群体成员之间的紧密关系进一步发展，群体更具向心力，群体身份感和意识进一步形成，群体结构基本固定。

执行阶段，群体结构完全发挥作用，成员从相互认识到充分了解，并相互产生影响。消费心理在这个阶段发挥作用。

解散阶段，由于现实和机构变动等原因，社会群体不复存在。

在社会群体中，每个群体都有不成文的行为规范，群体成员共同接受并执行。

二、从众消费

对于个人来说，归属群体影响着消费选择，自己属于这个阶层，消费当然不能脱离这个群体。个人接受社会群体影响的形式之一就是从众消费。

从众消费就是指个人与多数人意见取得一致而进行的消费活动。从众也是一种社会心理现象。在消费领域，消费者自觉不自觉地跟从大多数消费者的消费行为，保持自身行为与多数人行为的一致性，避免个人心理的矛盾和冲突，这种个人因群体影响而遵照多数人的消费行为方式进行的消费就是从众消费行为。例如，在中国的一些节日中，春节吃饺子，元宵节吃元宵，中秋节吃月饼，成为大多数人的习惯，少数人也入乡随俗，进行这样的选择。

从众有助于社会主流文化的传播与延续，也有利于个人更好地适应社会，形成社会成员之间共同的语言、行为方式，保证人与人之间顺利地进行交往和社会的正常运转。一个人与社会主流取得一致，才能适应社会，一个人不管多么聪明、多么富有知识，都不可能熟悉和了解所有的社会生活情境，从众就能够使自己最大限度地适应未知世界。

从心理学的角度分析，从众是人们寻求社会认同感和安全感的一种表现形式，人们通常有一种心理倾向，希望自己归属于某一社会群体，被多数人所接受，得到群体的保护、帮助和支持。有些消费者由于个人信心不足，缺乏自主判断力，在消费活动中犹豫不决，无所适从，从众行为也是一种最为便捷安全的选择。

当然，消费者的从众消费行为也具体分为三种形式：一是心理和行为完全从众；二是心理接受，行为不接受；三是心理不接受，但行为从众。所以，从众往往是受群体因素影响而产生的被动接受的行为。

三、向往群体与回避群体

在消费者的心里，总有一些想跳出归属群体的意识，在消费活动中，这样的表现也是比较常见的。其中就有向往成为上一层次群体的心理。

向往群体是有些消费者希望加入并成为其追求心理认同的群体。例如，有些年轻人崇拜体育明星、影视明星，而体育明星、影视明星就是他们的向往群体。还有些人希望成为创业成功者，成为富人，这些也是他们的向往群体。

与此相反，在生活中，一些人希望远离一些群体，或与这一群体保持一定的距离，这就产生了回避群体。

回避群体是消费者希望远离并不愿意与之发生联系，甚至经常反其道而行之的群体。在大城市中，有些自嘲的称呼就表现了这种回避群体的心理，如有些软件编程工作者自称“码农”，有些广告公司职员自称“发小广告的”，这就是这些人希望远离这些群体的心理表现。

四、模仿消费

在做出消费选择时，消费者心理中往往有参考群体存在，这里既有归属群体，也有向往群体和回避群体。

在归属群体中，消费选择是从众消费，在向往群体中就是模仿消费。

在社会中，有一些人由于经济收入较高，接受消费信息较多、较早，思想意识较为超前，富有个性，性格活跃，勇于接受新事物，因此往往成为新产品的创新采用者。随后，一些对新事物、新产品比较敏感，经济状况良好，有比较高的适应性的人群成为新产品的早期采用者。创新采用者和早期采用者的消费兴趣广泛，消费品位独特，因此消费行为在社会中有较大的影响。这些人可能是社会名人，如影视明星、体育明星，也可能是富人，或者是某行业的消费专家，如美食家、音响发烧友、运动健身达人等。这些特殊消费者的示范消费行为就会引起其他消费者的模仿，这就成为流行的一种模仿消费。

模仿消费是一种较普遍存在的社会心理现象，模仿消费的内容从时装、汽车、发型到餐饮乃至旅游、度假等。

模仿消费中，模仿者接受新事物敏感，接受能力强，喜欢追随被模仿者，心理上向往成为这些人，甚至希望尝试这些人的生活方式。而这种模仿消费是一种自愿行为，通过模仿，消费者获得了一种愉悦、满足的良好心理感觉。

模仿消费可能是消费者的一种理性行为，也可能是一种感性行为，对模仿对象的选择通常是有意识的行为,有些是经过思考的;也有一些模仿行为具有一定的盲目性和冲动性。

和模仿消费相反,回避消费是消费者尽量避开的行为,甚至要与这种消费行为反其道而行之。例如,由于生活水平提高,一些人开始拒绝到地摊购物,拒绝购买盗版图书、盗版光盘。

第三节　家庭对消费心理的影响

家庭是社会组织的一个基本单位,也是影响消费者消费心理的重要群体之一。如前所述,消费者有原生家庭,还有组建家庭,消费者的消费心理要受两个家庭的影响,其中受原生家庭的影响是根深蒂固的,受组建家庭的影响是直接的。

一、家庭的购买角色

在家庭中,有些购买行为是经常性的,如对于日常生活的食品、蔬菜、洗涤卫生用品等的购买,这些购买行为不需要复杂的心理活动,选择上也不困难,不需要花费很多时间,往往是按照习惯购买的。

家庭的有些购买行为由于商品品牌差异较大,但是消费者不愿意花费很多时间去选择,就采取变换品牌、样式的行为,如购买服装、鞋、化妆品、背包等商品,这就使购买的产品多样化,心理上认为这样消费能使商品类型更丰富,能适应多种场合,完成多样搭配。

还有一些商品,价值不太高,品牌差异不大,消费者也不是经常购买,这些商品购买使用时又有一些风险,家庭在购买这些商品时,往往进行多方面比较,心理上认为了解了全面信息后再作出决策。

消费者购买一些价值较高但不经常购买,有较大的意义但又存在风险的商品时,家庭参与者较多,花费时间较长,如购买住房、汽车、电脑、新型手机等商品时,为消费心理稳妥起见,决策过程较复杂。

这时,家庭成员形成不同的角色。

(1)发起者。这是最先提议购买的家庭成员。发起者一般是由对于社会商品信息较为关注、较容易接受新事物的家庭成员担任。

(2)影响者。这是对购买提议提出看法,对最终决策者有影响的家庭成员。当然,影响者对于最后决策的影响和作用大小不一。

(3)决策者。这是家庭成员对实施购买决策具有完全或部分决定作用的人,由他最终决定是否购买，何时、何地购买。

(4)购买者。这是家庭成员中实施购买活动的人。比如，负责在网上采购，或到实体商店、购买场所去选购的人。

(5)使用者。这是商品的实际使用者、操作者。有些商品家庭共同消费，但毕竟有一些成员是经常使用者。

二、家庭购买过程

家庭在购买商品时一般经历几个过程：

第一，认识需要。家庭成员在生活工作中，感觉到需要使用电脑，或者看到拥有汽车的便利，从心理上感觉到需要购买电脑或汽车。

第二，收集信息。当对某种商品有强烈的需求愿望时，就会去收集相关的商品信息，了解购买条件或购买要求。

第三，制订购买方案，在对商品信息进行分析的基础上，消费者就会形成一套购买方案。对购买商品的类型、价格、品牌等作出决定。

第四，执行购买方案。家庭成员参与，选择符合心理愿望的商品。这时，如果发现有合适的商品，就立即购买；如果发现商品在某些方面还有不足，就可能改变购买方案，直到选出比较满意的商品为止。

第五，买后感觉。购买使用商品后，对商品的使用情况进行总结，对购买决策进行检验，从中得出心理满意还是不足的心理评价。

三、家庭对消费心理的影响

在家庭购买过程中，家庭对消费心理具体有什么影响作用呢？

(一)家庭作风

家庭作风对于消费心理的影响主要表现在购物选择、购物重点和消费决策中。家庭作风民主，那么购物发起者就会积极发表意见，其他家庭成员就会积极参与，家庭具有民主的风气，在消费决策中就会听取家庭中各个成员的意见。家庭的风气是传统的、守旧的、保守的，在消费中就可能是“一言堂”，不大愿意接受新事物，消费心理中不接受改变。

(二)家庭生活习惯

家庭生活习惯对消费心理也有直接的影响。有的家庭计划性强，购物中就少有盲目消费；生活节俭，消费中就注意不浪费；重视健康，消费心理中对于绿色、环保的产品接受比较快。同样,有些家庭生活中缺乏计划性,就表现为购物中冲动性消费较多,商品消费不完白白浪费,心理上也不觉得愧疚。有些家庭甚至从心理上以奢华为荣,认为这样才是现代的生活。

(三)家庭生活方式

家庭生活方式对消费心理的影响主要表现在生活环境、卫生习惯、起居要求等方面。有的家庭重视生活环境的温馨,家庭在居住装修中注意购买反映文化内涵的装饰品,将绿色植物、字画等布置在居室;房屋色调力求柔和协调;有的家庭重视卫生习惯的养成,勤打扫、勤更换,购买各种类型的打扫厨房、卫生间的清洁用品。相反,有的家庭房间昏暗,杂物凌乱堆放,心理上接受这种状态。有的家庭起居时间没有计划安排,造成上学或上班前紧张忙乱。

(四)家庭传统

一个人的原生家庭的家庭传统对消费心理有很大的影响。例如,重视文化就会在购物选择中,重视购买文化产品,重视精神文化消费,北京过去传统四合院门前的对联“忠厚传家久,诗书继世长”就表现了家庭的传统。家庭传统重视读书,就会鼓励子女购买书籍报刊。有的家庭传统重视子女的全面发展,就会从多方面培养孩子的兴趣。而有些家庭过分重视金钱,就会在子女的心里留下只认利益,不顾亲情的理念。

家庭是孩子的第一课堂,父母是子女的第一任老师,家庭也影响家庭成员的消费心理成熟、成长。

复习思考题

1. 什么是社会群体?
2. 社会群体有什么特征?
3. 家庭分为几个阶段?
4. 什么是归属群体?
5. 什么是从众消费?
6. 什么是向往群体?
7. 如何认识模仿消费?
8. 家庭对消费心理有什么影响?

家庭消费模式的变化

与西方人相比，东方人更注重人与人之间的和谐关系，重视他人对自己言行的反映和评价。这使东方人更多地受到周围人群的影响。而在中国人的圈子里，亲密的家庭成员无疑是最具影响力的群体之一。大部分家庭消费品常常是在家庭成员的影响下购买的，纯粹的个人消费决策也会在很大程度上受到家庭成员的影响。进入21世纪以来，中国家庭的价值观伴随着中国经济社会的发展，特别是文化的一系列变化，深刻体现在中国家庭消费模式上。

从“家长权威”向重视子女转变。在儒家文化的影响下，中国社会历来强调长者的权威，但自从20世纪70年代以来，我国开始推行计划生育政策，从根本上改变了家庭结构，独生子女的地位得以迅速提升，家庭消费也围绕子女进行。虽然2016年国家计划生育政策做了调整，但是子女仍然是家庭的中心。

孩子的消费在家庭中变得越来越重要，随着子女的成长，在家庭消费决策中，孩子越来越有发言权和影响力。到子女工作后，青年人成为家庭消费的主要决定者。

从零点调查公司进行的一项调查中可以看到，北京、上海、广州等地的有7岁至12岁孩子的家庭中，孩子消费占据了家庭消费的30%以上，孩子长到13岁至18岁对家庭消费决策的影响力达到44%。在家庭中孩子的消费里，父母一般会尊重子女的选择。在家庭的耐用品消费中，子女也成为最重要的影响者。

资料来源：张军，邓理峰，沈旻．面向中国家庭的三角营销模型[EB/OL]．https://www.xiangdang.net/doc/488458457413101083.htm/#P3.

思考题

1. 中国家庭消费模式发生了什么变化？

2. 子女在家庭消费中处于什么地位？

第十一章

商品价格与消费心理

商品价格是商品价值的货币表现。在以货币为媒介的商品交换活动中,商品价格表现为货币形态的商品,反映着商品价值同货币所代表的价值之间的比例。在西方经济学中,人们认为价格是商品效用与费用对立统一的货币表现,是买卖双方共同愿意接受的一种市场评价。效用是价格的基础,市场价格是由商品供给和需求的对比关系决定的。

在现代市场经济条件下,价格是影响消费者购买行为最具刺激性和敏感性的因素之一。价格在商品生产和商品流通中的特殊性质,使得广大的商品生产者、经营者对此十分重视。深入研究价格对消费者的心理影响,是企业制定价格策略的基础和前提。为此,有必要深入探讨消费者的价格心理机制,研究消费者的价格心理表现,由此找出制定价格的心理依据,指导企业正确运用价格策略与定价技巧。

第一节　商品价格的一般心理功能

商品价格对消费心理的影响,以及影响过程中消费者所产生的价格心理现象,我们称为商品价格的心理功能。

现阶段,我国市场上经营商品的品种、规格都非常复杂,价格也就各不相同,商品价格上的差异会引起消费者不同的心理反应。有时,商品生产者、销售者认为某种商品的价格在理论上是合理的,但实行起来却不能被消费者在心理上予以接受。究其原因,往往是他们仅从价格理论的意义上来研究、制定商品的价格,而忽略了消费者的价格心理,不知道消费者可接受的商品价格尺度,不知道消费者怎样看待商品价格和商品质量之间的关系,因而,所制定的价格背离了消费者心理上的价格标准。

为了避免这种情况的发生，企业在研究制定商品价格时，不仅要弄清价格在经济学上的功能，更要弄清价格在心理学意义上的特殊功能，从而制定尽量接近消费者的心理要求并被其接受的商品价格，这样，才能消除消费者在商品价格面前的种种顾虑，吸引消费者购买。商品价格的心理功能主要有三个方面。

一、比值比质功能

商品价格是以价值为基础，并随着价值的波动而不断变化的。商品价值的构成，既包括生产过程中活劳动的耗费和物化劳动的耗费，也包括流通过程中活劳动的耗费和物化劳动的耗费。根据这个理论，消费者在选购商品活动中，应该主要考察商品的价值状况。然而，我们却发现：当两种商品内在质量类似，包装装潢略有差别，价格相差较多时，青年消费者愿意购买价高的那种，中老年消费者却可能选择价低的那种；当一些贵重商品价格定得较低时，却引起了消费者对该商品品质方面的疑虑；一些新产品由于销售成本高，用于广告宣传方面的支出大，所以定价高，却也能争取到大量的顾客。这些现象之所以产生，是由于消费者在心理上把商品价格当作比较商品价值和商品品质的标准。

价格的心理功能作用是导致“好货不便宜，便宜没好货”和“一分钱，一分货”等购物心理现象发生的主要原因。例如，近年来，在国内市场上，虽然有些新产品定价很高，如新型号手机、新上市的高配置电脑，但是仍然取得了较好的销售效果。再如，在节假日的食品市场上，有些高档礼盒、豪华包装的商品反而比一般商品好销，就是利用消费者的这种心理的结果。现代工商企业应充分认识商品价格的这一心理功能，在制定商品价格时给予足够的重视。

随着经济的飞速发展，新产品、新技术不断涌现，商品品质不断提高，消费者仍依靠传统经验从商品使用价值上去判断商品品质会变得越来越困难，转而会越来越多地依靠商品价格去比较商品价值和商品品质。认识到这一点，并能够注意按照消费者的心理合理地确定商品价格，将会给企业带来巨大的收益。

二、自我意识比拟功能

商品价格不仅用于比较商品价值和商品品质，还能使消费者产生自我意识比拟的心理功能。广大消费者往往把商品价格与个人的偏好、情趣、个性心理特征联系起来，自己通过价格的比拟来满足社会心理的需要。这种比拟功能产生于消费者对自身和自身以外客观物质的认识，也有个人的主观臆想与追求。

(一)社会经济地位的比拟

在现实生活中,一些消费者通过追逐高档、名牌或奢侈品以显示自己的社会地位和经济状况,并获得一种心理上的满足。这是消费者普遍存在的一种消费心理。还有一些消费者愿意到廉价商店去购买优惠价商品、折扣商品,认为这类商品适合自己的经济能力,符合个人的经济地位,也能得到心理上的慰藉。

(二)文化修养与生活情趣的比拟

有些消费者热衷求购高价文物、高价工艺品,花高价听演唱会,购买高级乐器、高级音响设备,购买大量的精装书籍,这些人中有一些是出于专业工作需要,但也有数量不少的人是为了显示自己有较高的文化修养和高雅的生活情趣,以获得心理上的满足。

消费者在上述自我意识比拟活动中的心理反应,可能是有意识的,也可能是无意识的,但二者有一个共同点,就是从社会要求与自尊出发,更多地重视商品价格的社会价值。

三、调节需求功能

商品价格对商品需求有巨大影响,价格的高低对需求有调节作用。一般来说,在其他条件不变的情况下,当商品价格下降时,对它的需要量就会增加;当商品价格上涨时,对它的需要量就会减少。所以,价格和需求相互影响、相互制约。马克思曾指出,需求按照和价格相反的方向变动,如果价格跌落,需求就增加;相反,价格提高,需求就减少。价格影响需求的变化幅度,受到商品需求弹性的影响,不同的商品具有不同的需求弹性。一般来讲,消费者日常生活必需品的需求弹性小,非必需品的需求弹性大。人们把那些需求价格弹性小于 1 的商品称为价格弹性小的商品,把那些需求价格弹性大于 1 的商品称为价格弹性大的商品。当价格弹性小的商品的价格变动时,需求量变动的幅度一般小于价格变动的幅度;当价格弹性大的商品的价格变动时,需求量变动的幅度一般大于价格变动的幅度。

当前,服务商品价格的这种调节现象特别明显。例如,在旅游旺季,提高酒店住宿和景点门票收费标准等,是为了适当减少需求,使之与服务能力相适应;而在淡季,则适当调低服务商品价格,以刺激、增加需求。

通过上面的分析可以看出,商品价格心理功能比商品价格一般功能要复杂得多。对企业来说,不仅要认清价格一般功能是价格心理功能的基础,更要认清消费者的价格心理功能对购买行为的重要影响,以便使商品的价格能最大限度地为消费者所接受。

第二节 消费者的价格心理

消费者的价格心理是指消费者在购买商品活动过程中对价格认识的各种心理现象,它是由消费者对价格的知觉程度与消费者自身的个性心理共同构成的。

一、消费者的价格心理特征

消费者的价格心理特征如下。

(一)消费者对某些商品价格具有习惯性

消费者在长期、反复的购买活动实践中,通过对某些商品价格的反复感知,而对某些商品价格具有习惯性。虽然商品价格有客观标准,但是在现代社会里,科学技术的飞速发展,使得决定商品价值的社会必要劳动时间变幻莫测,消费者很难清楚地了解商品价值等客观标准。因此,在多数情况下,他们只能根据自己反复多次的购买经历来对商品价格进行测定,并逐步形成对商品价格的习惯。这种习惯往往支配着消费者的购买行为,成为消费者衡量商品价格是否合理的一个尺度。如果某个商品价格在他们认定的尺度内,就乐于接受;超过了这个尺度,他们就不乐于接受。

消费者的价格习惯一经形成,往往要维持一个相当稳定的时期,以支配消费者的购买行为。

对消费者而言,习惯价格是一个不易改变的价格。那些消费者购买频繁、消费量较大的日常生活用品,如饮料、调味品、卫生洗涤用品等就容易使消费者产生习惯价格。因此,当商品价格变动时,往往会迫使消费者经历一个困难的,由不习惯、不适应到习惯和比较适应的过程。

企业在市场营销中要了解价格的习惯性心理对消费者购买行为的重要影响,在制定和调整商品价格时,对那些超出消费者习惯价格范围的商品要特别慎重,一定要弄清这类商品的价格在消费者心目中的上限和下限。价格超过了上限,就要努力让消费者了解此类商品的优秀品质,促使其对此类商品产生信任;价格低于下限,则要想方设法打消消费者认为此类商品是低档货的顾虑,促使其尽快由不习惯转为习惯,接受这个价格。

总之,消费者的习惯性价格心理不可忽视,企业掌握和利用得好,会刺激消费者,增加商品的销售量;反之,则会产生消极影响,使商品销售量下降。

（二）消费者对商品价格变动具有敏感性

商品价格变动对消费者的消费活动影响较大，因而消费者对商品价格变动比较敏感。消费者对价格变动的敏感性，既有一定的客观标准，又有一种心理的价格尺度，因而具有一定的主观随意性。这两方面的影响有时是一致的，有时也可能不一致，甚至相互对立。对那些与消费者日常生活关系较为密切的商品价格，消费者的敏感性就高；反之，消费者的敏感性就低。例如，粮食、蔬菜、食用油、日常生活用品等是与生活密切相关、经常购买的商品，它们的价格稍有变动，消费者马上就会感受到；而一些高档消费品，如电脑、手机、汽车、住房等，在消费者不同的心理评价标准下，即使价格比同类商品高出几百元、几千元乃至上万元，也往往不会影响销售。

（三）消费者对商品价格变动具有感受性

对商品价格变动的感受性，是指消费者对商品价格高低进行比较而形成的感觉和判断。商品价格的贵与贱是相对而言的。一般来说，消费者对商品价格高低的判断是通过三种途径获得的：①通过与市场同类商品进行价格比较；②通过与同一售货现场内不同类商品进行价格比较；③通过商品本身的外观、性能、包装、使用特点、使用说明进行比较。这样比下来，消费者的感觉和判断往往会出现错觉，判断出来的价格高或低也往往是不正确的。使他们产生错觉的主要因素有：一是商品出售过程中的环境、气氛、销售时机、销售方式，以及商品本身的外观、包装、功能等因素；二是消费者对商品要求的紧迫程度，当消费者急需某种商品时，往往不大计较这类商品的价格。

总之，消费者对商品价格的感受性心理在他们购买商品时表现得既普遍，又复杂。企业应当重视这种心理现象，在组织商品销售过程中，加强对销售环境、商品摆放形式、商品外观等方面的研究，从而争取获得较好的销售效果。

（四）消费者对商品价格具有一定的倾向性

由于不同类型的消费者在购买商品时具有不同的价格心理，因此，在购买活动中对商品价格的选择表现出明显的不同倾向。商品的价格一般有高、中、低档的区别，价格高的商品通常具有商品价值较高、品质好的特点；价格低的商品，相对来说，价值较低，品质也较差。不同类型的消费者具有不同的商品选择的倾向性，因此有的消费者喜欢追逐那些价格高、功能先进、款式新潮、时尚流行的名牌商品，有的消费者比较喜欢那些价格适中、具备一定功能的、比较实在的商品，还有的消费者则喜欢那些价格较低但经济实惠的廉价商品。这些不同的选择倾向，实际上是不同阶层消费心理的不同反映。

上述消费心理,随着人们生活水平的提高和收入差距的加大,会越来越明显地表现出来,成为一种消费模式。因此,企业在组织商品销售过程中,应注意所经营的商品在品种、规格、价格上适应消费者的心理要求,并针对消费者的不同价格倾向、不同消费层次来组织销售,使各类商品都能较大限度地满足消费者的需要。

二、价格变动与消费者的心理行为反应

在市场经济条件下,价格的调整与变动是经常发生的。社会生产力的提高和科学技术的进步,导致商品价格形成中的决定因素——商品价值量会不断发生变化,再加上广告促销活动的开展,竞争的加剧,商品价格变动逐渐让消费者习以为常。

商品价格的变动,也会引起消费者心理行为方面的反应。在一般情况下,当一种商品的价格发生变化时,消费者会改变他们原来购买商品的种类和数量。例如,当商品价格因促销、优惠、折扣而有所下降时,会促使一些消费者更多地购买这种商品;当某种商品价格上涨时,消费者可能会减少对这种商品的购买,或转向购买其他价格较低的替代品。

从消费心理学角度研究这个问题会发现,消费者对商品价格理解的程度不同,会直接影响商品价格和消费需求量;而消费者受到各种主客观条件的限制,很难对商品价格的调整变化作出正确理解。

所以,一些商品调低价格,本来应该刺激消费者的购买动机,促使他们大量购买和重复购买,结果却发现相当一部分消费者作出了相反的反应,购买量不但没有增加,反而减少。他们产生这种心理行为主要基于这样一些原因:①认为商品降价是由于这些商品自身品质下降而造成的;②认为凡是降价的商品都是销售过程中的残次商品,或者是过时货,是人们不愿要的商品;③认为一些商品降价,是因为企业即将推出替代这些老产品的新产品;④认为这类商品降价的幅度还不够,还将继续降价,想等这类商品的价格更低时再购买。这种心理会影响企业商品降价的市场效果。为此,商品生产者、经营者要针对这种消费心理进行疏导,解释降价的原因,说明是因成本下降、促销开拓市场而不是质量降低才降价。关键是降价时,应保证商品质量,并允许退换货以打消消费者购买的顾虑。

一些商品的价格调高,本来应该抑制一些消费者的购买欲望,让他们减少购买这些商品的数量,结果却发现一些消费者反而积极购买。他们产生这种心理行为

有这样一些原因:①认为这类商品提价,说明销售状况好,一定是受人欢迎,自己也应该尽早购买;②认为提价的商品还将会继续提价,要尽早买,以防需要买时再买要付更多的钱;③认为商品提价是因为商品本身品质和功能有所提高,或者是具有了特殊的使用价值,买后肯定不会吃亏。这种心理同样影响市场效果。为此,企业在商品提价时也要进行宣传疏导,解释提价的原因,减少顾客对于商品未来继续涨价的心理预期。

总之,商品价格的调整和变动所引起的消费者价格心理反应是异常复杂的,既可能吸引消费者,刺激他们的购买行为,也可能抑制消费者的购买行为。在调整价格时,应仔细研究消费者的心理活动,掌握消费者心理行为反应的动态,使所调整的价格尽可能起到相应作用。

第三节　商品定价的心理策略

在社会主义市场经济条件下,企业在制定与调整商品价格时,一方面要按照经济规律的客观要求,使企业生产和经营的产品能够增加销售,扩大市场占有率,提高利润;另一方面,也要综合考虑市场的变化,以及政治、经济、社会、文化等方面因素对商品价格的影响,特别要考虑消费者对价格的心理行为反应和竞争对手、竞争产品的价格变动,针对不同的商品与不同的购买对象,采用正确的定价策略。

一、商品定价的心理策略

工商企业的产品定价,直接影响到自身的市场竞争地位和市场占有份额,进而影响企业的经济效益。现在虽然多数产品定价可以由企业自主决定,但必须考虑各个客观方面对定价的影响,尤其要考虑是否符合消费者的心理接受标准。

(一)新产品定价的心理策略

1.撇脂定价策略。这种策略正如人们从鲜牛奶中撇取奶脂、奶酪,先提取牛奶的精华,再提取牛奶一样,所以称为“撇脂定价策略”。企业在新产品进入市场的初期,利用消费者“求新”“猎奇”的心理,往往将刚投放市场的新产品价格定得高一些,以便获取较高的利润,以后再根据该商品的市场销售变化,逐步降低价格。

撇脂定价策略的优点是:①抓住新产品上市时需求弹性小、竞争者尚未进入市场的有利时机,充分利用消费者求新、求异的心理,以偏高价格刺激消费者,从而提高了新产品的身价,美化了新产品的形象,有利于开拓市场;②定价高能获取较高的销售利润,可以尽快收回投资成本;③可以使新产品价格有较宽的调整余地,一旦发现价格已不利于扩大销售量,可以主动降低价格,也有条件进行市场细分,实行地区差价。

撇脂定价策略的缺点是:因为定出的价格高于其价值,在新产品尚未在消费者心目中树立较高声誉时,有可能因价格过高无人问津,还会因为新产品利润丰厚而诱发竞争,导致价格暴跌,好景难以维持。

撇脂定价策略适合于这样的新产品:新产品比老产品有明显的、突出的优点,市场上需求者较多,如新型号的手机、汽车等;生产方面拥有专利技术,没有竞争者;人们在消费时,认为高价代表高档、高品质的产品。所以,新产品虽然价格高,但市场需求不会大量减少。现在撇脂定价策略已经广泛用于奢侈品的定价。

2. 渗透定价策略。这种定价策略与撇脂定价策略正好相反,它是利用新产品进入市场初期,消费者有求实惠的心理,将新产品价格确定在低于预期价格的水平上进行销售,以利于迅速打开此种产品的销路,待销路打开后,再逐步提高价格。这种定价策略比撇脂定价策略具有更积极的竞争性,特别适用于需求弹性较大的商品。

渗透定价策略的主要优点是:①能争取到较宽的销路,生产和销售成本可以从大批量销售中得到补偿;②产品具有较强的竞争能力,能保持产品的市场占有份额;③能够争取到较多的购买者,给顾客以物美价廉的感觉,使这种新产品一进入市场就能在消费者心目中树立起良好的价格形象。

这种定价策略的局限性是,首先要求新产品具备较高的品质,能够一投入市场就迅速建立起良好的声誉,吸引大量的购买者,为今后逐步提高价格打下基础;其次要求新产品的生产能力较高,能够大批量投放市场。

渗透定价策略适合生活日用品、快消品的定价,因为人们对此类商品的消费量大,购买频繁,特别是食品类新产品、家庭日常用品等。

3. 满意定价策略。这种定价策略介于撇脂定价策略与渗透定价策略之间。它既不像撇脂定价策略那样一开始就把新产品价格定得那样高,也不像渗透定价策略那样一开始就把新产品价格定得那样低,而是根据消费者对该种新产品所期望的支付价格来确定价格。这种定价策略适用于生活日用品和对技术要求不高的新产品。它的优点主要是考虑了消费者的购买能力和购买心理,比较容易建立稳定的商业信誉,能较大限度地适应消费者的需要,增强消费者的购买信心,使消费者比较满意此种价格标准。因此,国内外对新产品的定价采用这种策略者较多。

（二）市场销售过程中的定价心理策略

企业对那些已经进入市场，处于增长期、成熟期和衰退期的商品，也要考虑它们的价格在消费者心里的状况，运用适当的商品定价心理策略，来促进这些商品的销售。

1. 非整数定价心理策略。这是一种典型的心理定价策略，是运用消费者对价格的感觉、知觉的不同而刺激其购买欲望的策略。其具体做法是给待售商品定一个以零头数结尾的非整数价格，它是目前国内外市场上广为流行的一种零售商品的定价策略。由于世界各地的消费者有不同的风俗习惯和消费习惯，所以，不同国家和地区运用此法时也有一些差别。例如，欧美等地的零售商业较多地利用尾数为奇数的定价策略，这就是利用了消费者心目中单比双少、单比双价格便宜的感觉。一些商业心理学家的调查表明，美国市场上零售商品的价格尾数以奇数为多，以奇数为尾数的价格中又以 9 为最多，一般是 9 美分、49 美分、99 美分等。同时该调查又得出一个结论，49 美分的商品的销售量远远超过 50 美分和 48 美分的商品。此种情况的出现，是因为非整数定价策略有以下三个特点：①可以使消费者产生所定价格认真、负责、合理的感觉，增强消费者的信任感，促使其积极购买。当销售价格是 50、100、200 时，消费者在心理上往往会认为这类商品的价格不可能刚好是整数，这种定价一定是不准确的。②可以使消费者产生价格偏低的心理感觉。例如，消费者认为 49 元是 40 多元的开支，而 51 元则是 50 元以上的支出。③容易使消费者产生价格下降的心理错觉。因为当一种商品价格靠近整数且在整数以下时，会使消费者产生价格下降的感觉；而当商品价格靠近整数且在整数以上时，会使消费者产生商品可能提价的感觉，抑制他们的购买欲望。

在我国国内市场上，商品价格尾数是 8 和 6 的情况较多，如一双旅游鞋标价 498 元，一条牛仔裤标价 196 元。这既可以使消费者产生价格低一档的心理感觉，又满足了一部分人喜爱吉祥数字的心理需求。

2. 习惯价格与方便价格心理策略。习惯价格策略是根据消费者的价格习惯心理而制定出符合消费者习惯价格的一种定价策略。由于某些商品在长期的市场流通中已经形成了消费者所习惯的价格，企业确定商品价格时要尽量去适应这些习惯，一般不应轻易改变。即使这类商品的生产成本提高或降低，也不要轻易调整，否则就会引起消费者对该类商品品质的怀疑，产生强烈的心理反应，影响该类商品的销售。当这类商品成本上升，不改动价格会影响企业的效益时，可以采用变量不变价的心理策略，即不改变消费者已经习惯了的商品价格，而是改变包装容量，或减少商品数量。例如，市场上某种品牌的饮料原价是 3 元，当生产成本上升后，厂家没有简单地提高售价,而是保持原来 3 元的习惯价格,但是每瓶饮料的容量从 500 毫升减为 450 毫升。

方便价格策略一般适用于市场销量大的日常生活用品,如饮料等。对于那些款式新颖、风格独特、价格较高的商品,采取整数方便价格,也能给予该类商品以高贵的形象,从而提高此类商品的地位,满足那些以追求社会性需要为购买动机的顾客。例如,有些高档名牌时装定价几千元乃至上万元,工艺品定价几万元到几十万元时,销售效果反而更好。对于一些小包装的低价商品,采用整数方便价格,便于消费者记忆,也能够起到加强商品形象的心理作用。

3. 折让价格心理策略。这个策略包括商品销售过程中的折价策略和让价策略,这是商品销售者在一定条件下,用低于原定价格的优惠价格来争取消费者的一种定价策略。其心理功能是利用消费者追求“实惠”,抓住“机会”的心理,利用优惠价格来刺激和鼓励消费者大量购买和重复购买。在实际运用时,折让价格心理策略通常分为数量折让价格策略、季节折让价格策略、新产品推广折让价格策略和促销折让价格策略。

在买方市场中,消费者购物的选择性大大增强,折让价格心理策略在一定程度上会起到刺激购买、促进销售的作用。当超级市场、综合商场标出的整箱水果、饮料、日用小商品的价格明显低于单件、少量购买的商品时,促销的效果特别明显。当一些商家打出“全场商品八折、七折”等的广告时,实际上是在运用折让价格心理策略,它可以吸引众多顾客,取得销售量倍增的效果。

4. 声望定价心理策略。这是商品销售者利用消费者追逐名牌商品的心理,以及自己在长期经营与服务中在消费者心目中树立的声望,通过制定较高的商品价格来满足消费者崇尚名牌商品的心理需求而采用的一种定价策略。因为消费者在购买这类商品的同时,心理上会感到自己的声望也随之得到提高。需要特别指出的是,消费者有“价高必质优”的比价心理,对质量优异、性能优良、独具特色、品牌知名度高的名牌商品制定较高的价格,是打开市场、增加商品吸引力的常用做法。例如,我国是纺织服装产品的生产和出口大国,但产品在国际市场上缺乏竞争力,只能以价廉取胜,卖不出好价钱。实际上,我国产品的质量是很好的,但由于没有创出国际名牌,因而没有市场声望。现在,国内的一些企业在生产了具有中国传统特色的工艺品时装的同时,加大广告宣传力度,并采用声望定价心理策略,取得了很好的市场销售效果。当然,采用此种定价心理策略也要慎重,切忌随便滥用。如果商品知名度不高,又是日常生活用品,盲目照搬声望定价策略而定高价,一定会引起消费者反感,给商品销售造成不可挽回的损失。

目前,国际市场上运用声望定价策略最成功的当属几家奢侈品公司,如迪奥公司的化妆品,古奇公司的香水,路易威登公司的手包,阿玛尼公司的时装、鞋等,都是采用声望定价策略取得成功的榜样。这些公司的产品已成为中国富裕阶层满足炫耀心理而竞相购买的商品。

5. 分档定价心理策略,也称分级定价策略。这种定价策略把某一类商品的不同品牌、不同规格、不同型号划分成若干个档次,对每一个档次的商品制定一个价格,而不是一物一价。这种定价策略,既便于消费者挑选商品,找到自己欲购商品的心理价位,又简化了交易手续;同时,通过制定不同档次的商品价格,可以涵盖更大的市场范围,还可以满足不同消费者的消费水平与消费习惯。例如,化妆品、食品等可采用分类包装、分档定价,高档复合包装价格定高些,低档简易包装价格定低一些。在实际运用这一策略时,要注意避免各个档次商品的标价过于接近,以防止消费者对分档产生疑问,影响购买。

二、商品调整定价的心理策略

价格调整是市场经济中常见的现象。调价的原因非常复杂,有的是因为商品制造和销售成本有较大幅度变化,有的是因为市场供求状况发生重大改变,有的是因为国际市场商品价格波及国内市场,有的是因为竞争对手、竞争产品的价格发生变动。企业在调整商品价格时,除了要认真分析上述因素带来的变化外,还必须考虑消费者对商品价格变动的心理要求,科学地运用商品调价的心理策略。

(一)商品降价的心理策略

企业在销售商品的过程中,由于外部或内部的原因会经常采取降价策略。例如,当商品供过于求,或者出现强有力的竞争者时,为了促销、争夺市场而降价。有时,降价是由于企业对市场预测不准、不明市场行情而造成盲目进货,或者错过销售时机造成商品积压;有时,降价是由于对库存商品的保管养护不当,使商品品质下降。这些都迫使企业不得不降低商品的销售价格。企业在采取商品降价措施时,要注意消费者对降价的心理反应,运用合适的降价策略。

1. 降价的幅度一定要适宜。如果降价幅度过小,不能引起消费者的注意和兴趣,则起不到降价的效果;降价幅度过大,会使消费者对商品质量产生疑虑,也同样达不到降价的目的。根据诸多企业的实践经验,当商品价格降低10%~30%时,消费者会感到这些商品还有实用价值,不会冒很大的购买风险;如果降价幅度超过50%,消费者则会对商品的使用价值、商品品质、安全卫生等方面产生疑虑,丧失购买信心。当然,有些名牌服装,过了流行期和销售季节,价格下降的幅度大些,也会有促销效果。此外,为了避免因把握不准商品价格降低幅度而造成多次降价,使消费者产生不信任的心理效应,必须保持降价商品价格的相对稳定。

2. 要准确地选择降价时机。降价时机选择得好,会大大刺激消费者的购买欲望;选择得不好,商品降了价,也会失去降价的吸引力。因此,对准备降价的商品要选择好时机。例如,对那些时尚流行商品,等流行高峰一过就要马上采取降价策略,否则将失去时机,即使降价也难以收到预期的效果;而对那些库存过大的季节性商品,就要在季中采取适当的降价措施。一般性商品应该在商品成熟期阶段的后期开始降价。这里还要强调,企业无论采取什么降价策略都要努力做好宣传工作,尽可能使消费者了解降价的真正原因,消除他们对降价的疑虑,才能使降价策略行之有效。

3. 要选择好降价商品的销售地点(位置)。商品降价,在一定程度上会促进商品销售,但是,销售地点(位置)的选择也会影响消费者的购物心理。许多商家在销售过季、过时降价商品时,仍然将它们陈列在原来的摆放位置上,虽然商品销售情况不错,但会对顾客心理产生影响,会影响到应季商品的销售,顾客对应季商品会产生观望心理,想等到降价、优惠打折时再购买。正确的做法是在商品销售场所中另辟一块场地,集中将降价商品陈列出售。现在有些企业将断码、号型不全的服装、鞋、箱包等商品,委托或销售给折扣商店销售,以免使顾客产生期待降价心理。

(二)商品提价的心理策略

商品涨价对广大消费者的经济利益总是不利的,因此,消费者在心理上自然对商品提价有一种不愉快的反应。然而,在现实生活中,受多种因素影响,企业通常不得不提高商品的销售价格。从企业外部的影响因素来看,是因为制造商品的生产成本、销售成本大幅度提高;或是因为社会因素和自然因素,如战争、自然灾害导致原材料减产、歉收而造成价格上涨;还有的是因为国家为合理利用资源、保护环境而限制某些原料的使用,从而造成价格上涨。从企业内部的影响因素看,有些是因为加大了广告促销费用,或是因为加大了生产销售的人工成本等。

对企业而言,无论是什么原因造成的商品提价,都必须注意消费者的心理反应,采用合适的价格策略。

1. 对那些因外部原因而造成的商品提价,企业要努力改善经营管理,降低费用开支,在此基础上降低提价的幅度。同时,要做好宣传与公共关系工作,使消费者理解、认识企业价格变动的原因。

2. 对国家为合理配置资源、保护环境导致原材料价格提高造成的商品提价,要做适当的宣传解释,从爱护环境、保护资源出发,消除消费者的疑虑。同时,做好替代品的生产和经营，满足消费者的需要。

3. 企业在提高商品销售价格时，也可以采用这样的心理策略，即不改变销售价格，减少商品容量或数量，或因采用新设计包装而适当提价。这样可以让消费者有多种选择，容易取得消费者的理解与信任。

4. 在提高某种商品销售价格的同时，适当降低其他商品的价格，使消费者感觉到价格变动的相关性，从而理解价格变动的总趋势。

5. 在价格变动的同时，努力搞好多方位的服务，如改善销售环境、提高服务质量、增加服务项目、热情周到地为消费者服务，以取得消费者的理解。

商业企业采用价格心理策略还要注意一个问题，即不能违反有关法律，不能涉嫌欺诈。2001 年 11 月，《禁止价格欺诈行为的规定》颁布，列举了 13 种行为为价格欺诈行为，如虚假标价、虚假降价、虚假折价、低价标高价结算、质价量价不符、标称全场折扣而有的商品不参加、买一赠一名不副实、买物赠券不能全场通用等。价格欺诈行为严重损害了消费者的利益，经营者有上述行为之一者，将受到政府价格主管部门依法处罚。

总之，价格变动是企业在市场经济中会经常作出的价格决策，但是，如果处理不好，可能对消费者心理造成一定的影响，不能达到价格变动的预期效果。所以，要十分关注消费者的价格心理，做好价格调整工作。

复习思考题

1. 商品价格具有哪些心理功能，主要特点是什么？
2. 简述消费者价格心理特征。
3. 价格变动会影响消费者哪些心理反应，主要原因是什么？
4. 简述新产品定价的心理策略。
5. 市场销售中的定价策略有哪些，具体内容是什么？
6. 商品涨价时，消费者有哪些心理反应？
7. 商品降价时，消费者有哪些心理反应？
8. 针对消费者的心理反应，企业在商品调价时应采取什么措施？

苹果公司的定价策略

苹果公司(Apple Inc.)是美国的一家高科技公司,于1976年4月1日创立,于2007年1月9日正式命名为苹果公司,总部位于加利福尼亚州的库比蒂诺。

苹果公司于1980年12月12日公开招股上市,2012年创下6 235亿美元的市值纪录。截至2014年6月,苹果公司已经连续三年成为全球市值最大公司。苹果公司在2014年世界500强排行榜中排名第15名。2013年9月30日,在宏盟集团的“全球最佳品牌”报告中,苹果品牌超过可口可乐,成为世界最有价值品牌。2014年,苹果品牌超越谷歌(Google),成为世界最具价值品牌。

近几年来,苹果公司每年都要推出新产品,在新产品定价时,它是如何巧妙地运用定价法,又该如何及时调整以保持定价方式的科学有效呢?

2010年,苹果推出iPad产品。苹果iPad是近几年来最成功的消费类数码产品之一。第一款iPad零售价高达399美元,即使对于美国人来说,也属于高价位产品,但是有很多“苹果迷”既有钱又愿意花钱,所以纷纷购买;苹果认为还可以“撇到更多的脂”,于是不到半年时间又推出了一款容量更大的iPad,定价499美元(在中国的价位为3 688~6 288元人民币),销路仍然很好。苹果的撇脂定价策略大获成功。

在什么情况下,企业可以采取撇脂定价策略呢?

第一,市场上存在一批购买力很强并且对价格不敏感的消费者。

第二,这样的一批消费者的数量足够多,企业有厚利可图。

第三,暂时没有竞争对手推出同样的产品,本企业的产品具有明显的差别化优势。

第四,当有竞争对手加入时,本企业有能力转换定价方法,通过提高性价比来提高竞争力。

第五,本企业的品牌在市场上有传统的影响力。

苹果公司使用撇脂定价策略不是偶然的。苹果公司以其巨大的市场影响力和推出新产品的革命性变化,在分析了市场的消费者情况后,才果断采取了撇脂定价策略,并且取得了成功。

资料来源:百度百科和苹果公司官网。

思考题

1. 苹果公司是如何为新产品定价的?
2. 撇脂定价策略依据的是怎样的消费心理?

第十二章

产品与消费心理

产品是市场营销活动的对象和载体，是企业赖以生存和发展的基础和前提。在市场上，企业首先要解决的问题之一是以什么样的产品和劳务满足目标顾客的需求，企业所生产经营的产品能否被消费者接受和认同。消费者的各种心理活动，如购买动机的产生、购买决策的制定、购买行为的发生都是围绕产品进行的。产品策略决策直接影响价格的制定、渠道的选择、促销的方式等问题，进而影响市场经营的成败。因此，在市场营销中，企业必须研究产品，并根据消费心理实施产品策略，进行产品的开发、促销、品牌决策。产品策略主要包括产品整体策略和组合策略、新产品开发策略、产品品牌策略、产品包装策略等，下面分别进行阐述。

第一节　产品整体策略和组合策略与消费心理

一、产品整体策略

（一）产品整体概念

现代市场营销理论认为，凡是提供给市场的，能满足消费者或用户某种需求的任何有形产品和无形服务均为产品。有形产品主要包括产品的实体及其品质、式样、品牌和包装，无形服务包括可以给购买者带来附加利益和心理满足及信任感的售后服务、保障、产品表象及声誉等。这就是"产品整体概念"。

（二）产品整体概念的划分

通常，产品整体概念将产品划分为三个层次，即核心产品、形式产品与附加产品。

1. 核心产品。核心产品是产品为顾客提供的最基本的效用和利益，是购买者追求的核心利益。例如,购买电冰箱是为了食物保鲜、冷藏,购买电视是为了欣赏丰富多彩的电视节目,购买手机是为了实现方便、快捷的通信联络。

2. 形式产品。形式产品是产品的形体、形式,是核心产品的承载物体,是消费者对某一需求的特定满足形式。形式产品一般通过产品质量、产品特色、产品样式以及包装和品牌反映出来。例如,人们购买手机要考虑产品的品质、造型、颜色、品牌等因素。形式产品是核心产品向人们展示的外部特征。

3. 附加产品。附加产品是人们购买产品带来的各种附加利益的总和。例如,提供产品的售后服务,如送货、安装、维修、退换货保证等。现在人们往往还要求厂商提供咨询、资金融通、旧货回收等售后服务。

(三)产品整体策略决策

1. 核心产品的选择。企业要进入哪些行业或领域,实际是在做核心产品的选择,即生产经营什么核心产品,满足消费者哪方面的需求。核心产品的选择要从战略的角度进行决策。

2. 形式产品的选择。这主要从市场营销的角度考虑。它要既能实现核心产品的内容,又能唤起消费者的购买欲望。其主要包括产品品质等级、产品特性、产品样式等。

产品品质等级是指产品的技术指标、质量等级。企业要根据市场需求和本企业的实力,特别是市场竞争状况,决定本企业产品的质量等级,是生产优质高档产品,还是生产中等大众化产品,抑或是生产廉价低档产品。

产品特性是指本企业产品与同类产品相比具有的突出特征,它在很大程度上表现为产品的市场竞争力。

产品样式是指产品的结构、造型以及外观设计的新颖性、艺术性和奇特性,这些内容在很大程度上影响着消费者的选择。

3. 附加产品的选择。这是企业竞争的新领域。现在市场上产品丰富,选择性增强,消费者购买产品不但要着眼于产品的核心功能,还会考虑产品的各种样式、特性,更注重购买产品的附加利益,如提出免费送货、产品安装调试、以旧换新、退换货保证及售后服务等多方面的要求。

企业要根据消费者的需要与自身实力作出决策,以增强市场竞争力。当然,这里也要注意:①附加产品也不是越多越好,而是要坚持以顾客的需求为中心,附加产品增加的成本由企业和消费者共同承担;②企业要根据消费者的期望不断改进、增加附加产品;③在重视附加产品的同时,也要考虑消费者的差异性需求,生产一些确保核心利益、减少附加利益的廉价产品,以满足低收入或实惠型消费者的需要。

二、产品组合策略

一家企业，无论是只生产一种产品，还是生产多种产品，都需要决定产品的类型、规格、品种、档次等，而且生产多种产品时，产品的类型、规格、品种、档次会更加复杂。产品组合就是企业向市场提供的所有产品的类型、规格、品种、档次的结构。

产品组合包括多种产品线(各种类型的产品，如电脑、电视机、洗衣机等)，每条产品线又由许多产品项目构成(产品的各种规格、款式、档次等)。

产品组合包括三个因素：宽度、深度和关联性。宽度是指企业所拥有的产品线的数量。深度是指企业的每条产品线产品项目的数量。关联性是指企业产品线之间在最终用途、生产工艺条件、销售渠道以及其他方面相互关联的程度。

对产品组合宽度、深度及关联性进行多种选择，企业可以形成多种产品组合策略。

(一)产品组合扩展策略

产品组合扩展策略是指企业根据市场需求，增加产品组合的宽度，开拓产品组合的深度，增大产品组合的关联性。随着市场的扩大，竞争的加剧，许多企业特别是一些大企业纷纷采用这一策略，以求不断提高竞争力和市场占有率。例如，我国的海尔集团，从生产电冰箱起步，现在产品线已涵盖洗衣机、电视、空调、手机、电脑等白色家电的大部分领域；北京燕京啤酒集团，产品也从啤酒扩展到纯净水、调味品等领域，而且啤酒的规格、类型也增加到近百种。

(二)产品组合缩减策略

市场繁荣时，企业需不断扩展产品组合；企业不景气或是市场环境不佳时，为应对竞争、维持生存，企业就需要缩减产品组合的宽度、深度。缩减产品组合，一般是指取消市场需求疲软或企业经营能力较弱的产品线或产品项目，或是取消一些关联性弱的产品线，保留关联性强的产品线。

(三)产品组合延伸策略

产品组合延伸策略是指企业增加产品项目的档次和范围，通常有向上延伸、向下延伸和双向延伸三种方式。

每种产品都有特定的市场定位，如“宝马”“奔驰”汽车定位在高档市场，“伊兰特”汽车定位在中档市场，“吉利”汽车则定位在低档市场。

向上延伸就是企业在原来定位于低档产品的产品项目中增加中档乃至中高档

产品项目。向下延伸就是企业在原来定位于高档产品的产品项目中增加中档、中低档产品项目。双向延伸就是生产中档产品的企业向中高档、中低档两个方向延伸,拓宽产品组合的深度。

上述产品组合策略的运用过程,通常是分析、评价、调整现有产品组合的过程,也是优化产品组合的过程。分析调整的依据就是当前和潜在的市场需求水平,产品的销售额、利润、市场占有率,根据分析评价的结果,决定扩展、缩减还是延伸产品组合,决定增加哪些产品线和产品项目,淘汰哪些产品线和产品项目。

三、产品策略与消费心理

消费者在市场上选择商品,一般会表现出以下几种典型的消费心理。

(一)不大关注核心功能

由于经济的发展,科技的进步,生产力水平的提高,消费者在市场上购买产品时,对产品的核心功能在心理上是信任的,汽车能开动、手机能通信、电冰箱能冷藏保鲜,这是不言而喻的。在激烈竞争的市场中,谁的产品核心功能出问题,无异于自戕。多年来,消费者投诉产品核心功能出问题的情况十分罕见。当然这并不意味着厂商可以忽视产品的核心功能。

(二)对形式产品的关注度差异很大

注重实惠的消费者在市场上选择商品时主要关注商品的质量等级,心理上接受质价相符的商品,认为"一分钱,一分货",花钱要选购同等质量等级的商品。而一些青年消费者更关注商品的样式,看它是否流行,是否与时尚合拍。他们的消费心理是"只买贵的,不买对的",认为时尚流行的商品符合自己的身份,才不会落伍,不会被别人视为"老土",不会跟不上时代的发展;他们认为选择过时或过了流行期的商品,一定会被同事、朋友讥笑"out"(落伍)了。因此,他们在心理上十分注重商品的款式和流行元素。

(三)附加产品是导致满意度提高的关键

传统消费观念认为消费者只关注商品的质量和价格,因此把主要精力放在提高商品品质上。而实践表明,在发达的市场经济中,消费者既关注商品质量,更关注商品带来的附加利益。在产品的核心功能相同、款式式样也差别不大的情况下,唯有附加利益才是市场竞争的新领域。消费者在市场上选择商品,会进行综合比较以期获得最大利益。如果附加利益超过了他们原先的期望,他们就会获得最大的心理满足。例如,汽车厂商提供的售后维修保养服务、以旧换新(二手车置换)

服务,甚至组织车友俱乐部,往往会成为留住忠诚顾客的强有力手段。而顾客也从这些附加服务中得到了保障,从而得到了最大的心理满足。

当然,消费者追求附加利益,获得最大的心理满足,并不是对所有商品表现的强度都一样。按照产品分类,对日常生活用品,如食品、饮料、卫生洗涤用品等,消费者更多的是追求购买便利,更多的是关注产品安全、健康等利益保障;对服装、鞋帽、手包等商品,消费者关注更多的是质量、原料、品牌,追求的附加利益是质价相符、品牌保真;对耐用消费品,如汽车、住房、电器等,因为其消费周期较长,消费者更关注在商品使用过程中厂商提供的各种售后服务。

企业在设计附加产品的内容和形式时,要不断深入调查研究消费者心理,开发新形式的附加产品,这样才能在市场竞争中获得更大的成功。

(四)受产品线的扩展和延伸影响

如果企业原有的一些产品在市场上有较高知名度,则消费者对这些产品会比较信任,企业应利用这种心理,进行产品线扩展或产品项目增加,从而取得较好的市场效果。从消费心理的角度分析,这是一种光环效应,即原有产品的成功光辉映照到了新扩展的产品中。

产品线的延伸也是如此,特别是向下延伸,正是利用了消费者对高档产品的信任心理。消费者为了得到心理满足甚至是为了炫耀,往往会购买同一高档品牌向下延伸的产品。

但是产品线扩展、延伸也面临着一个无法回避的严峻问题,即“一损俱损,一荣俱荣”。扩展或延伸后的产品一旦出问题,就可能轻易地产生连带效应,危及其他产品,造成信誉和市场的双重损害。为了避免产生这种风险,企业在产品线扩展或延伸时应加强管理,严格规范,尤其对新增加的产品线或产品项目要严格控制标准,加大监督力度,避免在市场上出问题,这样才能使消费者保持信任心理。

第二节 新产品开发与消费心理

现代社会,日趋激烈的市场竞争迫使企业必须不断创新,不断开发新产品,而科学技术的进步为新产品的开发提供了可能,新产品开发已经成为企业生存与发展的决定性因素。企业只有重视新产品开发研制,加大新产品开发的投入,才有可能在市场经营中取得成功。

新产品在生产制造、进入市场之前最重要的是研究开发和设计。从市场营销的理论来看,研发、设计是开发新产品的第一步。怎样研发,如何设计,从而使新产品在市场上取得成功？首先，要对新产品的概念有所了解。

一、新产品的类型

新产品一般是相对于旧产品、老产品而言的，是一个比较笼统的概念。市场营销学认为，新产品不仅指创造的全新产品，也包括对已有产品的革新、改进。根据消费品的构造原理和改进程度，可以分为非连续性新产品和连续性新产品两大类，其中，连续性新产品按其改进程度，又可分为革新性新产品、改进性新产品和部分改变性新产品三个细类。现分述如下。

（一）非连续性新产品

非连续性新产品是指那些运用新的科学技术或新材料、新工艺设计生产的，在造型、结构、性能等方面完全创新的产品。非连续性新产品的出现和使用，往往在消费者的消费观念、消费方式、消费过程、消费心理等方面产生重要的影响。例如，电视机在问世之初就属于非连续性新产品，在它出现之前，没有类似的产品在市场上出售。它具有收音机、幻灯机、电影放映机等产品所不具有的功能。电视机出现后，成为一种重要的、广泛的大众传播媒介，甚至与电影争夺市场。电视机为世界几十亿人提供了新的信息传播媒介和家庭娱乐方式，使整个人类社会生活面貌发生了重大变化，甚至产生了新的生活方式。

（二）连续性新产品

连续性新产品是指对原有产品进行改造，利用新材料、新元件、新工艺、新技术，使其成为有新特点、新性能、新用途的产品。连续性新产品按其改进程度，分为以下三个细类：

1. 革新性新产品。革新性新产品是指在原有产品基础上进行某些大方面的改革而形成的新产品。这种改革主要体现在产品的设计、结构、性能三个方面。其中，主要是性能方面得到重大改进。例如，彩色电视机是在黑白电视机的基础上革新发展而来的。它具有丰富的色彩，画面更加逼真、漂亮，性能和收视效果大大超过黑白电视，在市场上很快就被消费者所接受。一般来说，这类新产品能够在一定程度上影响消费者的消费方式，可以在社会上形成新产品的消费潮流，但不会形成新的消费方式和生活方式。

2. 改进性新产品。改进性新产品是指在原有产品基础上略加改良而形成的产品。这种改良主要是指原产品用途不变，仅在设计、装配、原料等方面做部分改进，提高产品的性能。设计生产改进性新产品相对于非连续性新产品来说比较容易，所以市场推出的新产品大多属于此类。例如,普通香皂增加了抑菌功能,洗发水增加了护发功能,但它们仍保留了原产品的基本功能,与普通产品差别不大,因而属于改进性新产品。这类新产品能在一定程度上适应消费者渴望变化、刻意求新的心理,所以较容易被消费者所接受,但不会使消费方式发生明显变化。

3. 部分改变性新产品。部分改变性新产品是指在性能、用途、质量上与原产品相比无大改进的产品,这类产品或是在产品外观上,或是在造型上,或是在零部件上有少许变化。例如,服装类产品领形、衣袋的变化,药品类产品服用方法的变化,手机荧屏尺寸的变化等。这类产品保留了原产品的某些特点,突出了原产品某方面的特点,很容易被消费者所接受,对消费方式不会产生影响。

上述各类新产品,对消费者的消费方式、消费心理会产生不同程度的影响。反过来,消费者心理也会影响消费者对新产品的接受。

二、消费者对新产品的心理需求

消费者对新产品的需求和购买会受到产品因素、经济因素、社会心理因素的影响。下面主要从产品因素和心理活动因素两个方面,研究消费者对新产品的心理需求。

(一)影响消费者购买新产品行为的产品因素

1. 新产品具有的优越性。新产品本身的特性是影响消费者是否购买新产品的重要因素。新产品的特性是"新","新"的中心是优越于原产品,如果新产品的优越性非常突出,消费者知觉速度就快,需求程度就高。如果新产品的优越性多,能满足消费者在使用原产品时得不到的需要,新产品的市场扩散率就高,扩散速度也会大大加快。例如,彩色电视机不仅能使人听到声音,而且能使人看到色彩鲜艳、生动优美的图像,性能十分优越,在我国普及速度非常快。

2. 新产品使用的类似性。消费者长期使用某种产品,会形成一定的消费习惯、消费方式、价值观念和评价标准,即形成习惯性的行为模式,而改变消费者的行为模式,需要克服惯性,这不是在短时间内能够做到的。因此,新产品的消费使用如果符合消费者的行为模式,则扩散速度会较快;反之,如果使用新产品需要很高深的知识和复杂的技能,消费者需要重新建立一种行为模式,新产品就不容易被消费者所接受,市场扩散速度就会受到影响。

在我国,手机和电脑的普及就很能说明这个问题。手机由于使用简单、方便,使用者不需要掌握太复杂的知识,所以普及速度很快。十几年的时间,我国的手机用户从不到100万人增长到8亿人,目前,我国已是世界上手机用户最多的国家。

电脑的使用则比较复杂,熟练应用电脑需要具备一定的知识,用电脑写作要改变以前的习惯,所以,在我国,电脑(这里主要指个人电脑)的普及速度虽然也很快,但比起手机来则慢得多了。

3. 新产品使用的试用性。大多数消费者由于缺乏消费经验,都是在对新产品经过试用,认为满意之后,才成为新产品的信任者和经常使用者。也就是说,如果能够让消费者对欲购新产品试尝、试用,显然有利于新产品的扩散。例如,食品类中的新产品刚投放市场时,应提供小包装,以便消费者品尝食用;家用电器中的新产品,应当允许消费者在一定时间内退换,以便消费者通过试用认识、了解新产品。美国著名管理专家亚科卡在主持克莱斯勒汽车公司工作期间,曾实行允许购买汽车的消费者退货的销售制度,购买者买汽车后试用几周,如不满意即可退货。实行退货制度的结果表明,退货率很低,汽车销售量却大为增加。企业允许消费者试用商品,可以使消费者了解新产品的优越性,增强消费者对商品、对企业的信任感,是提高新产品扩散速度的有效途径。

4. 新产品信息的沟通性。购买新产品的消费者,总是希望把购买行为的信息、所购新产品的优点等传播给别人,让别人承认,获得赞许、赞赏,实现心理上的自我满足。所以,如果新产品的信息沟通性强,即容易外显,它的扩散速度就会加快。例如,服装中的外衣,家庭陈设中的工艺品,首饰、提包等,其新产品上市后,由于使用能见度高,在消费者中容易形成大众传播,因而扩散速度很快;而电脑的优越性不易外显,再加上需要消费者掌握一定的知识,所以其新产品的市场扩散速度相对较慢。

总之,新产品所具有的优越性、试用性,使用上的类似性,信息的沟通性与消费者购买新产品的行为密切相关,直接影响到消费者对新产品的感知程度和心理反应,从而影响着新产品的销售状况和扩散速度。

(二)消费者对新产品的心理欲求

随着人们生活水平的不断提高,购买动机中的心理动机在消费者购买行为中占有越来越重要的地位。消费者购买新产品,反映出消费者心理欲求的发展趋向。为了使企业开发设计的新产品能够适应消费者的购买心理,应当了解消费者对新产品的心理欲求包括哪些内容。

1. 时式流行和象征意义。时式流行是一种社会消费现象。时式是指在一定时期内,受社会欢迎的式样,也叫作流行式样。消费者对时式商品的追求,其动力是人们顺应时代、渴望变化、随多从众等心理需要。例如,穿着新潮时装,反映出消费者的求新求美、求异求变的心理欲望。商品的时式流行有其运行周期,一般经过倡导、传播、形成风气、减弱直至消失几个阶段，但不同商品的运行周期时间长短不同，如耐用消费品时式流行周期较长，日用小商品流行周期较短。现在，市场商品丰富，可选择性大大增强，尤其是面向青少年的食品、服装、日用品，需要不断推出新品种、新式样、新口味、新包装，以满足青少年喜欢标新立异、求新求变的心理欲求。

消费者的购买行为要受到其个性心理特征的制约，新产品如果具有独特个性，就能够满足不同个性心理的需求。新产品的个性是通过其象征意义的心理功能发挥作用的。产品象征意义的心理功能，是在人们的想象、比拟、联想等心理作用下产生的。产品的象征性，主要有时代象征性、地位象征性、性格象征性、年龄象征性、性别象征性、职业象征性等。例如，设计独特、使用巧妙的商品，可能被看作聪明智慧、富于创新的象征；价格昂贵、款式豪华的商品，可能被看作支付能力高、地位显赫的象征；结构简单、造型粗犷的商品，可能被看作魅力男性的象征；色彩明快、功能奇异的商品，可能被看作年轻的象征；严谨科学、复杂深奥的商品，可能被看作成就、知识的象征；等等。

2. 舒适、安全、方便和协调。舒适、安全、方便和协调，是现代生活的主要标志之一，也是消费者对新产品基本功能的心理要求。

舒适要求，是指要求商品结构能够符合人体生理结构和人们的使用习惯。例如，家具的高度，除要考虑充分利用家庭居室空间外，还要考虑经常使用者的身高和手臂长度。又如，日本汽车制造商把出口欧美国家的轿车车内设计得比较宽敞，座位靠背的角度可自动调节，适应了欧美人身材高大的特点，乘坐极为舒适，很受进口国消费者欢迎。

安全要求是消费者安全需要的必然反映。商品是否安全可靠，对身心健康是否有益，是消费者购买和使用新产品时经常考虑的。在食品消费中，消费者对安全的关注程度极高，如对粮食、蔬菜、水果、肉禽等产品，消费者往往关注其是否健康、安全，是否无污染、无农药残留，如果这些产品是真正的绿色无公害的农副产品，即使价格高些，人们也愿意购买。

方便要求，是指要求商品使用便利，操作简单，重量便于搬运、挪动，保养维修容易等。对方便的要求是消费者在购买新产品时经常思考的问题，求方便心理也是普遍存在的。例如，洗衣机由手摇发展为电动，由半自动发展为全自动，有些洗衣机还增加了烘干功能，方便省力程度不断提高，所以普遍受到消费者的欢迎。

协调要求，是指要求产品与其生活环境相协调、相配合，也就是从整个消费系统中去考察各种产品的功效和地位。例如，在一个居住环境里，消费者要求房屋的主体部分(地板、墙面、天花板)以及家具、家用电器、室内陈设,在颜色、格调、款式等方面互相协调,形成和谐有韵律的整体气氛。为了满足消费者追求协调的心理,不仅各种家具要有不同的风格和色彩,而且连电视、电脑、电冰箱也设计出了各种色彩和造型,以便与室内环境保持整体风格的一致。

3. 审美情趣和个性创造。要使消费者能够接受和购买新产品,还要求新产品具有能引起人的审美情趣的属性,即商品美。商品美涉及线条、形体、色彩、声音等诸多方面。虽然消费者的审美情趣因人而异,但在一个时代、一个阶层中,同一个消费者群体也有共同的审美标准。例如,现代城市中的年轻人追求美感,青年男性要潇洒、"酷",青年女性要温柔、典雅。再如,各种长毛绒动物形状的背包、饰物,具有各种粗犷图案和造型的服装,都给特定的青年消费者带来愉悦和美感,很受市场欢迎。现在电脑厂商还开发出了面向青少年的家用电脑,其生动活泼的外形以及各种绚丽的色彩,深受青少年消费者喜爱,满足了他们的审美情趣。

消费者的个性,影响着他们对时尚商品的需求。性格外向、喜欢社会交际的消费者,对时尚商品非常敏感,具有很强的占有欲望;性格内向,不善言谈交际的消费者,对时尚商品反应迟钝,购买欲望不强烈。目前,在我国市场上,有些商品是工业化流水线生产的,千篇一律,没有特色,如汽车、电脑、手机等。消费者为追求个性,只好自己动手对商品进行改装、改造,使之成为独特的个性化商品,如对汽车的动力装置、外形做个性改装,给手机加上个性外壳等。这种个性心理还表现在对时装、家庭饰物的选择上。有些消费者追求生产量少、独具特色的时装,追求新颖奇特的家庭饰品;而有些消费者则追求大众化产品,其消费具有从众倾向。

综上所述,产品因素和心理因素相互作用,成为新产品市场营销成败的关键。因此,应当研究新产品在设计中怎样适应消费心理。

三、新产品开发、设计的心理策略

在市场营销中,新产品的开发、设计要按照市场需求进行,研究市场需求不但要了解消费者对产品使用价值的要求,使新产品适销对路,还要满足消费者的心理需求,所以应在产品开发、设计中把握一些基本的心理策略。

(一)产品设计的指导思想必须适应消费的变化

在产品的开发、设计中,要根据使用者的要求和国家有关技术经济政策及经济技术条件,确定某种新产品的用途、结构、成分、性能、规格、款式,新产品加工制造所需用的材料和半成品以及应达到的技术经济指标等。这些开发、设计内容通过图纸、技术条件说明书、各种明细表和其他技术文件表现出来,作为组织产品生产的经济技术依据。在进行产品开发、设计时,要求技术先进、经济合理,更重要的是符合用户的使用要求。从表面来看,产品开发、设计是一项专业性很强的技术性工作,要求设计者掌握产品的材料、工艺、性能等技术经济指标,通过文字和图表的方式表达出产品的使用性能。但实际上,产品开发、设计离不开市场,离不开对消费者需求的深入了解,它不是简单的技术表现。因此,产品开发、设计的指导思想必须适应消费的变化,真正满足消费者的实际需要。

改革开放以来,我国国民经济飞速发展,随着产业结构调整、技术进步,外贸进出口额扩大,国内市场出现了买方市场的新格局,消费者成为市场的主导,他们对商品有了很大的选择余地。因此,产品的开发设计不能停留在商品短缺时期的水平上,要从满足一般大众化需要转移到适应消费需求变化,满足多层次、个性化需求上来。如果思想观念不变,仍然单纯从企业性质、技术角度出发,设计生产品种简单、外形平庸、功能结构单一的产品,必然跟不上消费生活的变化,不能满足消费者的多种需求,企业也将失去市场,失去生存发展的机会。只有转变观念,力求满足消费者全方位需求(包含生理的、心理的、物质的、精神的),才能开发设计出品种多样、结构新颖、功能齐全、外形美观的产品。

一些企业对于了解消费者的物质需求和心理需求,对于如何依据消费者的需求进行产品设计有比较广泛深入的研究,它们在产品开发、设计中的一些做法和考虑,值得我们借鉴。例如,日本一家电器公司,在产品设计中对下述10个因素进行调研:①产品的范围。根据公司的性质、生产能力和长远目标,确定生产哪些产品,不生产哪些产品。②顾客的习惯。顾客对产品的使用习惯怎样?购买动机如何?是否适应顾客的需要?③产品的评价。产品在市场上的信誉如何?评价好坏及是否有吸引力?④产品的构想。对产品的功能和效用有什么新的构思和设想?要进行怎样的开拓和创造?⑤产品的特点。产品应该具备什么样的特征和品格,才能在同类产品中出类拔萃?⑥产品的外观。赋予产品什么样的外部形象才能赢得消费者的喜爱?⑦生产的时机。产品应该何时投入生产?何时进入市场?生产多少数量?⑧生产的流程。生产这种产品,要采取什么样的工艺流程?要增加哪些新设备和原材料?哪些零部件应由本厂生产,哪些应该外包加工?⑨产品的成本。生产这种产品的成本是多少?定什么价格、取得多少利润才能有利竞争、占领市场?⑩产品的情报。设计和生产这种产品,需要哪些数据、科学技术信息和市场资料?

进行产品设计必须研究消费趋势和消费心理的变化。这些变化具体表现在以下几个方面。

1. 消费习惯从单一走向多元化和个性化。

改革开放以来,农业的发展使我国初步解决了13亿人口的温饱问题。一些农村开始向城市化发展,富裕起来的农民已经逐步摆脱了自给自足的生活习惯,货币收入不断提高,自给性消费减少,商品性消费增加。城镇居民在吃、穿、住、用、行等方面的消费需求变化更大,速度更快,出现了从单一消费向多元化、个性化消费发展的消费趋势。这种变化使得某些商品的生命周期相对缩短,流行趋势大大加快。例如,在食品消费中,有些人刚刚接受精加工的大米和用途专一的面粉,而另一些人又开始寻求粗粮,购买野生无污染的野菜。一些人追求服装的流行趋势,购买普遍流行的式样,而另一些人追求服装的个性化,不去买大众式样。

2. 消费模式发生变化。

消费模式变化主要表现在以下几个方面:

(1)恩格尔系数开始下降,居民消费比重发生改变。随着经济的持续增长,人们收入水平不断提高,在我国居民消费支出中,用于购买食品的支出在总支出中的比重逐渐降低。2000年全国平均的恩格尔系数在50%左右,而到了2013年年底,城市的恩格尔系数已下降到35%左右,农村的恩格尔系数已下降到37.7%,而在京、津、沪、穗等一线城市和东部沿海经济发达地区,恩格尔系数已下降到30%以下,接近发达国家水平。虽然食品消费支出比重下降,但食品消费总量和质量却明显提高,我国每人每天摄入的食物热量、蛋白质、维生素等的数量已经高于发展中国家的平均水平,有些食物消费水平甚至接近发达国家的平均水平。食品消费比重下降,城乡居民的穿着类和"用"的商品消费支出增长幅度较大,并保持继续稳定增长的趋势。

(2)家电、汽车等消费需求增加。由于"十一五"期间国家推行家电、汽车、摩托车下乡政策,带动了农村消费,促进了农民对这些商品的需求。目前,农村家庭彩色电视机、手机的普及率已超过100%,电冰箱、洗衣机的普及率也达到80%以上。同时,国家实施汽车、家电以旧换新政策也拉动了城市消费,加快了家电等商品更新换代的速度。国家对于电动汽车的补贴政策,促进了电动汽车的发展和销售。

(3)消费结构优化升级。我国消费结构正在由量变向质变转变,由温饱型向享受型转变,由重"吃""穿"向重"住""行"转变,在住房、医疗、旅游、教育以及享受型的汽车、家电、家居建材、电子产品等方面消费热点频现,消费扩张最快的是以私人汽车为代表的交通消费,以移动通信和信息为代表的通信和信息消费,以教育和旅游为代表的精神文化消费。

(4)文化教育、健身娱乐、休闲旅游、服务等方面支出增长迅速,比重上升。我国人民总体上已从温饱步入小康,一部分人开始向比较富裕的生活迈进。温饱问题解决后,生存资料得到基本满足,对发展资料和享乐资料的需求大大增加。因此,在购买图书、购买电脑、看演出以及旅游、休闲、娱乐、健身等方面的支出迅速上升。

3. 消费心理倾向发生变化。消费心理倾向的变化主要表现在以下几个方面:

(1)随着我国经济体制改革的深化,在银行储蓄利率变动、国家推行积极的财政政策和稳健的货币政策、加入世界贸易组织后关税变化和市场开放的新形势下,消费者的消费心理更加成熟、稳定,没有了大起大落的波动,购买心理动机具有求实、求新、求稳、求廉的趋势。

(2)随着市场上多数商品供过于求,买方市场格局得以形成,消费者购买行为类型发生了很大变化。理智型购买增多,情绪型购买减少;计划型购买增多,随机型购买减少。常规型购买者的购买动机受单一因素驱动减少,受复合因素驱动增加;受削价优惠刺激购买减少,受实际使用刺激购买增加。

(3)汽车、住房的购买心理成熟、稳定。进入21世纪以来,随着我国经济的稳定、高速发展,居民收入水平不断提高,汽车、住房消费持续上升,而且消费者购买心理趋于成熟、稳定。例如,我国加入世界贸易组织以来,汽车市场开放,进口汽车关税降低,国内汽车生产能力扩大,生产成本降低,导致汽车价格不断降低,新型号不断推出,但消费者能够冷静面对,购买时能从性能、价格等多方面进行比较,不再盲目跟风。

4. 消费决策的变化。消费模式和消费心理的变化引起了家庭消费决策的变化。过去,一般工薪家庭生活预算比较紧张,购买对象、购买数量、购买地点、购买时机、购买方式等,常常由家庭经济主持人作出比较"专制"的个人决策,以维持家庭生活的正常运转。如今,随着家庭收入增加,家庭生活水平得到显著提高,家庭的一些消费行为,如购买耐用消费品,往往由家庭成员共同作出比较"民主"的集体决策。夫妻双方对消费决策发言权的平等性增强了,并且孩子的消费需求也能够提示、促使或决定购买。

5. 消费信息的变化。家庭作出恰当的消费决策,需要有足够、及时、准确的商品信息作为基础。消费者过去获得商品信息的渠道少,信息量较小,主要是凭购买经验和借助周围人的口头传播所提供的信息作出购买决策。近年来,商业广告规模扩大,媒体增加,尤其是网络技术的普及,使消费者获取商品信息的途径多、时间快、信息量大、可靠性强。因此,消费者到处奔波寻找购买目标的情形日益减少,购买商品所花费的时间(包括获取商品信息时间、购买往返在途时间、现场交易时间)大大节省。

6. 消费系数的变化。近几年来,我国居民用于生活费用的支出(包括购买商品支出和非商品支出)占劳动收入的比重呈下降趋势,即消费系数下降。城乡储蓄存款增长幅度高于社会商品零售额的增长幅度。截至 2017 年年底,我国城乡居民储蓄存款余额已超过 68 万亿元人民币。

7. 消费者权利的变化。消费者权利包括要求得知商品信息、诉讼索赔、评价和监督企业产品与服务质量等。上述几个方面的变化,标志着广大消费者的消费权利进一步得到承认。随着我国农业和消费品工业的发展,市场上商品的数量、品种、规格、花色增多,消费者的选择余地大为增加。保护消费者权利法规的颁布和各地消费者协会的努力,使消费者权利得到有力的保护。消费者在消费上由被动变为主动,也标志着消费者权利进一步得到实现。

上述消费方面的变化,要求企业在产品设计方面不断创新,使新产品适应变化了的市场形势,最大限度地满足消费者的需求。

(二)产品设计要符合基本功能要求

1. 产品功能设计要符合消费者的生理要求。

产品的基本功能,也就是产品具体的使用价值,是消费者购买时最基本的出发点。消费者的生理需要是初始的需要,因此,符合消费者的生理需要,是产品功能设计中首先要考虑的因素。例如,在服装的设计中,冬季穿着的羽绒服、保暖内衣一定要具有御寒功能,夏季的服装一定要清爽、散热、透气;安全帽、头盔一定要能抗击重物,具有安全保护的功能。产品设计一旦忽视其核心功能效用,在市场营销中就难以获得成功。

近年来,国内外的产品功能设计出现了两种新倾向。其一,产品向多功能方面发展。例如,手机既可以接打电话,还可以接收、发送短信,并且有拍摄功能,还可以上网;数码相机不仅可以拍摄和存储照片,还具有摄像功能。多功能使商品增加了使用价值,因而受到消费者的欢迎。其二,产品向自动化方面发展。例如,电饭煲具有定时、自动保温功能,彩电、空调具有遥控功能等。自动化商品使用起来省时省力,更为方便,自然成为消费者购物的首选。

2. 产品造型设计要符合消费者的审美要求。消费者购买商品时,不仅要求商品有基本的使用价值,还要求商品的外部形象有一定的欣赏价值。随着人们收入的增加、生活水平的提高,一些消费者的文化艺术修养、审美观念也逐步提高和增强,他们在购买商品时往往注意商品的造型美、艺术美、色彩美,把商品的外部形象是否符合自己的审美标准,作为是否购买该商品的决策依据。从商品本身来说,有一些商品除了具有使用功能以外,还应具有观赏功能,通过感官刺激消费者,作用于消费心理。例如,在中国八大菜系中,各种名菜佳品,都是色、香、味俱全,不仅注重口感、味道、营养,也注重其观赏性,一些拼盘冷菜别具匠心地摆成各种图案或形状,给人以形式美的心理感受。所以,根据产品的性质特点和不同的消费对象,设计出优美的造型,可以满足消费者的审美要求。例如,儿童用品应当造型活泼,色彩鲜艳;女性用品应该造型纤巧,色调雅致;男性用品应该造型粗犷,色调大方。

总之,一个成功的商品设计,应该是内容与形式和谐统一,使用价值和欣赏价值同时具备,才能赢得消费者的喜爱和欢心。

3. 产品结构设计要符合人体工程学的要求。人体工程学也称人类工程学,它是运用人体测量学、生理学、心理学和生物力学等研究手段和方法,综合地进行人体结构、功能、心理以及力学等问题的研究的科学。人体工程学追求设计使操纵者、使用者能发挥最大效能的机械设备和其他产品。近几十年来,人体工程学的发展很迅速,除主要在交通工具的设计和国防工业方面得到应用以外,还应用于一些日用工业品的设计。一件商品,一种小工具,必须与人的机体构造相适应,才能给人以方便、舒适的感觉,"量体裁衣"就是这个道理。以椅子为例,成人如果坐在儿童椅上,一定会觉得难受,因为小椅子不适应成年人的人体构造。在设计椅子时,应该根据人的腿部长短确定高矮,根据臀围确定宽窄,根据坐姿确定靠背的倾斜度,根据手臂长短和关节部位安置扶手,这样设计出的椅子,才能在体重负荷适中、血液循环适宜、姿态安稳、肌肉放松等方面都符合人体的需要。电冰箱如果容积相同,底面积小的则比较高,多层多门就可以减少弯腰曲背取物之苦,这种机型设计研究了人们从冰箱中取物的姿势,符合人体工程学的要求。牛仔裤之所以风行世界,是由于设计师研究了各类人种的不同体型,制定了几十种不同尺码的标准型号,使胖瘦、高矮不同的人都能选购到合适的型号。

(三)产品设计要满足消费者的心理诉求

产品在设计中,除了要符合消费者的基本功能要求外,还要尽量满足消费者的心理诉求。也就是说,产品除了在功能、造型、结构上满足消费者的使用要求外,还要能充分体现消费者的个性特征,满足消费者的心理要求。商品的"个性"凝聚在商品实体上,一般有以下几类。

1. 渴望类。

渴望类产品主要满足消费者渴望显示自己成熟的心理需求。人的一生要经历儿童、青年、中年、老年等阶段,每个发展阶段的成熟度不同,个性特征也有差别。

年轻人为了在社交场合显示青春活力,喜欢穿戴动感十足、个性张扬的服装、鞋帽;女青年喜欢购买美容化妆品和各种饰物;中年人倾向购买成熟稳重的服装、提包;而老年人注重购买安全、保健类食品和健身器材。渴望类商品的设计要求是简便、舒适、科学合理。面向青少年的用品,设计要新颖、与众不同,才能满足他们的心理要求。

2. 威望类。

威望类产品主要满足消费者提高其社会威望的心理需求。消费者购买和使用这类商品,可以表现其事业进取心或工作成就。设计威望类商品的基本要求是,选料要考究,款式要豪华,质量要上乘,功能要超群,产量要控制。男士用的领带、钱包、高档手表,女士用的高档珠宝首饰等就属于此类商品。

3. 自尊类。

自尊类产品主要满足消费者渴望得到社会认可、受人尊重、显示较高社会地位的心理需求。消费者购买使用这类产品,可以表明有一定的社会地位,有事业成功、受人羡慕的心理要求。这类产品一般是国内外的知名产品,有些被称为奢侈品,其档次和价格较高,质量优良,如名贵轿车,名牌西装、鞋、提包,高级俱乐部的会员卡等。设计这类产品要求选料精良,式样庄重、典雅,有些还必须由特殊的手工制作完成。这类产品一般采用声望定价方式定价,并对生产数量加以控制。

4. 精神类。

精神类产品主要满足消费者精神享受、精神愉悦的心理需求。这类产品包括家庭装饰品、工艺品、名人字画、金玉珠宝首饰等。消费者物质方面的需求满足后,还有各种精神需求,为提高自己的文化修养,显示自己的品位,常购买和收藏珍贵艺术品、名人字画等。这类产品价格昂贵、艺术性高,具有很高的欣赏、收藏价值。设计这类产品,要求品位高尚、文化气息浓郁。这类产品最好是名人真品,或者出自大师之手。

此外,反映消费者个性特征的商品还有功能类、艺术类、“另类”等商品,不再细述。

四、消费者对新产品的购买

消费者对新产品的购买,除受商品本身因素(如质量、价格、造型、功能、颜色、品牌、包装、销售服务等)影响外,还受消费者经济收入、受教育程度、社交活动、市场信息和消费心理影响。从市场营销角度分析,新产品的销售增长过程就是该产品的扩散过程;从消费者群体分析,消费者群体接受新产品的过程也是该产品的扩散过程。因此,我们首先研究新产品的扩散过程。

（一）新产品的扩散过程

一些经济学家认为,新产品的扩散过程是一个动态的运动过程,这个动态运动过程依“原有平衡状态出现不平衡状态到新建平衡状态”的规律运行。当厂商在市场上推出新产品时,就扩大了消费者可供选择购买的商品种类,这样可能打破消费者原有的消费平衡状态,消费者会通过某些行为,降低可供选择购买的商品种类和数量,一直降到某一满意的水平,就建立起新的平衡状态。我们以时间为自变量,消费者的接受率为因变量,建立起两者关系的坐标系,可以描绘出大部分新产品的扩散曲线,如图 12-1 所示。

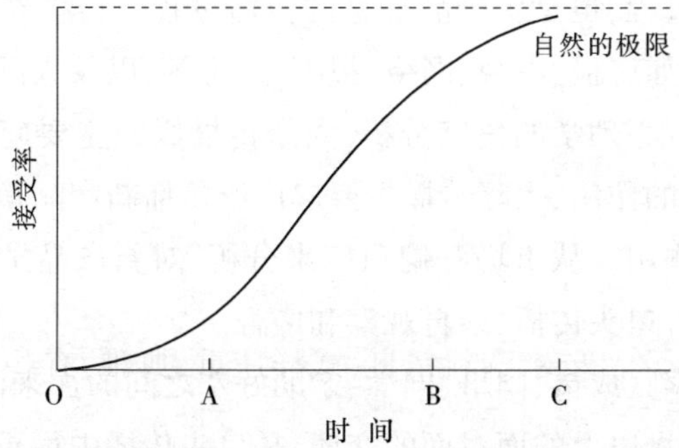

图 12-1 新产品扩散曲线

从图 12-1 可以看出：

1. 整个扩散曲线呈“S”形,消费者对新产品的接受率是先慢后快、先低后高,直至达到自然极限。

2. 在 OA 时间内,也就是新产品推向市场初期,消费者接受率比较低。其原因是:①消费者对新产品的信息缺乏了解,如不了解新产品的功能、价格、质量等;②消费者没有完全建立起新产品的评估标准,难以作出选择,如不了解新产品与原产品相比较突出的优点在何处;③消费者对使用新产品能带来的好处缺乏信心,难于以出购买决策,如担心使用新产品不能取得产品说明书所说的效果;等等。由于以上原因,在新产品初上市时,一般只有少数消费者接受。

3. 在 AB 时间内,也就是新产品打开市场后,消费者对新产品的接受率以较快的速度增长。其原因是:①有关新产品的信息在消费者中不断传播,使更多的消费者了解到新产品的性能、价格、质量等必要的信息;②消费者已经建立起新产品的评估标准,如对连续性新产品,修改原有评估标准,在心目中建立起新品牌、新型号、新规格的良好形象；③消费者有了其他消费者使用效果的参照，相信使用新产品的确能获得好处和利益，便于作出购买决策。

4. 在BC时间内，就是新产品的社会拥有量趋向饱和后，消费者对新产品的接受率逐步下降。其主要原因是消费者对新产品的购买有自然极限——新产品的社会拥有量饱和。如果市场上没有更新一代产品能够替代这种产品，那么，这种产品的社会拥有率将相对地稳定在一定水平上。如果市场上出现另一种可以替代这种产品使用并且有更突出优点的新产品，那么，这种产品的社会拥有率便会下降，直至被更新一代产品完全取代。

（二）新产品扩散的主要信息传播渠道

新产品的扩散过程，也是新产品信息的传播过程。传播新产品信息的主要渠道是大众传播媒介，如广播、电视、网络、报纸、杂志等，以及人际传播，如口头传播、消费体验等。从社会心理学的角度分析，大众传播媒介主要起新产品信息在消费者中广泛、迅速传播的作用，人际传播主要起广泛传播新产品信息和改变消费者对新产品不良印象的作用。从市场营销角度来分析，对新产品扩散起作用较大的信息传播渠道是消费者口头传播、亲自观察和广告。

1. 口头传播。家庭成员、同事、同学、亲朋好友之间的往来活动，都会形成口头传播信息，其中两个人以上的面对面的交谈，是口头传播中最重要的形式。一些研究成果表明，口头传播在新产品信息传播中起着非常大的作用。美国学者阿思特为了研究口头传播信息对新产品传播的作用，在调查的基础上，经统计分析得到表12-1的结果。

表12-1 口头传播信息调查统计

口头传播信息	购入商品者	非购入商品者
谈过话	62%	32%
未谈过话	38%	68%
合计	100%	100%
调查人数	185(人)	231(人)

表12-1说明，是否与曾经购买者谈过话，也就是产品是否有过口头传播，对产品的购买有着直接影响。

2. 亲自观察。新产品上市后，许多消费者在得到一些信息后，往往要通过亲自观察去验证所得到的信息，同时补充一些所需要的信息，进行信息组合、过滤和筛选，以便决策时使用。一些研究成果表明，消费者通过亲自观察渠道获取商品信息，在购买诸如家具、家用电器、服装等商品时的作用，仅次于口头传播而居第二位。

3. 广告。广告信息传播对推动消费者购买新产品的作用,在一般情况下比口头传播和亲自观察要小。许多学者认为,广告的作用是能够使消费者知道有什么新产品推出,了解该商品的用途和性能,但广告不一定能使消费者相信新产品的优点。消费者对新产品优点的信任,最重要的是来自消费者所信任的人的信息传播。因此,广告在向消费者介绍新产品的优点时,应当实事求是,恰如其分。言过其实或过分吹捧,不但收不到广而告之的效果,还会起相反的作用。

(三)新产品购买者的类型与特点

消费者对市场上出售的"老"产品,受主观、客观因素影响,有新近购买与长期购买、计划购买与偶然购买、拒绝购买与转换购买等方面的差别。对新产品的购买,则由于受消费者个性心理特征等因素影响,有它特殊的运动规律。有的消费者在新产品刚出现时就率先购买,有的消费者是在别人使用并有较好的评价后才购买,有的消费者在新产品已经普及后才购买,有的消费者则成为新产品购买的落伍者。以上分析主要是根据消费者购买新产品的时间先后顺序。如果我们把同一时期购买新产品的消费者归为一组,那么,按照购买新产品的时间先后,可以把新产品购买者分为五类:最先购买者、早期购买者、中期购买者、晚期购买者、最晚购买者。

1. 最先购买者。最先购买者是新产品消费的带头人,其特点是富于创新精神,社交活跃,喜欢标新立异,对新产品信息敏感,他们的经济收入、社会地位和受教育程度高。争强好胜、偏好心理对最先购买者的购买行为影响较大。这些人常出于对新产品的喜好而迅速作出购买决策。

2. 早期购买者。早期购买者对新产品持积极态度,多数为青年消费者。他们思想活跃,喜欢评论,热衷社交活动,注意从广告宣传中了解新产品信息,他们多数人经济条件较好,收入较高。求新、赶时尚心理对其购买行为影响较大。他们常紧跟最先购买者之后购买新产品。

3. 中期购买者。中期购买者是新产品消费的大众群体。其特点是消费态度较稳重,愿意使用新产品但不率先购买,能够顺应社会消费潮流。从众、同步心理对其购买行为影响较大。他们注意新产品的普及率,看到有一定的消费者购买、使用新产品后也随之购买。他们一般是有较稳定的工作、收入水平中等的群体。

4. 晚期购买者。晚期购买者的特点是社交活动较少,信息不灵,反应迟疑,担心吃亏上当,行动缓慢。他们多数人经济条件较差,受教育程度较低,不大相信媒体广告。求实、仿效心理对其购买行为影响较大。他们常等到多数人购买使用新产品并证实新产品的效用后才购买。

5. 最晚购买者。最晚购买者是最后购买新产品的人。其特点是保守,收入低且不稳定,对新产品持怀疑、反对态度,动作迟钝,消费惯性很强。他们常常在新产品已经过时后才购买。

(四)新产品购买者类型比例和分布

1. 新产品购买者类型比例。美国学者 E. M. 罗杰斯在调查统计之后,得到消费者购买新产品的类型比例。如果以新产品的全部接受者为 100,则各类消费者所占比例大致如表 12-2 所示。

表 12-2　新产品购买者类型比例

组　别	人数比例(%)
创新者(最先购买者)	2.5
早期接受者(早期购买者)	13.5
普及初期接受者(中期购买者)	34.0
普及后期接受者(晚期购买者)	34.0
守旧者(最晚购买者)	16.0

2. 新产品购买者类型分布及原因分析。按表 12-2 绘出的新产品购买者分布曲线,如图 12-2 所示。从曲线图中可以看出,新产品购买者遵从以时间为基准的正态分布,大部分新产品购买者集中在分布的中间阶段(即中期购买者和晚期购买者),最先购买者、早期购买者和最晚购买者都是少数。

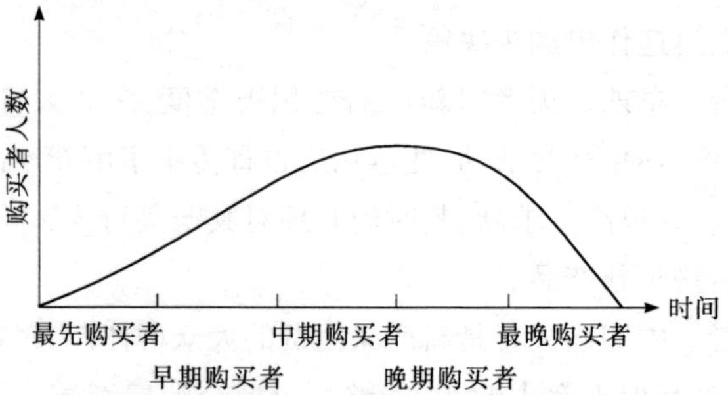

图 12-2　新产品购买者分布曲线

新产品购买者基本呈正态分布的原因,主要是消费者对新产品普遍存在着程度不同的疑虑心理,消费者的个性特征也影响着购买者类型分布。对新产品的质量、价格、性能、使用效果是否心存顾虑,是否相信新产品能提供更多的利益,对购买行为客观上存在风险的认知不同,这些因素均使得消费者购买新产品时出现早、晚,快、慢,简单、复杂的差别。例如,经过最先购买者和早期购买者的购买使用,新产品的优越性得到证实,有助于其他消费者消除疑虑,增强对新产品的信任感,也会引发部分消费者的同步、模仿动机,从而形成人数较多的中期、晚期购买者。

个性特征是影响消费者购买新产品时间顺序的又一重要原因。罗杰斯研究了新产品投入市场后有些人很快就接受,而另一些人则需要很长时间才能决定是否接受的现象,认为同一类型消费者的个性特征是相似的,各种类型消费者的个性特征都不相同,并且描述了新产品购买者的个性特征,如表 12-3 所示。从我国的实际情况分析,最先购买者具有较强的创新个性,早期购买者具有乐于接受新事物的特征,中期购买者有突出的趋同、不落后时尚潮流的特征,晚期购买者的个性一般属于抑制型,最晚购买者具有较强的习惯惰性。

表 12-3 新产品购买者的个性特征

组 别	个 性 特 征
创新者(最先购买者)	冒险性强
早期接受者(早期购买者)	受其他人尊敬,经常是公众意见的领导人
普及初期接受者(中期购买者)	服从性强,愿意照别人的路子走
普及后期接受者(晚期购买者)	怀疑论者
守旧者(最晚购买者)	遵从传统观念,当新事物不再新异时才肯接受

五、新产品销售心理策略

(一)重视新产品的潜在购买者

从新产品购买者类型比例可以看出,最先购买者和早期购买者的比例较小,只占 16%,虽然他们能起带头购买新产品的作用,但打开新产品的销路,关键在于中期购买者的形成。因此,市场营销人员应当重视新产品的潜在购买者。下面就从不同角度对潜在购买者进行分析。

1. 首次购买和多次购买。这是从购买次数的角度分析潜在购买者。从首次购买者的情况预测新产品的潜在购买量,虽然可行但不够准确。消费者首次购买后要经过实际消费体验,经过一定时间才能全面评价新产品,继而再次购买或多次购买。一般来说,消费者对新产品多次购买,意味着新产品后续销售能力强,市场潜力大。所以,统计掌握新产品首次购买人数和购买情况、购买后的反映、多少人产生再次购买行为等很重要。

2. 少量购买和大量购买。这是从购买数量的角度分析潜在购买者。首次购买新产品的消费者,由于对产品质量、性能等方面存在疑虑,总是先少量购买试用。随着对新产品的了解和信任的增加,消费者会逐步增大购买数量。因此,如果消费者长期少量购买新产品,说明这种新产品的销售潜力不大,不宜继续开发。

3. 不稳定购买和稳定购买。这是从购买者心理稳定程度的角度分析潜在购买者。首次购买新产品的消费者中,多数人心理处于不稳定和变化的状态。这种不稳定的购买心理长时间没有转变为稳定状态,意味着新产品开发受挫,产品销量不会稳定增长。

4. 不认定购买和选择购买。这是从购买者对产品品牌态度的角度分析潜在购买者。新产品投放市场初期,由于同类产品少或只此一家,基本无竞争或竞争不激烈,消费者只对新产品功能特点有了解的需求,所以不需考虑选择品牌。当同类产品大量上市,出现激烈市场竞争时,消费者就要在品牌、型号、品质、式样、包装、售后服务中择优购买,以满足物质和心理需要。

(二)解决好新产品销售过程中顾客的抱怨,重视发挥口头传播的积极作用

新产品进入市场后,总是少数人(最先购买者和早期购买者)购买使用,他们虽然人数少,但对其他人有较大的影响和示范作用。当他们消费产品后感觉满意,就会积极向其他人传播新产品信息,加快新产品信息的传播速度;反之,如果他们对新产品不满,使用中未达到预期目的,或产品售后服务存在问题,也会将信息向周围人传播,抱怨使用新产品的不利之处,这无疑将影响其他人对新产品树立信心。有时他们也会向厂家或经销商反馈他们的心理感受,但人数不多。据国外测算,早期使用新产品产生不满的,大概仅有不到10%的人向厂家或经销商反映。遇到这种情况,企业应处理好以下几个问题:

1. 尽力解决好早期购买者在产品使用中的问题,对直接反映问题的消费者,应作出超过其心理预期的反应,如无条件退换商品,支付损失费(如交通费、误工费等),上门送货、安装、维修等,目的是使早期购买者得到十分满意的心理感觉。

2. 按照早期购买者的要求、意见,改进产品,增加功能,增加规格式样,使新产品更加完善,使用效果更好,以满足不同消费者的要求。

3. 鼓励、引导早期购买者的口头传播,影响后期顾客。后期顾客的购买,多是由早期购买者的示范效应和口头传播带动的,特别是有些产品的消费有了早期使用者的切身体验,使后期大众购买者相信"传媒的广告是'耳听为虚',使用者的切

身感受才是‘眼见为实’”。

所以,企业应鼓励早期购买者“满意了告诉大家,不满意告诉我们”(企业广告语),引导消费潮流与趋势。

(三)新产品推销的市场调查

新产品生产出来后,需要有一套明确有效的推销策略,才能使产品以最有效的方法、最快的速度、最通畅的渠道完成从生产领域到消费领域的转移,实现其价值,因此,要进行新产品推销的市场调查。推销新产品的市场调查通常包括以下内容:

1. 使用新产品的消费者情况。这是指消费者的身份、职业,如消费者是工人、农民、职员、家庭主妇、学生、知识分子还是其他人?可能的顾客有多少?什么原因会影响消费者的购买数量?

2. 潜在购买者的分布和活动情况。这是指潜在购买者在地域上的分布和生活、工作情况。例如,潜在购买者是聚集于某一城镇,还是散居于全国各地?他们学习或工作单位的规模大小?他们购买习惯如何?

3. 新产品的价格和销量。例如,新产品与市场上已有的类似商品相比较,价格是否便宜?目前这类商品的消费量是多少?在几年内有没有变化的可能性?消费者的购买频率如何?

4. 消费者购买新产品的地点。例如,消费者在什么地方购买这种新产品最方便、最适宜?

5. 新产品的市场竞争程度。例如,是否还有其他企业想生产这类产品?目前流行的同类产品生产企业哪一家的商誉最好?本企业所提供的产品品质、价格、式样、服务有无竞争力?

(四)有效的产品推销方法

1. 样品试销法。这是指在展销会、展评会或市场上以成本价格甚至低于成本价格试销的方法。这种方法有利于消除消费者的价格疑虑,即便使用后感觉不佳也不会有过大的经济损失,因而消费者容易接受,还可以使消费者形成消费习惯。

2. 体验推销法。这是指在现场将新产品由消费者亲自体验消费的方法。这种方法有利于消费者相信新产品的功能和优越性,起到引起注意、加深印象的作用,因而能收到较好效果。

3. 合作推销法。如果新产品是已建立市场信誉的企业的组成部分,则可以联合知名的产品出售,从而提高新产品的信誉。如果本企业推销力量不足,可以与相关销售网协作销售,互相促进。

4. 印刷品推销法。这是指印刷和散发宣传新产品的说明书、传单、小册子等,向消费者推销新产品的方法。印制宣传品的注意事项是:①词句简明易懂,不用过长或抽象的词句;②突出重点,图文并茂,形象直观;③宣传使用本品感到满意的顾客的经验,有利于增加信任感;④印刷品的内容是最新的,并且与当前出售的商品一致。

5. 网络推销法。网络推销法就是通过网络向广大公众推销。现在互联网发展普及十分迅速,有些商品尤其是适合年轻人消费的新产品,通过网络进行推销会收到很好的效果。

第三节　品牌与消费心理

在市场上出售的商品,绝大部分都有品牌,品牌是产品的名称、标志,如海尔电冰箱、联想电脑,“海尔”“联想”就是品牌。品牌是产品在市场上的外在符号,其作用在于引起消费者注意,区分其他生产经营者的产品。品牌的内容包括品牌名称、标志、符号、术语的设计或组合。品牌经向有关管理机构注册,获得专用权,就成为商标。品牌与消费心理有密切的关系,研究处理好品牌与消费心理的关系,有助于消费者记住商品,并保持记忆,成为品牌的忠诚者,产生连续性的购买行为。

一、品牌的名称与消费心理

商品品牌的名称是品牌可以用语言称谓、文字表达的部分,是生产经营者信息传播的简单表达,是进入市场的产品名称。

(一)商品品牌名称的心理功能

商品品牌名称应通过使人们能够准确理解、便于记忆的语言文字来恰如其分地反映产品的性质、特点、用途、性能等。一个好懂易记、引人注意、富于联想、符合消费者购买心理的商品品牌名称,能使消费者记住产品,连带记住生产经营者的信息,并产生连续性购买行为。而一个名不副实的、庸俗拗口、缺乏特性的商品品牌名称则不易传播,不易使消费者产生兴趣。从心理学的角度看,商品品牌名称有以下几方面的心理功能:

1. 反映特性。商品品牌名称与商品本身的基本效用、基本特性相符合,能使消费者通过品牌名称一下子了解商品的基本效用是什么,这是一个什么样的商品。这样会加速消费者获取市场信息、了解商品的过程。例如,“五粮液”白酒、“汰渍”洗衣粉等。

2. 便于记忆。商品品牌名称用词简洁,便于消费者记忆。商品品牌名称使用的名字字数以 3~5 个字为宜,最长不要超过 10 个字,字数过长不好记忆。使用的修饰语应简单明了、通俗易懂,不宜过于复杂。名称的发音应方便易读,很拗口的音会使消费者在购买时感到不便。

3. 引人注意。一个好的商品的品牌名称能对产品有恰当的、形象的描述,易使消费者产生好的印象和兴趣,给消费者留下深刻的印象。给商品取名不能只用漂亮的字眼,还应注意名字的寓意和特色,含义好、有新意的名字常常使人过目不忘,或一听就印象深刻。例如,"全聚德"烤鸭、"狗不理"包子等。

4. 启发联想。启发消费者的联想是商品品牌名称的潜在心理功能。商品品牌可以使消费者从名称上引起联想,如对历史典故、故乡风情、生活知识、美好事物、未来生活等方面的联想,唤起消费者对美好事物的追求和向往,刺激其购买欲望。例如,"雪花"啤酒、"香格里拉"小区、"欢乐谷"游乐园等。

商品品牌名称应力求寓意深远、情趣健康、便于记忆,能高度概括商品的特性,从而引起消费者的购买欲望,促进商品销售。

(二)商品品牌命名的心理策略

为了使商品品牌名称更好地发挥消费心理功能,在对商品品牌命名时要注意,应简单醒目、便于记忆,同时最好做到新颖别致、易于识别,还要朗朗上口、易于传播。在命名时,有以下心理策略可以采用:

1. 借效用。这种命名方法直接反映商品的用途和特点,突出商品的本质特征。例如,"飘柔"洗发水就突出了商品使用后长发飘柔的效用,迎合了女性消费者爱美之心。

2. 借地名。很多地方产品的命名冠以产品产地,不仅突出了地方特色,而且迎合了消费者"慕名购买"的心理。例如,"青岛"啤酒,贵州"茅台"酒。消费者出差、旅游时,都非常愿意购买当地颇负盛名的土特产品。这些风格独特、历史久远的产品,应突出地方特色,使人感到是地道的、货真价实的当地产品。例如,"金华"火腿、"德州"扒鸡、"绍兴"黄酒等。

3. 借外形。这种命名方法多用于食品、工艺品,因其具有形象化的、使人联想的特点,所以既能突出商品的造型结构,又能引起消费者的注意,从而加深消费者的印象和记忆。例如,著名画家黄永玉设计的"酒鬼"酒瓶,因其外形、包装独具特色,取得了很好的市场效果。

4. 借比喻。很多产品的命名运用比喻方法,暗示产品的功效,这不仅有一定的宣传推广作用,还能给消费者以心理暗示,以此来吸引消费者。例如,"太太乐"鸡精、“老板”牌箱包、“静心”口服液、“好孩子”童车等。

5. 借谐音。中国文化博大精深，中国语言文字丰富多彩，在给品牌命名时，可以利用谐音，使消费者过目不忘，产生兴趣，进一步产生想了解产品信息的心理。例如，“舒肤佳”香皂、“可口可乐”饮料、“喜来登”饭店。给这些“外来商品”翻译命名时巧妙借用了谐音，产生了很好的消费心理效果。

6. 借名人效应。有些名人或名作品在社会上很有影响，成为一些年轻人崇拜的偶像，这些年轻人往往会模仿、追随自己的偶像。在品牌命名时借名人效应，能带来良好的消费心理效果，如“李时珍”牌中成药、“红楼梦”系列食品等。许多食品、补品是用家传秘方或凭大师的经验制成的，这样的命名可借名方名人效应，使人们心理上认同，感到可信。

为品牌命名的心理策略应将商品品牌名称与商品特性联系起来，才能刺激消费者心理需求，产生购买动机和购买欲望。

当然，企业在为品牌命名时，要遵守有关的法律法规，保护商标专有权，尊重知识产权，不能有意采用易混淆、分辨不清的名称误导消费者。

二、品牌标志设计与消费心理

品牌标志与品牌名称一道，表示商品的性质，区别竞争者的产品。品牌标志一般由特定词汇、符号标记、图案组合而成。品牌名称和品牌标志经向有关部门注册登记，享有专用使用权就是商标，受法律保护。产品有了商标就可以维护企业的正当权益，保护企业的信誉。名牌产品商标可以监督企业提高产品质量，消费者认定的驰名商标还可以起到扩大商品销售量、提高企业经济效益的作用。

（一）品牌的心理功能

品牌（特别是驰名品牌）的心理功能可以归结为三点：一是提示功能；二是刺激功能；三是传播功能。这三方面的功能都可以对消费者的购买行为产生重要的心理影响。

1. 提示功能。市场营销学很重视从心理学角度分析消费者的购买行为，其中经常使用“后天经验”这一理论来分析消费者在购买活动中的“学习”过程，这一理论也称为“刺激—反应”理论，该理论模式即 S-R 模式（Stimulus-Response 模式）。该理论认为，消费者购买动机是五种要素相互作用的结果，即驱使力、刺激物、提示物、反应和强化，见图 12-3。

例如，一个人在路上行走，天气很热，他感到很渴，如果正遇到路旁冷饮店出售饮料，于是想起了电视广告中做的“农夫山泉——有点甜”，就买了两瓶“农夫山泉”饮用水。他喝完之后感到冰凉可口，十分满意，觉得“农夫山泉”牌饮用水的确味道不错，效果挺好，于是加深了对该产品的印象。下次渴了，他就会不假思索地选择购买“农夫山泉”牌饮用水。这就是“S-R 模式”反映的一次“学习”购买过程。

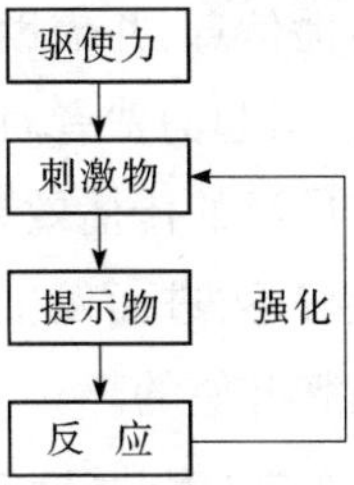

图 12-3 消费者购买动机反应

上面的例子说明，行人的干渴、饮水的欲望是生理上的一种需要，即驱使力，冷饮店的饮料是刺激物，电视里的广告，尤其是品牌就是一种提示物，品牌所体现的心理功能，就是一种提示功能。消费者喝完之后的满意感就是反应。这种良好的反应加深了消费者对这种提示物的印象，这一过程就是强化。以后，消费者的购买会变成一种理性的购买，或习惯性购买，会通过辨认品牌来购买他所需要的商品。因此，品牌不仅可以区别企业、区别竞争产品，更重要的是可以提高商品的知名度，促使消费者重复购买，增强消费者的辨别与记忆能力。尤其是名牌产品，会给消费者留下深刻印象和好感。

许多消费者在购买行为上表现为“认定式购买”，即只认准某一牌号的商品或某一商标，而对其他牌号、商标的同类商品不予理睬。例如，有些人长年使用“中华”牌牙膏，或许是认定了这种牌号最可靠，或许习惯这种香型；又如，很多人认定购买北京同仁堂的丸、散、膏、丹等药品，主要是因为同仁堂制药历史悠久，质量可靠，值得信赖。由此可以看出，企业应力争在市场上创出名牌，才能为产品打开销路。

若想发挥品牌的提示功能，还应大力做好宣传工作，而只有高质量的产品、可信赖的品牌，通过广泛的广告宣传，才能得到广大消费者的认可。

2. 刺激功能。品牌是商品的名称和外部标记，在产品整体概念中属于形式范畴，与产品的规格式样、外观色彩等一起首先进入消费者的视觉范围。任何产品除了具有本质上的基本功能及使用效用外，也都具有形式产品，即品牌、包装、款式等。商品本身的功能对消费者有直接的刺激作用，而商品的外在形式，即品牌、包装等，也能以鲜明的标志、独特的设计、巧妙的构思、绚丽的色彩吸引消费者，刺激消费者，促使其作出购买决策。例如，“可口可乐”“娃哈哈”等饮料品牌，以鲜明的色彩，动感十足的品牌样式设计而吸引顾客，赢得市场。“耐克”“阿迪达斯”等运动鞋品牌，以体育明星为形象代言人，吸引广大青年消费者，促使其产生购买欲望并作出购买决策。

3. 传播功能。品牌是商品的名称、符号的设计或其组合。商品需要通过品牌来传播信息,并借助品牌获得法律保护。企业往往通过广告宣传、公共关系、促销活动,引起消费者对商品的注意;通过强化的品牌信息,加深消费者对产品的认识,产生广泛的传播效果。对品牌的判定认识,能够使消费者产生联想和记忆,对商品产生好感,进而发生购买行为。市场调查表明,多数消费者对商品的认识都是从认识品牌开始的。

(二)品牌标志设计和使用的心理策略

1. 品牌标志设计的心理策略。品牌标志设计灵活性很大,其设计内容一般包括文字、图形、符号、标记、字母及其组合。品牌标志设计不仅要独具特色,还要符合市场营销、消费心理的基本要求。

(1)突出特色。在品牌标志设计中,重要的一点是要有特色,要能给消费者留下深刻印象。产品品牌,凝聚着企业员工长期的心血和劳动成果,独特的品牌标志设计十分重要,既要便于消费者辨认、区分,也要突出本企业产品的特色。为了设计一个好的品牌标志,往往需要进行大量的市场调查、网络查询和电脑分析,甚至需要耗费几百万元、上千万元的资金,对品牌标志的规格、字体排列和色彩运用均需进行严格的标准化管理。许多独具特色和寓意深刻的品牌标志就是这样诞生的。

(2)图形简单。进行商品品牌标志设计,应力求图形简单,便于识别、记忆、传播。信息越是简洁明了,越容易使人记住;图形、标记、字母越复杂,变化越多,越不易使人记住,也不易广泛传播。许多世界著名企业的商品品牌标志十分简单。例如,美国麦当劳快餐店的招牌是一个巨大的金黄色字母"M",它似一扇大门,让人过目不忘;奔驰汽车的标志是一个"圆"围绕一个"人"字,既简单又形象。

(3)具有视觉冲击力。品牌标志设计要给人以深刻的心理印象,要在字母、符号、色彩的组合上有视觉冲击力,给人以新奇、震撼的感觉。字母、符号组合最好有动感,有简单的造型变化,这样才能吸引消费者的眼球。四平八稳、循规蹈矩的图形、符号不会给人留下深刻印象。品牌标志设计,既要考虑独具特色、便于区分,又要考虑在国际市场上使用不会重复、混淆,特别是不要触犯法律。因为世界各国有不同的风俗习惯、宗教信仰、文化传统,表现在品牌名称、标志符号、颜色等方面的禁忌差别很大。因此,在设计品牌标志时,注意不要违反不同国家、地区和民族的宗教信仰禁忌,不使用与当地风俗习惯、文化传统不符的符号或色彩,以免陷入被动。

总之,好的品牌设计不仅可以区分厂家、区别产品,更能代表企业的信誉,是企业的无形财富。在国际竞争中,一些国家的产品就是依靠驰名于世的品牌来打开别国市场的。驰名品牌代表着强大的竞争力,越是市场经济发达的国家,拥有的驰名品牌越多。例如,美国拥有"可口可乐"等知名品牌200多万个,日本拥有"索尼""松下"等知名品牌100多万个。我国也有自己的著名品牌,如"茅台""燕京""海尔""联想"等。

2. 品牌使用的心理策略。品牌使用的心理策略如下:

(1)使用还是不使用品牌。使用品牌,对大部分商品可以起到积极的推销作用,但并不是所有的商品都必须使用品牌。使用品牌要支出一定的费用,如设计费、印刷费、宣传维护费等。若属于原材料类的商品,如煤炭、木材、钢材等,用户习惯上不会认品牌购买;有些商品如粮食、蔬菜、鱼、肉、蛋等,由于品种差异小,使用品牌意义不大;有些商品生产简单,没有一定的技术标准,选择性不大,如塑料制品、木制品等也不用使用品牌。总之,这些商品并不因生产者不同而形成较大的产品差别,因而可以不使用品牌。

当然,随着人们生活水平的提高,消费者对一些商品,如食用油、白糖、食盐、粮食制品、蔬菜水果等,也开始认品牌购买,顾客在心理上对品牌商品有一种信任感,认为品牌商品能在一定程度上保证质量。因此,这些产品的生产经营者也开始使用品牌。

(2)使用制造商品牌还是销售者品牌。在一般情况下,品牌是商品制造者的标记,因为产品的特性总是由制造者确定的,而且人们在心理上也接受制造者品牌。但由于消费者总是更多地从经销商手中购买商品,所以,制造商如果在广大消费者对本企业产品不熟悉、不了解的陌生市场推销产品,或者本企业的声誉远不及销售商的声誉,则可以采用销售商品牌。或者先采用销售商品牌,待这种商品为市场所接受,取得顾客信任后,再考虑使用制造商自己的品牌。例如,世界著名的零售商沃尔玛、家乐福都拥有自己的商品品牌。

(3)使用统一品牌还是个别品牌。使用统一品牌是指企业对生产的全部产品使用同一品牌。采用这种策略的好处是,节省了品牌的设计推广费用,扩大了企业声望,减少了广告宣传开支。特别是在企业推出新产品时,使用统一品牌可以使消费者在心理上容易接受和认同。但使用统一品牌时,低等级产品会对高等级高档产品带来不良影响,尤其是在投放市场的各种产品质量等级有差异时,采用这种策略会影响企业的整体声誉。

使用个别品牌策略是指企业对生产的不同系列或不同等级商品分别使用不同的品牌。如果企业生产的产品类别较多,产品系列之间关联程度较小,企业的生产条件、技术专长在各类产品上有较大差别,则采用个别品牌策略比较有利,效果较好。

有时,统一品牌策略与个别品牌策略可同时使用,即大部分产品采用统一品牌,一些产品采用个别品牌。这样可以综合利用两种品牌策略的优点,拥有多系列产品的企业可以考虑采用这种策略。

国内外许多企业根据本企业的情况采用不同的品牌使用策略,不乏成功的案例。例如,世界著名企业通用电气公司,生产的各类产品统一采用“GE”的品牌。又如,我国著名企业海尔集团,也是采用的统一品牌。海尔集团生产的电冰箱、彩电、空调、电脑、手机等,不管是在国内市场销售还是在海外市场销售,都统一采用“Haier”作为集品牌标志和企业名称为一体的品牌,取得了市场的信任,获得了良好的经济效益。

宝洁公司、上海汽车工业集团采用的是个别品牌策略。宝洁公司生产的洗发水,按不同等级、不同用途分别采用“飘柔”“潘婷”“海飞丝”“沙宣”等品牌。上海汽车工业集团的产品也按档次分别采用不同的品牌。而可口可乐公司、联想电脑集团则同时使用统一品牌策略和个别品牌策略。可口可乐公司生产的饮料大部分使用“可口可乐”品牌,但有些也采用其他品牌。联想集团生产的电脑系列产品采用“联想”(Lenovo)品牌标志,但其他产品则不采用联想品牌。

适当的品牌策略有利于促进产品销售,培育忠诚顾客,增强企业的信誉,扩大市场影响力。应当强调的是,除了在品牌设计与使用上注意采用适当的策略外,企业更应注意对品牌的培育,即在维护品牌信誉与广告宣传上付出一定的努力,这样,品牌才会给企业创造出无形的财富。例如,美国“可口可乐”品牌所带来的无形资产,达到上百亿美元。所以,品牌的设计使用固然重要,但使用后的培育、创新也很关键,只有在品牌创建上付出努力,才会获得品牌为企业带来的效益。

第四节 商品包装与消费心理

一、商品包装的作用

商品包装在现代经济生活中已成为不可缺少的组成部分。包装直接影响商品的价格和销路,除少数原材料类型的商品(沙石、砖瓦、煤炭等)外,一般的商品都需要不同形式的包装。包装技术已发展成为专门的学科,包装已成为一个独立的工种和行业,在我国日益受到重视。包装有以下几方面的基本作用:

第一,保护商品。商品从出厂到送达使用者手中的整个流通过程都存在着运输和贮存问题,即使商品到了消费者手中也有从开始使用到使用完毕期间的存放问题。此外,商品在运输过程中会遭到震动、挤压、碰撞、冲击以及日晒、风吹、雨淋等,在仓库存放时会受潮、遭虫蛀,等等。因此,适当的包装能起到防止各种损害、保护商品使用价值的作用。像一些饮料、液体药品等,就更离不开包装了。

第二,便于运输、贮存和携带。商品的物理形态有气、液、固、胶态等,其理化性质也各异,有的有毒,有的有腐蚀性,有的易燃、易爆、易挥发。因此,只有经适当包装的商品,才便于运输、贮存和携带,才能保证商品在流通过程中的安全。

第三,便于使用。适当的包装还起着便于消费、方便使用的作用。例如,小包装商品越来越受到家庭和个人消费者的欢迎。

第四,美化商品,促进销售。俗话说"佛要金装,人要衣装""明珠再好也要宝椟相配"。一件商品,质量再好,若外表粗糙,包装简陋、低劣,也会很少有人购买。在购物场所,首先进入消费者视野的往往不是商品本身,而是商品的包装。良好的包装可以提高商品的外观质量,增强人们的视觉效果,甚至可以使人得到美的享受,使消费者产生购买兴趣和欲望。在一定程度上,商品的包装起着"无声推销员"的作用,尤其是超级市场里的商品包装,既要说明商品的价格、产地、成分、重量等问题,又要向顾客进行"自我推销",因此,精美的包装更显得十分重要。如果商品的包装能一下子吸引消费者,包装上的广告宣传能抓住消费者的心理,包装上的各种说明能解答消费者的疑问,就有可能使消费者产生购买动机。

二、包装设计的心理策略

包装心理学家认为,顾客购买商品在绝大多数情况下是当场决定的,其中,包装起着重要的作用。在商品的包装设计中,通常要研究四大要素,即色彩、形状、字号和字形、商标。在这四大要素中,形状不易改变,为了方便运输,包装都有一定的标准尺寸。设计人员面临的主要问题是如何在包装装潢上下功夫,选择恰当的字号和字形,能加强文字所表达的意思,强化商品信号。色彩的运用应注意与商品匹配,如红色表示暖,蓝色表示冷,黑色有一种神秘之感,白色则多用于食品包装,粉色、粉红色、淡紫色多用于化妆品等女性用品,而机械工具多使用男性色调,如灰白、黑色和深蓝色。品牌标志在包装设计中起主要作用,好的品牌标志设计在包装上不应随意改动。例如,"可口可乐"的品牌标志已有百余年历史,北京的"红星"牌二锅头酒包装也拥有几十年的历史,这些产品的品牌标志当然不应在包装上随意改动。如何迎合消费者的消费心理,使包装装潢能吸引顾客?通常应考虑以下心理策略。

(一)差别包装

消费者购买和使用某些商品时,有着不同的消费习惯。一种商品如果购买的数量较多,使用的时间较长,就可能变质、损坏,造成浪费。尤其对一些新产品,消费者在购买时多抱着尝试心理,一般购买数量不会过多。为适应不同的购物需要和购物心理,企业可以采用数量差别包装策略,即根据产品的性质、重量、体积,按用户使用习惯与购买力的不同,分别确定分量,设计各种不同的包装,以适应消费者的各种需要。例如,瑞士出口的雀巢牌速溶咖啡,为适应美国家庭主妇每周购物一次的习惯,采用大号包装,为适应其他市场家庭主妇每日购物的习惯,采用4盎司、2盎司的小包装,结果对促销起了很大作用。随着生活水平的提高,消费者的需求变得很复杂,企业应根据消费者对不同商品的不同使用习惯进行适当的分量包装。例如,用品一次量,药品一日量,食品一餐量等不同分量的包装,必将受到消费者的喜爱,促进商品销售。

(二)方便包装

随着现代社会生活节奏的加快,消费者在购买食品、生活日用品时希望减少时间,方便挑选,便于携带,便于使用等。针对这种消费心理要求,应采用方便包装,便于消费者观察、挑选、购买、使用和携带。例如,在商品的包装盒上采用“开窗式”“透明式”“半透明式”设计,直接展示商品,便于消费者观察、识别、选购。在食品包装上印上清晰、真实、醒目的商品实物照片、图像,间接展示商品,便利顾客挑选购买。有些商品如玻璃器皿、陶瓷等的包装,还要考虑顾客便于携带和避免破碎的问题。企业在包装设计中,应考虑采用安全、轻便的内衬材料,这样更能促进商品销售。还有些商品,如小型家电(微波炉、电饭煲、加湿器等)、床上用品(床罩、被褥等),如果采用整体包装设计,如提供带提手的纸箱、包装袋等,就会更好地赢得市场。有些商品,如化妆品、洗涤用品等,为方便顾客使用,可在包装中采用喷嘴、开口等设计。

(三)类似包装

有些企业生产多种品牌、多种类型、不同种类的商品,那么,如何才能使消费者正确认识、识别众多商品,从而在心理上予以接受呢?采用类似包装是一种较好的设计思想。类似包装是指企业对所生产的不同产品在包装上采用相同的图案、包装装潢,使其具有共同的特征。采用类似包装极易使消费者发现诸多产品出自同一家企业，从而减少对产品的顾虑和担心。例如，日本松下、日立公司的系列产品采用类似包装，以相似的图案和色彩，使顾客一见如故，产品很畅销。采用类似包装策略可以节省包装设计费用，提高企业声望，有利于向市场推广新产品。但如果商品质量相差悬殊，反而会影响名牌产品的声誉。

（四）配套包装

消费者对某些产品的消费，有配套、协调搭配的心理需求。采用配套包装，将消费者需要的不同规格类型的商品或是相互关联的产品集中起来，以使用方便、配套搭配且价格合理的形式来吸引消费者，是促进商品销售的方法之一。现在市场上常见的配套包装，有咖啡、酒、化妆品、文具、服饰、工具、运动器械等产品的包装。例如，雀巢咖啡包装盒中既有咖啡、伴侣，又配套有杯子、勺子等；一些葡萄酒包装中，配有起瓶器、酒杯等，方便了消费者使用；一些知名的服饰品生产公司将领带、皮带、皮包、打火机等，统一配套包装，促进了系列商品的销售；一些女性化妆品公司将润肤霜、洗面奶、口红、粉底等统一放在一个包装盒内，为顾客购买和使用提供了方便。

（五）再用途包装

有些消费者购买商品后，对商品包装有再能使用的心理企盼。再用途包装就是为满足这种心理设计的商品包装。在商品用完后，包装容器可以再做他用。近些年来，随着市场开放程度加大、竞争加剧，国内许多企业也开始注重产品的多功能性、兼用性。例如，瓶装食品、罐装食品、药品、文具、化妆品等，应注意在包装容器的设计上考虑再使用性，注意产品的附加价值。美国著名市场学家维特断言：未来的竞争，不在于企业能生产什么样的产品，而在于其产品所提供的附加价值。包装价值就是其中的附加价值之一。

（六）附赠品包装

在市场促销活动中，有的企业为刺激消费者购买，增加购买数量，在商品包装内附加奖券、赠品、卡片或玩具等。例如，百事可乐公司，在饮料罐拉环中制有标记，收集到一定数量标记的顾客可以参加抽奖领奖。某酒厂，在其生产的白酒包装内设有抽奖标记；还有一家酒厂，在其生产的酒的瓶盖内装有芯片，打开瓶盖后，可以听到一段乐曲。这些附赠品包装起到了一定的促销作用。

（七）礼品包装

在社会生活中，人们会发生各种人际交往关系，在交往过程中通常会礼尚往来。礼品包装就是为满足人们交往的需要，为购买礼品商品而设计的包装。按照消费者的购物心理,这种包装往往要求或华丽或典雅,有些要求采用高档的包装材料,有些还要求配有漂亮的红绸带、红花结,以衬托喜庆、欢快的气氛。当然,过度的礼品包装,如包装物层次多、体积大、价值不菲,超出了大多数人的期望价格,既造成资源浪费,又达不到真正的促销效果,是不应提倡的。

(八)纪念包装

在一些重要的节日、纪念日,消费者希望购买某些商品留做纪念。这类商品的包装需要满足消费者长久保存、珍惜存放的心理需求。例如,对商品生产数量要有严格限制,要有编号,包装要高雅、华丽,要具有地方或民族特色。包装材料应便于长久保存,并配以品质保证书。一些旅游纪念品的包装中印有当地名胜古迹,也会使消费者产生心理满足感。

(九)等级包装

有些商品,不同类型、不同收入水平的消费者都需要消费,对其采用等级包装可以满足不同消费者的差异需求。在包装设计中,可按照商品价值,分高、中、低档设计包装。高档包装采用高档材料,以迎合消费者显示地位、身份的心理需求;而低档低价包装设计可以突出经济实惠、物美价廉的特点,尽量降低商品包装的成本,以满足低收入消费者的需求。

(十)廉价包装或无包装

有些消费者收入水平较低且不稳定,他们的购物心理是追求廉价、实惠。为满足这部分消费者的需求,设计低成本、简单、实用、实惠的包装是十分必要的。例如,有些日用品、食品采用廉价包装或散装,既可以使厂家节省一部分成本,又满足了消费者求实用、节省的心理需求,还可以扩大商品销量,一举三得。

除此之外,还有其他一些包装心理策略。随着社会经济的发展、管理水平和市场营销水平的提高,包装心理策略也在不断发展。

总之,进行包装装潢设计,除了要掌握理化、力学、美学、广告学等方面的知识,还应根据社会经济和科学技术的发展以及消费观念的改变掌握消费者的心理,研究包装心理学,使商品的包装装潢更具有吸引力,更具时代特色,以促进商品销售。

复习思考题

1. 消费者在市场上选择商品时有什么典型的消费心理?

2. 新产品有哪些类型?

3. 新产品设计的指导思想是什么?

4. 影响消费者购买新产品行为的产品因素和心理因素有哪些?

5. 新产品设计要适应消费者的哪些心理要求?

6. 商品品牌有哪些心理功能?

7. 商品品牌命名可以采取哪些心理策略?

8. 什么是品牌标志的心理功能?

9. 商品包装的心理作用有哪些?

10. 联系实际说明食品包装心理策略的运用。

“娃哈哈”的品牌命名和商标战略

1987年,“娃哈哈”创始人宗庆后从踩着三轮车代销棒冰、汽水和校簿开始了艰苦的创业历程。第二年,宗庆后及其团队靠代加工花粉口服液取得了不错的效益,并于同年成功开发投产娃哈哈儿童营养液,产品很快便畅销全国,在激烈的市场竞争中站稳了脚跟。

“娃哈哈”现已发展成为一家集产品研发、生产、销售为一体的大型食品饮料企业集团,为中国最大的饮料生产企业,产量位居世界前列。公司在中国29个省、市、自治区建有80多个生产基地、180多家子公司,拥有员工3万名,拥有总资产近400亿元。

公司产品涉及含乳饮料、瓶装水、碳酸饮料、茶饮料、果汁饮料、罐头食品、医药保健品、休闲食品、婴儿奶粉、童装、白酒等11大类160多个品种,其中瓶装水、含乳饮料、八宝粥罐头多年来产销量一直位居全国第一。

探究杭州娃哈哈食品集团公司的发迹史,一个挺有意思的事儿,就是他们为这好名称曾付出种种艰辛而又耐人寻味的努力。

一个好的品牌名字可以让人过目不忘,可以传神地表达品牌的特征,给消费者留下深刻的印象,节约大量的宣传费用。“娃哈哈”这个品牌可以说得上是妇孺皆知，这么好听又好记的名字，当初是如何取名的呢？把一个品牌做到家喻户晓，究竟采取的是什么战略？

当初，宗庆后及其团队在与有关院校合作开发儿童营养液这一冷门产品时，为取名之事费了很大精力。他们通过新闻媒介，向社会广泛征集产品名称，然后组织专家对数百个应征名称进行了市场学、心理学、传播学、社会学、语文学等多学科的研究论证。由于受传统营养液起名习惯的影响，人们的思维多在素啊、精啊、宝啊之类的名称上兜圈子。

然而，宗庆后却独具慧眼地看中了一首新疆民歌中的“娃哈哈”三个字。他的理由有三点：其一，“娃哈哈”三字中的元音a，是孩子最早最易发的音，极易模仿，且发音响亮，音韵和谐，容易记忆，因而容易被他们所接受。其二，从字面上看，“哈哈”是各种肤色的人表达欢笑喜悦之欢。其三，同名儿歌以其特有的欢乐明快的音调和浓烈的民族色彩，唱遍了天山内外和大江南北，把这样一首广为流传的民族歌曲与产品商标联系起来，即为产品加上了语境，方便大家熟悉它、想起它、记住它，从而提高它的知名度。取这样一个别致的商标名称，可大大缩短消费者与商品之间的距离。宗庆后的见解得到了众多专家的赞同。

商标定名后，宗庆后又精心设计了两个活泼可爱的娃娃形象作为商标图形，以达到商标名称和商标形象的有机融合。

俗话说，创名牌容易，护名牌难。这是因为，只要是名牌商品，恐怕十有八九都会出现假冒品。有鉴于此，“娃哈哈”在产品尚未投产的时候，便先行做了商标注册。这样做的考虑是，我国商标从申请到核准注册，一般需要一年左右时间，这样，许多名牌商品商标还未完全注册下来，就已被假冒伪劣品冲击得一塌糊涂。“娃哈哈”未“生”，先办“户口”，其他厂家如果假冒，可以通过法律手段加以制止，还可以防止别的企业抢先注册。

在申请注册商标时，宗庆后及其团队还考虑到，由于商标图案较小，如果其他厂家注册其他商标而采用相似的包装图案，同样可能引起消费者的误认误购。因此，他们在注册商标的同时，将包装上的主要图案也注册了，从而起到了全包装图案注册的作用，使他人难以仿冒。

尽管如此，仍有防不胜防之处。随着娃哈哈儿童营养液迅速畅销，市场上出现了与娃哈哈相近或相似的牌号，如“娃娃笑”“娃娃乐”“娃娃灵”“娃娃宝”“娃娃壮骨精”“乐哈哈”等同类产品，使部分消费者误认误购。

现实使“娃哈哈”的决策者们认识到，仅为自己的“独生孩子”起好名字不够，还必须给其“兄弟姐妹”的名字全部报上户口，即进行防御性商标注册。现在，公司已注册了系列防御性商标“娃娃哈”“哈哈娃”“哈娃娃”,而且陆续在相关商品类别上注册。

“娃哈哈”商标一经国家商标局注册,公司便利用报纸、广播、电视等大众传播媒介进行了大规模的广告宣传,以期先声夺人,占领市场。这一招果然见效,在许多地区,一些侵权或变相侵权产品始终难以打开销路,因为消费者只认“娃哈哈”。正是通过广而告之,形成了处处可见“娃哈哈”的良好销售环境。

商品包装的刻意改进,也成了有效的宣传手段。为一改过去产品商标不引人注意、不便认读的状况,设计者们加大了“娃哈哈”的文字和图形,使之占据包装的大部分面积,醒目突出,让消费者在购买和饮用商品时,首先认准商标,强化其对“娃哈哈”的印象。久而久之,“娃哈哈”这一品牌在消费者心中便落地生根,甚至成为这类商品的代名词。

回首往事,娃哈哈集团公司总经理宗庆后感慨良深:“娃哈哈如果没有‘娃哈哈’商标和成功的商标战略,就不会有今天的市场,也就不会有我们企业的今天。”

资料来源:改编自创业网和娃哈哈官网。

思考题

1. “娃哈哈”采用了什么心理命名策略?
2. 消费者在儿童食品消费中重视什么问题?

第十三章 广告与消费心理

广告是企业市场营销中主要的促销工具,广告的策划、设计、传播与消费心理有密切的联系。掌握消费心理,能使广告发挥更大的效益。

第一节 广告的概念与功能

一、广告的概念与特点

"广告"一词从汉语字面上理解,是"广而告之"的意思,是指向广大公众告之某种事物、某条消息,以引起注意。"广告"一词是外来语,关于它的来源有两种说法。一种说法是:广告源于拉丁文 Advertere,是吸引人心,或注意和诱导的意思。在 1300—1475 年的中古英语时代,其演变为英语中的广告 Advertise,其含义是"一个人注意到某件事",后来演变为"引起别人的注意,通知别人某件事"。直到 17 世纪末 18 世纪初(有的说是 17 世纪中叶),英国开始大规模商业活动时,"广告"一词便广泛流行起来。广告并不单指某一则广告,而是指一系列的广告活动,把广告(advertise)演进为广告活动(advertising),这才具有现代广告的含义。另一种说法是:"广告"一词来源于日本。据铃木保良著《现代广告手册》一书称:"广告在日本最早出现是在明治五年(1872 年),明治二十年(1887 年)初统一使用。在此之前有引札、报条、报贴、告条、公告和禀告等多种名称。"

以上两种说法,暂时难定谁是谁非。总的来讲,"广告"一词来源于国外。但各国广告业界也认为,现收藏于上海博物馆的中国北宋(公元 960—1127 年)济南刘家针铺制作的铜版广告印刷品,是世界上现存的最早的印刷广告。

那么,广告的定义或概念是什么呢?广告在人们的经济生活中有着悠久的历史,其使用范围是非常广泛的,因而关于广告的概念,就有广义和狭义之分,它们有不同的特点,表述也不相同。

广义广告的对象、内容、涉及范围比较宽泛。凡是为了宣传、传递信息,引起公众注意的活动都可列入广告的范畴。例如,我国古代为打仗而设置的烽火台,就是为了在受到外来侵犯、攻击时,燃起烽火传递信息,这是军事广告;西方国家竞选议员、总统时,利用宣传车、请人散发宣传资料等,这是政治广告。我国出版的《现代汉语词典》等对广告的解释是:向公众介绍商品、服务内容或文娱体育节目的一种宣传方式,一般通过报刊、电视、广播、网络、招贴等形式进行。这也是指的广义广告。广义广告是指一切面向公众的宣传活动。

狭义广告是指商业广告。商业广告的定义也随着社会经济的发展、科学技术的进步而不断演变。有人认为,广告是以说服的形式(不论是口头的还是文字图画式的),进行有助于商品和服务销售的公开宣传。还有人认为,广告是由一确定的广告主,在付费的原则下所进行的观念、商品或劳务方面的非人员的提示以及促销活动。

美国市场营销协会给广告下的定义是:广告是由特定的广告主以付费方式对于构想、产品或劳务的非人员介绍及推广。

美国广告委员会对广告下的定义是:广告是一系列付费的大众信息传播,其最终目的在于传递信息,改变人们对广告商品的态度,诱发行动,从而使广告主受益。

美国著名市场营销专家菲利普·科特勒认为:广告是公司用来直接向目标顾客和公众传递有说服力的信息的四种主要促销工具之一。广告是由明确的主人通过各种付费媒体所进行的各种非人员的或单方面的沟通形式。日本早稻田大学教授小林太三郎也为广告下过定义:广告是在信息传播中明确广告主或与其相当的商标名称,并根据广告主的意图对被选择的多数和目标听众采取的特定的诱导行动。这是一种由广告主自己负担费用并针对他人的信息传播。

我国广告界许多专家学者也对广告下过几十种定义。我们综合上述定义,认为:广告是支付费用的广告主利用各种传播媒介,传递商品、服务、观念等方面的信息,通过语言、文字、图画、形象或其综合,来说服消费者,以促进商品、服务的销售,提高知名度、扩大市场影响的非人员的推销方法,以增加企业的利润。

通过以上定义,我们可以概括出广告的特点:①广告是企业开拓市场、进行营销的一种有目的的手段;②广告是企业作为广告主进行的一种付费宣传方式;③广告是通过大众传播媒介进行的;④广告是传递商品、服务、观念等信息的;⑤广告的对象是广大消费者,是面向大众的传播;⑥广告的目的是使广告主受益。

综上所述,广告由以下几项要素构成:

第一,广告主。广告主是指发布广告的主体,一般是指企业、团体,在特定情况下也包括个人。广告主从事市场经营活动,需要向目标顾客传递商品或服务的信息。

第二,广告媒介。广告媒介是信息传递的中介。它的具体形式有报纸、杂志、路牌、信函、广告资料等文字媒体,以及广播、电视、互联网、电子显示屏等电子媒体。

第三,广告信息。信息是广告的具体内容,包括商品、服务、观念等。商品信息主要是指出售商品的质量、性能、价格、地点等信息。服务信息主要是指提供服务活动,如交通、住宿、旅游、休闲、咨询、娱乐等信息。观念信息主要是倡导某种消费观念、消费意识,引导消费潮流的信息,如健康营养观念、休闲度假观念、旅游观光观念,以引起人们的消费欲望。

第四,广告费用。从事广告活动要支付必要的费用,包括制作费、播出(或刊登)费、代理费等。广告主支付费用是一种成本支出,目的在于增加销售量和利润。

第五,广告受众。广告受众是广告信息的接收者,包括目标顾客和一般公众。目标顾客又分为现实顾客和潜在顾客,即可能需要并有能力和意愿购买商品或劳务的人,或是将来可能购买商品的顾客。广告要选择好目标顾客并以其作为主要受众才有价值,才能收到实际效果。

二、广告的心理功能

广告是商品生产、商品交换的产物,在市场经济条件下,商品生产者、经营者需要做广告,市场销售需要有广告,消费者也需要通过广告了解市场信息。生产的社会化程度越高,商品化程度越高,就越需要在生产者、经营者和消费者之间互通信息。在国外,广告界流行着一句名言:“推销商品而不做广告,犹如在黑暗中送秋波。”话虽说得俏皮,但不无道理。只要存在商品生产和商品交换,就必然会有广告。

我国广告的发展具有悠久的历史,特别是改革开放以来,广告在我国经济中得到广泛的传播和运用,发挥着越来越大的作用。国际广告界人士预言,随着中国经济的持续、稳定增长,中国广告的发展速度将大大高于世界水平,中国有望成为世界广告大国和广告强国。

(一)广告的一般功能

广告在社会经济和人民生活中发挥着重要的作用。

1.沟通产销联系,促进生产发展。广告是生产企业获得市场信息的一个重要来源,可以为广告主寻找合作伙伴,寻找资金、技术,购买原料设备等提供信息,可以节省时间,提高效率。

2. 沟通流通渠道，加快商品流通。广告可以在广大的市场范围内发布信息，可以为企业开拓销售领域，寻求经销商、代理商，加快商品流通。广告可以为商业企业提供商品信息，减少采购成本，降低流通费用，提高经济效益。

3. 刺激购买，引导消费。市场中大部分广告是直接面向消费者的，广告可以刺激消费者选择购买，扩大销售量。

4. 提高企业和品牌的知名度，树立良好的形象，扩大市场影响。广告通过大众传播媒介传播广告信息，可以提高企业和品牌的知名度，增加产品销售量。在大众传媒上经常出现的企业形象广告，会产生巨大的社会影响，树立企业的品牌，为企业创造重要的无形资产。

（二）广告的心理功能

广告除了具有上述功能外，在对消费者的心理影响上，还具有以下心理功能：

1. 诱导功能。良好的广告能够吸引人们的注意力，影响和改变他们对企业或商品的态度，激发其潜在的购买欲望，影响其购买心理，诱导消费者的消费决策，引导新的消费需求。

2. 强化功能。消费者的购买欲望产生后，要对市场上的商品进行比较和选择，而广告传播的信息，可以强化消费者的购买心理，帮助消费者作出购买决策，实现购买行为。

3. 教育功能。好的广告用文明、健康、生动活泼的表现形式传递有效的信息，可以增加消费者的知识，丰富消费者的文化生活，具有潜移默化的教育作用。一则好的广告，还可以给受众以美的享受，提高其文化艺术修养。

4. 便利功能。广告通过各种媒体反复宣传商品信息，可以为消费者作出购买决策提供参考，为消费者提供更多的信息，使他们在购买活动中有更多的比较和选择，并且可以为消费者节省购买时间，减少购买风险。

三、广告媒体的心理特点

广告是通过各种媒体进行的。广告媒体是指广告信息传递附着的载体，是广告信息传递的方式方法，是广告主与广告受众之间联系的物质手段。广告媒体的种类很多，主要的广告媒体有报纸、杂志、广播、电视、商业信函、互联网等。这些广告媒体对受众心理的影响有着不同的特点。

（一）报纸广告

报纸是我国当前使用比较普遍的广告媒体。据统计，我国报纸已有数千种，其中，地方报纸和专业报纸约占 90%。报纸广告的心理特点主要有：

1. 消息性。报纸广告向来以刊登消息为主，尤其是新产品研制成功的消息在报纸上刊登以后，可以促进新产品的销售。

2. 准确性。报纸广告向来以传播及时、准确著称。它能用较快的速度把广告信息准确地传递给消费者，并可以反复、连续地传播，能给消费者留下深刻的印象。

3. 广泛性。我国报纸发行非常广泛，读报的人日益增多，因此，报纸广告的运用也越来越广泛。

4. 信赖性。报纸在群众心目中素有威望，权威性高，广大群众对报纸传递的广告信息往往比较信任。

但是，报纸广告也有其不足之处：报纸时效短，内容繁杂，不易引起读者的注意；报纸不能清晰、完整地反映商品的款式、色彩等外观品质，对消费者的视觉刺激较弱，在一定程度上影响了广告的效果。

（二）杂志广告

我国杂志种类繁多，发行量大。因此，杂志成了我国主要的广告媒体之一。杂志广告具有以下心理特点：

1. 针对性强。杂志的针对性强，各种杂志均有特定的读者对象，是做各类专用商品广告的主要媒体。它可以针对特定消费者的兴趣爱好、性格气质、知识水平、价值观，进行有效的广告宣传。例如，要宣传新式服装，可以在时尚、时装等杂志上做广告，因为对新式服装感兴趣的消费者大体上都订阅这类杂志。

2. 保存期较长。杂志不像报纸那样时效短，一期杂志可以吸引读者不断阅读或传阅，而且便于长期保存。因而，杂志广告的稳定性强，有利于扩大或深化广告宣传的效果。

3. 宣传效率高。杂志广告印刷精致、色彩鲜艳、形象逼真、制作讲究，具有较多表现商品形象的手段。杂志广告往往独占一页，清晰整洁，因而较之报纸广告更能引起消费者的注意，能取得较好的宣传效果。

但杂志在传播范围和出版时间方面限制较大，费用也较高，这在一定程度上影响了广告的效率。

随着人们生活节奏的加快，生活方式的改变，特别是互联网的普及，现在人们对于报纸、杂志等纸质印刷物的阅读减少，相应的报纸、杂志广告的影响力也有所下降。

（三）广播广告

用广播作广告媒体，具有独特的宣传效果。广播广告具有以下心理特征：

1. 传播最为迅速、及时。广播作为广告媒体，可以在最短的时间内把广告信息传递给众多消费者，便于消费者及时作出反应。

2. 活动空间大，几乎无所不及。广播接收设备轻便、易携带，因此，广播广告几乎可以深入每个角落。广播广告的广泛性是其他广告所望尘莫及的。

3. 针对性强。广播在特定的时间里播放专题节目，听众相对稳定。因此，广播广告可以针对收听专题节目听众的兴趣、性格等方面的特征，进行有效的广告宣传。例如，一般喜欢收听体育节目的听众就有可能是购买新式运动鞋的人，此时如果播放新式运动鞋的广告，效果一定不错。

4. 权威性高。广播电台在我国一直享有一定的威望，因此，广播广告具有一定的权威性。

5. 灵活性强。用声音来传递广告信息，无论在时间上还是空间上都有较大的灵活性。同时，广播广告的形式也很灵活，可以配乐，可以单播，可以对答，也可以穿插情节，不拘一格，有利于提高广告的宣传效果。

6. 交流性大。现在许多电台经常采用开通热线电话答疑的广播形式。听众收听节目时，打进热线电话，请专家、顾问答疑解惑，可收到互动交流的效果。

当然，广播广告也有其不足之处，如声音瞬间即逝，听众记忆不牢；不易集中消费者的注意力，往往不能给消费者留下深刻印象，故需反复灌输。

（四）电视广告

电视以其独特的技术，集视、听、音、色、形于一体，具有强大的宣传魅力，已经成为广告的主要媒体。电视作为广告媒体，具有独特的心理特点：

1. 传播的范围非常广泛。电视给观众以美的享受，为广大消费者所喜闻乐见，因而，电视广告的覆盖面很广，能广泛吸引消费者。

2. 表现力强。电视广告的表现手法具有多样性和灵活性，它可以综合利用一切广告手段来表现商品的造型、结构、色彩、款式、功能等内外品质，可以结合运用视觉效果和听觉效果，使消费者形成对商品的深刻印象。

3. 重复性高。电视广告可以重复播放，对消费者起着潜移默化的作用，使商品在消费者心目中形成牢固的印象。

4. 作用力强。电视广告能把画面效果与音响效果相结合，使人犹如身临其境，极具广告的感染力，使电视广告所产生的影响和作用大于任何其他广告。

5. 演示性明显。对于一些技术含量高、使用复杂的商品，电视广告可以呈现现场演示的画面和形式，使观众得到清晰、直观的感受，并能较快地掌握使用方法，产生购买的欲望。

但电视广告要受时间、地点、设备和条件的限制，而且费用昂贵；另外，电视广告占用时间过长还会引起电视观众的反感。

（五）商业信函广告

随着我国邮政事业的大力发展，商业信函剧增，成为一种重要的广告媒体。它具有以下心理特征：

1. 具有针对某一特定阶层的选择性。不同的消费者具有不同的消费需求，形成了若干特定的阶层。商业信函广告的对象主要是这些特定的阶层。例如，有关医学书籍的阅读者，多为从事医务工作或医学理论研究工作的人员，要做这方面的广告，主要是针对这些读者。

2. 有“只有我一张”的亲切感。消费者收到函件后，心中会产生“只有我一张”的亲切感，这种感情有利于激发消费者的购买欲望。

3. 并排性少。消费者一天收到数封直接函件的情况一般比较少，即使一天收到数封直接函件，每封函件也是单独阅读的。但是，商业信函广告的不足也较明显，如广泛性不如广播、电视、报纸、杂志等广告媒体，显露性小，反应不太敏感，回收反馈时间长，回收率低，“直送纸篓”的概率也比较高。

（六）互联网广告

近几年来，国际互联网作为广告媒体，以惊人的增长速度和独特的诉求方式受到世人瞩目。它具有以下心理特征：

1. 网络广告可以 1 年 365 天，1 天 24 小时不间断地传递信息，消费者只要愿意，可以随时点击，选择收看。互联网的信息传播还打破了国界限制，网络广告几乎是“无国界”的。

2. 网络广告有特殊的、有吸引力的诉求对象，既可以以企业为诉求对象，也可以以消费者为诉求对象。网络广告将图像、色彩、文字等表现手法相交融，具备形象、直观、生动的特点。

3. 网络广告具有交互沟通的功能。广告发布者可以在网上回答受众提出的问题，可以更有效地传递信息。

4. 网络广告具有可检索性。网络广告不像电视、广播广告那样不是被动地被人接受而且图像、声音转瞬即逝，而是可以随时检索、查阅，保留时间较长。

5. 网络广告具有统计性。网络广告可以有效地进行顾客研究，可以在网站或网页中准确记录来访者的数量和点击（访问）次数，甚至可以记录访问者的情况，以获得双向的广告效果信息。

当然,网络广告也受到一定限制,有些人上网是为了浏览新闻、搜索信息、收发邮件,他们看到广告不会去点击、观看,甚至会在心理上产生反感,这就影响了广告的传播效果。

第二节 广告传播策略

现代市场竞争日趋激烈,商业广告数量繁多,花样日新月异。为了在商业广告的传播中取得更好的效果,能使大多数人看到、听到广告之后,引起注意、产生兴趣、感到需要、前来购买,就必须制定商业广告传播策略。

广告传播策略,是企业在广告活动中为取得更好的效果而运用的手段和方法。常用的广告传播策略主要有:广告传播的内容策略、广告传播的表现策略和广告传播的沟通策略。

一、广告传播的内容策略

信息是广告的主要内容,包括商品信息、服务信息、观念信息等。商品信息包括商品的性能、质量、用途、购买时间、地点和价格等信息;服务信息包括各种非商品买卖或服务性活动的信息,如文化、交通、气象、旅游、饮食等行业的经营服务项目;观念信息的传递是指通过广告倡导某种意识,使消费者树立一种有利于广告主推销商品或服务的消费观念。例如,旅游公司印发宣传小册子,不是着重谈经营项目,而是着重介绍大好河山、名胜古迹、风土人情,使阅读者不仅增长了知识,而且对风光的审美情感油然而生,从而产生旅游的欲望。又如,美国的拍立得照相机打入日本市场时,不是登广告鼓动人们即时购买这种即拍即有的新型相机,而是宣传当场看到相片时的欢悦与方便。显然,传递广告的观念信息,实质上也是为了推销商品与服务。

广告传播的内容策略,主要包括广告目标的确定和广告信息决策。

(一)广告目标的确定

商业广告的一个重要特征是引起需求和欲望,树立产品形象或企业形象,诱导消费者购买。企业树立怎样的广告目标,取决于企业的经营目标。但企业实现其经营目标的过程,又可以分为若干不同的阶段,在每一个阶段,广告起着不同的作用,即有着不同的目标。归纳起来,企业的广告目标主要有告知、劝说和提示三大类。按照不同的目标,可将广告分为告知广告、劝说广告和提示广告三种。

1. 告知广告。告知广告的目标分为多种。例如,向市场介绍一种新产品,向消费者说明某种产品的新用途,告诉消费者某种产品的价格已经发生了变化,解释产品的使用方法,介绍本企业提供的各项服务,纠正顾客对产品的误解,消除消费者的顾虑以树立企业形象等。告知广告主要适用于产品生命周期中的介绍期,主要目标是促使消费者产生初步需求。

2. 劝说广告。劝说广告主要用于产品的成长期。这个时期的需求是选择性需求,即消费者对某一种产品有需求,但还没有形成品牌偏好,可在不同品牌中进行选择。此时,企业广告的主要目标应是引导消费者购买自己的产品,突出产品特色,介绍本产品优于其他产品之处,促使消费者形成品牌偏好。

3. 提示广告。当产品处于成熟期时,广告的目标应转向提示消费者购买。例如,可口可乐是众所周知的产品,早已处于成熟期,它的广告目标就不再是介绍和劝说人们购买,而是提示人们购买,如提醒人们别忘了购买这种产品的地点,提示人们在近期将会需要这种产品,在淡季提醒人们不要忘记这种产品,等等。

(二)广告信息决策

企业在确定广告目标之后,还要设计广告内容,即作出广告信息决策。作出广告信息决策一般要经过三个步骤,即信息创作、信息评估与选择及信息表达。

1. 信息创作。信息创作是指广告内容的创作,创作人员可以采用多种不同的方法来设计广告内容。例如,许多创作人员通过与消费者、中间商、营销专家和竞争对手进行交谈来收集素材,产生灵感,进行创作。通过与消费者交谈,可以发现消费者对产品哪一方面的质量感到不满意,于是将产品改进后,再通过广告来宣传这种产品的改进之处。

2. 信息评估与选择。要想在许多信息素材中选出最好的,就必须对这些信息进行评估与选择。评估可以有多种标准。例如,美国一位专家建议用三个标准来评估信息,即讨人喜欢、独具特色和令人信服。所谓讨人喜欢,是指广告信息首先要使人感兴趣,引人入胜,使人产生购买这种产品的欲望。但是仅仅讨人喜欢还不够,还要独具特色,让人们了解本企业产品的与众不同之处。最后,这一信息应该是可信的或是可以被证明的。经过评估,选出最佳信息作为广告主题。

3. 信息表达。一则广告信息的效果不仅取决于“说什么”,而且有赖于“怎么说”,即信息的表达方式。特别是对那些差异性不大的产品,如洗涤剂、啤酒、文具等而言,广告信息的表达方式更为重要,这能在很大程度上决定广告效果。下面我们将研究广告信息的表达方式,即广告传播的表现策略。

二、广告传播的表现策略

不同的广告媒体有不同的传播手段和传播特点。例如,报纸广告用文字与图形传播广告信息,广播广告用声音电波传播广告信息,电视广告用声音和活动画面传播广告信息,但它们也有共同的表现技巧,这就是广告的表现策略。常用的广告表现策略有写实、对比、权威、示范、想象、艺术等多种形式。前四种偏重于理性诉求,后两种偏重于感情诉求。

(一)写实

写实手法,是直接陈述广告信息的广告表现策略,如商品的展示、说明,购买地点、价格等的介绍。写实是广告表现的基本手法,它有以下几种表现形式:

1. 叙事。叙事又叫记事,是指通过文字的叙述,语言的报道,原原本本地介绍广告内容,这是广告常用的表现形式。

2. 新闻。使广告的信息带上新闻性,容易引起消费者注意,如企业新开张、节日大酬宾,或结合当前新闻时事进行广告宣传。

3. 展示。这是指利用广告直接展示商品的外观或内在结构,并加以叙事报道。例如,商店橱窗和商场的商品陈列,商品展销会的实物展示,介绍商品的说明书、小册子、路牌、报刊等广告,以及利用图形、画片展示商品等,都是采用的展示这种广告表现形式。又如,电视广告中的生活片段展示,可以表现某个人或某些人在日常生活中正在使用广告产品,从而起到宣传推广的作用。

4. 布告。这是指利用固定的格式来发布广告,如我国报纸上常见的书刊、电影、招生等广告,都习惯用书刊目录的形式来发布广告内容。

5. 图解。这是指运用图表方式来展示广告内容,如房产广告附上平面设计图、效果图等,使人一目了然。

采用写实方式表现广告内容,受众在接收信息时心态比较平和,心理比较稳定,对于有直接需求的消费者,关注程度较高,但此类信息对一般公众吸引力不大。

(二)对比

对比是显示商品功效品质常用的广告技巧,如商品品质的优劣对比、商品改变前后对比、商品使用前后对比。通过对比来显示商品的差异性,以反面衬托正面,启发人们的对比联想,给人以深刻的印象。这种对比,一般只允许对比自身的商品,或进行本企业产品之间的对比,不能以贬低或攻击他人的产品来抬高自己的产品。对比广告策略按其内容划分,有以下三种:

1. 功效对比。药品广告多采用这种表现策略。例如,在某种治疗痛风药品的广告中,采用两幅照片加以对比,一幅是一个人因痛风而愁眉苦脸的照片,另一幅是他服用该药后笑逐颜开的照片。

2. 品质对比。这是指商品质量优劣的对比。例如,某洗发水广告采用了并列的两张图,左图表示某女士使用其他品牌洗发水后头发仍然干枯、分叉,右图表示她使用了该品牌洗发水后头发光滑柔顺。

3. 创新对比。创新对比表现产品经过创新后功能大为改善。例如,宣传某刀片越来越快、越来越耐用的广告,就是采用的创新对比手法。广告上有三张照片,第一张照片中站着 10 个人,表示从前每一个刀片刮 10 个人的胡须;第二张照片中站着 13 个人,表示后来可刮 13 个人的胡须;第三张照片中站着密密麻麻的人,表示如今可刮几百人的胡须。

(三)权威

权威性广告表现策略是利用社会上有影响的人或物来推荐或证明商品的品质,提高商品的身价,增加消费者信任,推动人们仿效购买的策略。权威性广告的表现手法也多种多样。例如,广告报道产品获奖情况,注明在何时获得何种奖励或称号,登出奖状。又如,聘请社会上有威望的名流、学者、专家、电影明星、体坛冠军等现身说法,向公众推荐某品牌的产品。再如,刊登普通使用者或使用单位来信,说明该商品功效卓著。

用这种表现手法进行广告宣传,符合大多数消费者的从众心理:既然专家、权威、知名人士都推荐这种产品,产品的使用效果可能不会差。

(四)示范

示范是通过实物的实际表演、操作、使用来证明商品的品质优良。示范有两种:

1. 正面示范。例如,实物操作表演,人们经常看到在一些商场里,推销员为推销小家电、健身器械等,当众向消费者进行操作演示。

2. 反面示范。例如,我国某手表厂为证明其产品质量上乘,进行破坏性试验,将手表从 200 米高空抛下,而手表仍然运转正常。这种公开试验,使这家厂商的手表声誉大振,销量大增。又如,某汽车公司为了证实它生产的车车顶结实,能确保人员安全,在车顶上摞了 6 辆汽车,而车顶安然无恙。

示范的广告表现手法要真实表现事物的全过程,不得弄虚作假。“耳听为虚,眼见为实”,通过示范即可证实产品质量、特色及优势。

（五）想象

运用想象的表现形式，是指运用各种衬托事物的新颖创意，启发人们的联想，渲染商品的形象。想象的表现形式主要有以下几种：

1. 比喻。这是指运用人们所熟知的事物做类比，使人产生联想，增强对商品的认识。例如，在一则柔顺剂的广告中，使用了两幅照片，一幅是带刺的仙人掌，另一幅是光滑的仙人掌，比喻使用了柔顺剂，可以使衣服变得光滑柔软。

2. 寓意。这是指运用有关事物间接表现主题，启发消费者去思考与领会。例如，在某品牌圆珠笔的广告中，一支崭新的圆珠笔靠着一大一小的手掌竖立在那里，广告标题为"终身伴侣"，广告语为"××牌圆珠笔助您获取知识，增长才干，事业成功"。一大一小的手掌寓意是，从小到大都在使用这种圆珠笔。

3. 比附。这是指用外表不相关，但有内在联系的事物表现广告商品的形象。例如，在日本三洋牌电冰箱广告中，广告产品电冰箱的背景是美国的尼亚加拉大瀑布，以此衬托该冰箱能提供如大瀑布一样清凉的冷藏冷冻效果。

4. 夸张。这是指用显而易见的含义夸张或形体夸张的手法突出商品形象，给人以强烈的印象。例如，在某品牌的夏季清凉饮料广告中，某人喝下广告饮料后，变成了被冰冻的人。这就是用夸张手法来表现产品效果。想象的表现手法十分丰富，能触动人们各个方面的心理。通过留有充分想象空间的方法，唤起人们对产品的浓厚兴趣。

（六）艺术

运用艺术的表现形式，是指通过各种艺术形式来表现广告的内容，使广告具有文娱性、趣味性。例如，运用诗歌、音乐、说唱、对答、戏剧、小品、故事等多种多样健康的艺术形式，表现产品的品牌和特点等。

艺术的表现手法，能调节人们接受产品信息的心理，使枯燥无味的广告内容富有趣味性、娱乐性和生活情趣。

三、广告传播的沟通策略

广告的基本功能是传递信息，而信息的沟通要借助广告媒体来进行。广告传播沟通策略中的一个重要内容，就是广告媒体的选择。

（一）确定广告媒体的接触度、频率和效果

为了正确地选择各种媒体，以达到广告效果，企业必须首先作出媒体的接触度、频率和效果的决策。

1. 接触度决策。企业必须决定在一定时期内使多少人接触到广告。例如,可决定在第一年内让 70%的目标听(观)众接触到广告。

2. 频率决策。企业必须决定在一定时间内,平均使每人接触到多少次广告。例如,可决定使目标听(观)众平均每人接触到 3 次广告。一般认为,信息的显示低于 3 次效果不大,超过 3 次费用又太高。

3. 效果决策。企业要决定广告显露的效果。电视广告传播信息的效果要比广播广告好,因为电视不仅能传播声音,而且能给观众以视觉的刺激。即使是同一种广告,如报纸和杂志广告,由于各种报纸和杂志的影响力不同,广告效果也是不同的。

(二)广告媒体种类的选择

广告媒体的种类很多,为了实现广告的接触度、频率和效果等目标,必须选择适当的媒体种类,同时要考虑以下因素:

1. 媒体的性质。一种商品广告究竟选用哪种媒体才能收到最好的广告效果,首先取决于广告媒体的性质与心理特点。因为媒体传播范围的大小,会影响视听人数;媒体的社会文化地位与广告读者层或视听层是否相适应,会影响广告的效果;媒体的社会威望,对广告的影响力和可信程度也有重要影响。因此,在选择媒体时,要事先对媒体有所了解,选择得当。

2. 广告商品的特征。不论是生产资料还是消费资料,各种商品的特性都有所不同。具有不同特性的商品,消费对象不同,媒体的适应性也不同。例如,高科技产品广告,最好选用专业性杂志为媒体;化妆品广告、儿童用品广告,可选用电视作媒体。

3. 消费者的习惯。选择广告媒体,要考虑消费者的习惯。消费者常常是根据个人的职业、兴趣、文化程度等来选择传播媒体的,这种对媒体的接触习惯,对广告效果影响甚大。广告对象与媒体对象越接近,广告效果就越好。例如,日常生活用品广告,最好选用广播或电视广告,因为人们多半喜欢边干家务边听广播或看电视。因此,认清消费者的生活习惯和接触媒体习惯,有助于正确选择媒体。

4. 广告的目标要求。企业做广告,都有特定的目标要求,这个目标是由企业的经营活动决定的。因此,选择广告媒体,必须考虑广告目标的因素,看其是否能与企业的经营活动紧密配合。例如,北京某商品楼盘为配合销售而进行广告宣传,广告目标是在短期内迅速扩大影响,为此,该楼盘选用了时效性强、接触面广的电视媒体进行广告宣传,收到了较好的广告效果。

5. 市场竞争的状况。市场竞争的一个重要方面,是广告宣传竞争。为了配合市场竞争,企业不仅要在广告内容和策略上与众不同,在选择媒体方面也应有所区别。发达国家在商业广告方面,对媒体的争夺是十分激烈的。例如,在某届奥运会上,“百事可乐”与“可口可乐”就进行了激烈的争夺战。“百事可乐”获得了奥运会特许商品权,因此,它早在奥运会开幕前两个月便在各比赛场地竖起大面积广告宣传牌,并在多数地方设点推销,在奥运会举办期间向各国运动员和大会工作人员散发赠饮券,给获奖运动员赠送纪念品,又多次举行酒会招待各国运动员及名流贵宾,结果使“百事可乐”深入人心,名声大振。在这次广告竞赛中,“百事可乐”的盈利超过“可口可乐”约1/3。

6. 国家法令的规定。依据国家制定的广告法规,有的广告媒体不准发布某些商品广告。例如,我国规定不准在大众传媒(广播、电视等)上播放香烟广告等。

7. 广告费用的支出。企业发布广告要依据自身的财力合理地选择广告媒体。广告费用包括媒体价格和广告作品设计制作费。同一类型的广告媒体,因发布广告的时间和位置不同,有不同的收费标准。如果仅从广告费用的高低来看,电视的广告费用最高,而报纸的广告费用较低,商业信函的广告费用最低。

第三节　广告心理效果测定

广告效果测定是指运用科学的方法来鉴定广告的效果。广告的效果主要表现在三个方面:广告的经济效果、广告的社会效果和广告的心理效果。广告的经济效果主要是指广告促进商品或劳务销售和利润增加的程度;广告的社会效果主要是指广告是否对提高企业或品牌的知名度、扩大企业影响、树立企业良好形象起到推动作用;广告的心理效果主要表现为广告在消费者心理上反应的程度,即看广告最终能否促进购买。以上三种效果密不可分,都会在促进销售上有所体现。由于广告效果测定的内容广泛,我们这里只从消费心理学的角度,着重探讨广告心理效果的测定。

一、广告的心理效果

广告的心理效果主要表现为顾客对广告产生的心理反响,如注意、印象、关心、追忆、诉求、行动等心理活动反应。广告要达到理想的心理效果,必须在广告的计划、设计和制作过程中充分重视对消费心理活动的规律与特点进行研究,运用心理学原理,增强广告的表现力、吸引力、感染力和诱导力。

广告信息在传递过程中,首先通过消费者的视觉器官和听觉器官引发一系列心理活动促使购买行为发生。广告引发消费者心理活动的过程一般包括如图 13-1 所示的几个环节。

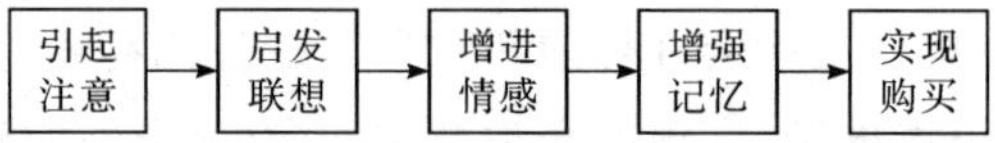

图 13-1　广告引发消费者心理活动

增强广告的心理效果,必须把握消费心理活动过程,做好每个环节的广告宣传工作。

(一)引起注意

引起注意即引起消费者对所要宣传的商品或劳务的注意。注意是心理活动对一定事物的指向和集中,有了这种指向和集中,人才能抛开周围的其他事物而清晰地接受一定的事物。注意是消费者对广告作用反应的心理活动过程的第一个环节,若不能引起消费者的注意,后面的几个环节就无从产生。因此,能否引起注意直接关系到广告成功与否。广告界流行这样一句行话:"如果你的广告能引起人们的注意,则推销商品的任务就已成功了一半。"这说明,增强广告的吸引力,引起消费者的注意极其重要。

(二)启发联想

联想是一种由当前感知的事物回忆起有关的另一种事物,或由想起的一种事物联想起另一种事物的神经联系。客观事物都是相互联系的,联想反映了事物间的相互联系。例如,在日常生活中,人们看到炉火会想到温暖,看到山楂会想到酸味儿……广告就是要通过对素材的细致加工,利用事物之间的内在联系,以比拟的手法唤起消费者对所宣传商品的联想,从而加深消费者对商品的认识,激发消费者对商品的兴趣,促使消费者形成一定的态度和行动。

(三)增进情感

消费者的情感直接影响着意志过程。假如一则广告能增进消费者积极的情感,就会促进消费者的购买;反之,若一则广告不能增进消费者积极的情感,或使消费者产生消极的情感,则会抑制消费者的购买行为。因此,一则成功的广告必须能够增进消费者积极的情感并抑制消费者消极的情感。

(四)增强记忆

记忆是人脑对过去感知过的事物的反应,是人对经验过的事物和感受由记到忆的一种心理过程。消费者对广告信息的记忆是其认识、判断和评价商品与劳务的重要条件。如果一则广告不能给消费者留下记忆,就不能使消费者的心理活动成为统一的过程,广告的效果就不理想。因此,在广告设计中有意识地增强消费者的记忆是非常必要的。

二、广告心理效果测定的内容

广告心理效果的测定,主要是判定广告对目标市场消费者引起的心理效应的大小,包括对商品信息的注意、兴趣、情绪、理解、记忆、动机、行动等心理活动反应。所以,测定的主要项目一般有注意度、知名度、理解度、记忆度、购买动机、展露率等。测定注意度主要是指了解消费者是否接触、注意到广告,广告作品的吸引力如何,注意到某具体广告作品的消费者占多大比例。测定知名度主要是指了解社会中有多大比例的消费者知道商品的品牌或企业。测定理解度主要是指了解消费者对广告作品内容的理解程度,如广告主题是否明确,广告受众对广告的理解是否准确,广告效果是否与广告目标相一致。测定记忆度主要是指了解消费者对广告的记忆程度,如能否准确回忆起广告内容(商品品牌、特性、企业名称等),以及回忆起的广告内容占广告信息量的比重。测定购买动机主要是指了解消费者购买商品和选择品牌是受广告影响还是受其他因素影响。测定展露率主要是指具体了解某种广告能够面向多少消费者。

广告心理效果测定,可以分为事前测定和事后测定。事前测定是广告作品未做正式传播之前的预测,目的在于收集消费者对广告作品的反应,以便修正广告作品,或从多个广告作品中选出较好的广告样本,故又叫预审法。进行事前测定,可以有计划地邀请若干有代表性的消费者观看广告,来判断广告作品的心理效果;也可以在小区域范围内预播广告,定期收集心理效应,在修订广告作品之后,再向大范围区域做正式的广告传播。这种实地预审法,适用于费用很大的广告活动,以免造成经济上的损失。事后测定,是指在广告作品正式向大众传播之后,总结性地收集广告心理效果,为下一阶段广告活动的决策作出测定,故又称复审法。事后测定以广告播出的实地消费者为对象来收集心理效应。

三、广告心理效果测定的方法

广告心理效果测定的方法有很多,可以在广告尚未发布以前进行测定,也可在广告发布之后进行测定。

(一)广告发布前的测定方法

在广告发布以前,一般有三种测定方法:

1. 广告评分法。邀请一些有代表性的顾客或专家来给广告内容评分,评分时将广告内容分解为吸引力、有用性、清晰度、感染力和敦促力五项,每项的最高分是20分,然后按图13-2的方式评定,这就是广告评分法。

吸引力:引起听众或观众注意的程度	(20%)
有用性:有无使人停步一看或听的作用	(20%)
清晰度:主题思想是否一目了然或给人留下了印象	(20%)
感染力:使人感到亲切或动人的程度	(20%)
敦促力:促成购买行动的力度	(20%)

0	20	40	60	80	100
	很差	效果有限	中等	上等	最优等

图13-2　广告评分法

2. 组织测试法。在广告刊出以前,预先进行测试,即为组织测试法。被试者必须是广告所宣传的商品的受众,如测试运动鞋的广告,即以学生和青年人为对象。测试时,先将宣传同一商品的多种广告样本交给被试者看,并询头号如下一些问题:

"请问您认为哪一幅广告最有趣味?"

"您最喜欢哪一幅广告?为什么?"

"您认为这幅广告是诉求什么的?"

采用这种询问方式,可以测试出哪一幅广告最有吸引力,广告的意图是否准确等。也可以将一组广告样本交给被试者看多次,然后让其回忆对所见过的广告的印象,让他对每一则广告的特点作出说明。这种方法对于比较表现方式不同的广告传播能力的大小也有一定作用。

3. 实验室法。这种方法以心理上的反应来测定广告的潜在效应。目前正在研究和试用的实验室法大体有两种:

(1)根据人的脑电波变化,来判断某是否对广告上宣传的商品感兴趣。这种测试仪器主要由脑电波记录器、分析仪和显示器三大部件所组成。让看广告的人连接上脑电波记录器后观看广告,当他对所宣传的商品或广告本身的设计感兴趣时,他的大脑就会受到刺激,使其兴奋,这时显示器荧光屏上出现的就会是快速的β脑电波;相反,就会出现慢速的α脑电波。

(2)按照人的瞳孔的放大或缩小程度,来判断其对广告有什么反应。这是根据医学上的实验,即当人们对看到的东西感兴趣时瞳孔就会放大的原理制作的一种仪器。使用时,把这种仪器安置在广告媒体上,它就能自动地把观看广告者的瞳孔变化情况用数字记录下来,并以图像的形式再显示到荧光屏上。

这种方法我国目前尚未正式采用,而国外不少广告公司已相继成立了利用电子技术来测试广告心理效果的机构。这种方法有科学的一面,但也有缺点,如测试仪不能分辨消费者对广告是喜是憎,一些令人厌恶的广告同样会使人冲动而放大瞳孔。

(二)广告发布后的测定方法

广告发布后的测定方法主要有:

1. 回忆测验。找出一些接触到广告的消费者,请他们回想在接触的广告中,哪些广告曾引起他们的注意,其结果怎样。如:

"您看过×××这种商品的广告吗?"

"那是什么牌子的汽车广告,您知道吗?"

这种测验最好定期、有计划地进行。例如,在广告发布三个月后进行一次测验,对了解广告被人们注意和印象滞留的程度有一定作用。

2. 认知测验。请某一媒体的受众,如报刊的读者,回答一些有关的问题,如:"请问您看过这个广告了吗?"被提问者可按看过、读过一部分、概略地读过、未读过等几种方式来回答,提问者则按这几种答复方式来统计百分比,算出覆盖率。这种方法最好在报刊到达读者手中的最短时间内进行,如果太迟,读者就有可能忘记看到过的广告。在测试过程中还应把刊出的广告明确提示给测试对象。要了解广播的收听率、电视的收视率,也可运用这一方法,即通过随机抽样方式抽出调查对象,然后访问他们,询问他们所视听的广告节目。广播与电视广告遗忘率较高,因此,播映与测试之间的时间尤需尽量缩短。

事前测定与事后测定相比较,后者的局限性较小,能收集到更多的资料。这是因为事后测定的方法简单易行,结果也比较准确。但不论事前测定还是事后测定,一定要保证统计数字的真实、准确。通过上述方法收集基本情况和数据后,一般可运用下列公式进行广告心理效果的测算:

$$注意率=\frac{b+c}{a}\times100\%$$

式中:a——阅读报刊的总人数;

b——似乎看过报刊广告的人数;

c——确实看过报刊广告的人数。

$$阅读率=\frac{c_1+c_2+c_3}{a}\times100\%$$

式中:c_1——看过报刊广告的图片、标题,但详细内容未看;

c_2——只阅读过一部分内容;

c_3——内容都详细阅读过；

a——阅读报刊的总人数。

$$视听率=\frac{b}{a}\times 100\%$$

式中：b——广告节目视听户数；

a——电视机/收音机所有户数。

$$认知率=\frac{b}{a}\times 100\%$$

式中：a——广告节目视听户数；

b——认知广告名称人数。

广告心理效果的测定，需要消费者密切配合，因此，要给予消费者一定的报酬。选择的消费者要有代表性，可依据商品供应对象选出各种类型的代表。

复习思考题

1. 简述广告的概念与功能。
2. 你怎样认识广告媒体的心理特点？
3. 广告传播的内容策略有哪些，主要特点是什么？
4. 广告传播的表现策略有哪些，主要特点是什么？
5. 广告传播的沟通策略有哪些，主要特点是什么？
6. 简述广告的心理效果。
7. 详述广告心理效果的测定方法。

案例

"80后"消费心理与广告策划观念

如今市场上越来越有影响的消费主力可能就是20世纪80年代出生的独生子女，简称"80后"。这批人过着相对富足的生活，从小受到呵护，依赖成性，无法了解拥有兄弟姐妹的好处。然而,这批新新人类具有独立个性,有思想,追求酷和彰显个人本色,当然受到了营销界的重视。广告策划人应将目光对准新新人类,在一定意义上讲,他们可能会决定未来企业及其广告的命运。

一、新新人类的消费心理特点

出生于同一时代的人处于共同的社会、政治、历史和经济环境中,因而会产生相同或相似的观念和行为,据此,现代营销理论提出了新的人口世代划分观点。例如,美国营销界把人口划分成三个主要世代,即第二次世界大战后至20世纪60年代生育高峰的一代,越战到1979年的X一代和新新人类或N一代。这里,新新人类是指1980年之后出生的人。近20年来美国市场营销学家借鉴这种人口世代的划分理论,特别是针对新新人类的心理特点,策划了一系列行之有效的广告营销战略。这一现象从消费者行为学角度解释就是不同人口世代的消费者,其收入、兴趣、爱好、追求、消费观念以及消费行为等各不相同,所以,他们对产品、品牌也就有着不同的需求和价值体验,成功的广告巧妙地将这二者有机地统一了起来。

我国的新新人类主要是指20世纪80年代出生的独生子女一代。他们,特别是生活在沿海发达地区城市里的一族,处于很好的物质生活环境中,成长于商品文化蓬勃发展、互联网和电子商务异军突起之时,对现代高科技化的生活适应性强。新新人类从小就习惯于影视语言和网络语言,对时尚广告反应迅速。他们不像上一辈人有太多传统文化的记忆和历史负累。造成上述现象的原因是这一代人受到了长辈无微不至的呵护,物质生活比较优越。从消费心理学的角度讲,过多的呵护反倒会让他们形成一种逆反心理,他们想要保有更多自己的空间,而不需要其他人过多地干预他们的生活。他们也不愿意去关心别人,因为在他们的意识当中,每个人都应该是自立的。可见在这一代人身上,东西方的文化差异会变得越来越小。

新新人类成长于当今的消费文化环境下,在物质追求上更加注重感性化,爱电脑与上网甚于爱书,易迷恋或沉迷于某种事物而不惜花钱,超前买车、买房的消费观念早已深入心中。“有钱就花,没钱先贷,图的就是痛快。”他们中也有相反的一类,如只饮用包装水,只租房不买房,只打车不买车,整夜上网而不会为了自己的健康牺牲嗜好,总是改不了丢三落四的毛病,不少人曾经恋爱很多次,但从不会爱得死去活来…… 也正是在这些生活观念的引领下,他们在消费行为上表现出大胆与叛逆,在他们眼里很少有禁区,没有不能做的事。有调查表明:中国的独生子女一代或新新人类既是中国的一个特色产物,又是一个与世界各国同龄人几乎有着相同观念的群体。中国的独生子女成长在冷战结束以后,全球消费新潮与消费文化基本趋向大同的年代,因此,他们的消费观念具有明显的全球化倾向。调查还发现,他们喜欢上网聊天、打电子游戏、手机换个不停、吃洋快餐和穿新潮服饰。

难怪人们无论是在美国的纽约、法国的巴黎、日本的东京、韩国的首尔,还是在中国的上海,都可以看到几乎同样装束的年轻的女孩子:她们的头发染过几绺,上衣一定是露肚脐装或吊带装,牛仔裤上面总有几个破洞,当然身上还有很多其他饰物。她们更加追求自我,更喜欢标新立异地扮酷。

二、新新人类的心理特点与广告策划观念的更新

由于新新人类喜欢多变、刺激、新颖的生活方式,他们对商品的忠诚度一般不高。广告策划特别是广告创意一定要新颖独到,广告宣传要有时代感并且渲染力强。新新人类对新品牌很快就会厌倦而转向其他品牌,所以要不断地变换产品包装和广告形式,以保持品牌的活力。在广告中要设置他们喜欢的传播议题以使他们产生兴趣,如将广告产品与流行音乐、影视明星、体育明星等相联系就是针对这一群体进行广告宣传的有效方式。

新新人类选择产品或品牌的准则不再基于"好"或"不好"这一传统的理性认知观,而是更基于"喜欢"或"不喜欢"的感性情感态度观,因为他们所追求的是产品或服务能提供的一种感觉或附加价值,具体包括显示身份或阶层的象征、美的感受、时尚与先锋、好玩及趣味性、潮流或流行性等,能满足这些需要的媒介才会受到新新人类的欢迎。

如今新新人类的消费主张就是"我喜欢的就是最好的",这充分反映了这群消费者追求"个性"张扬的特点。他们对商品的情感性、夸耀性及符号性价值的要求,早已超过了对商品或服务的物质性价值及使用价值的要求。新新人类消费需求的日趋差异化、个性化、多样化,促使现代社会进入重视"情感满足"胜过"机能价值"的时代。

针对新新人类的心理特点,策划成功的广告对广告人来说是一个智慧问题。然而核心问题是要学会认知影响新新人类心理产生的原因。消费心理学认为,个体消费行为与特点主要受到三个方面因素的影响:①消费者的价值观与信念。因为消费者的价值观与信念反映了他们的生活观念。②消费者的行为和兴趣,特别是品牌,已成为消费者行为或兴趣的一部分,并能为消费者带来额外的情感性利益。它反映了消费者的生活方式。③消费者期望的拥有物。它反映了消费者需求满足感的实现。所以,针对消费者特点进行广告宣传,就是要找到消费者的心动之处,它是消费者的生活观念、兴趣与价值的体现。

怎样才能找到消费者的心动之处呢?简言之,就是学会观察与洞察消费者。想一想他们为什么如此痴迷,深入了解消费者的内在动机与欲望,认知品牌如何与消费者的自我观念和生活方式发生联系等。要了解他们是什么，要做什么，想要什么以及为什么想要等方面的问题。

2010年以来苹果产品的推出，针对的就并非成功人士，而是紧紧抓住新新人类消费感性化中的自我表现欲望。市场监测表明，苹果公司不仅产品卖得好，更重要的是通过广告使苹果品牌与这一消费群体的关系得到更深层的发展。有关研究表明，这一群体对周围人群的影响力是最大的，他们可以影响更多与之有联系的人。苹果产品的成功表明，成功的广告策划并非仅仅考虑财力与物力的问题，更重要的是认识与把握消费者。

总之，新新人类的心理特点告诉广告人，一定要学会超越自己的思维模式，特别是思维定式。要记住，时代在变，消费者在变，传媒投入方式更要变，否则基业长青就是一句空话。

资料来源：www. chinasspp. com。

思考题

1. “80后”具有怎样的消费心理？
2. 广告策划应如何适应“80后”的消费心理？

第十四章

营销沟通与消费心理

企业在进行市场营销活动中，不但要提供满足消费者需要的产品，制定有吸引力的产品价格，选择销售渠道，还要进行营销沟通。营销沟通也称促销，或沟通促销。企业要在社会公众中塑造良好形象，应传播产品（或服务）给顾客带来的利益，传递产品价格、销售地点等方面的信息，通过沟通促销活动，树立企业品牌形象，促进产品销售。这些营销沟通活动都会给消费者以不同的心理影响，激起不同的情绪感受，成为消费者购买行为的条件和诱因。本章将从商品陈列、产品促销、营业员与消费者的关系等方面，探讨营销沟通与消费心理关系的规律，并提示应如何进行营销沟通促进销售。

第一节　商品陈列与消费心理

商品是无声的推销员，商品陈列无须经过语言媒介就能与消费者沟通。它主要通过消费者的视觉通道进入记忆过程，达到参观浏览、选择购物的目的。商品陈列在吸引消费者进入商店挑选商品、达成交易时发挥着重要的作用。

一、商品陈列的基本要求和形式

（一）商品陈列的基本要求

销售现场的商品陈列，只有满足消费者全方位的心理需求，才能取得陈列展示的心理效应、经济效益和社会效果。商品陈列的基本要求，又称商品陈列的原则，主要有以下几种：

1. 醒目。商品在陈列中应形象突出、位置恰当、色彩对比鲜明，使顾客不用费力就可关注到商品，“吸引眼球”，引起注意。

2. 丰富感。在橱窗、柜台、货架中陈列的商品要丰富、整齐有序，使顾客在心理上感觉到选择的余地大，可尽量挑选，从而产生购物兴趣。

3. 吸引力。陈列的商品要能充分展示其特点，使顾客对商品有一种直观感受，这就要求商品陈列艺术性强，构思巧妙，展示手法新颖、独特，只有这样，才能对顾客产生强烈的吸引力。

4. 说明清晰。商品陈列应附有各种说明，如价格、规格、型号、性能、质量、等级等，通过说明使顾客全面了解商品。

5. 通透性和立体感。商品陈列要充分利用各种现代化的陈列道具，使商品立体化，实现多侧面、多角度展示，同时，有良好的透视效果，即商品不应杂乱堆放，从而使顾客浏览商品的视野广阔。

6. 科学性。商品陈列要讲究科学，适应消费者的心理，充分展示商品的质地、性能、特点，符合商品的使用条件和消费者的购物选择习惯。科学性的另一重含义是要求商品陈列符合商品的理化性质，避免商品损坏贬值。

（二）商品陈列的主要形式

商品陈列意味着面向消费者提供信息。按商品陈列的位置划分，主要有橱窗陈列和销售现场陈列两类。销售现场陈列又可分为非选择性陈列和选择性陈列两种。无论哪种陈列，都要讲究陈列艺术，充分利用空间、道具、灯光、色彩来烘托商品，创造意境，以达到向消费者传递信息、吸引消费者注意、刺激消费者购买的目的。常用的商品陈列形式和艺术手段主要有：

1. 分类陈列。这是指根据商品的性能、档次、特点或消费对象分门别类地展示陈列。例如，电器商品按电冰箱、洗衣机、彩电等大件商品以及电饭煲、微波炉、电磁炉等小型电器分类展示，化妆品按价格档次从低到高分类排列，食品按糕点、饼干、面包等分类排列，水果按品种排列展示等。

2. 按品牌陈列。这是指在商品销售现场，把出售的商品按不同的品牌予以陈列展示。例如，饮料、小食品、服装、旅游鞋、箱包等，按不同品牌排列以突出品牌特点，尤其是突出陈列名优品牌、老字号品牌，以吸引消费者注意。

3. 按专题陈列，也称按主题陈列。这是指结合某一节日、纪念日，集中陈列应时适销的各种连带性商品，或者是根据商品用途，在一个特定的场地陈列展示某些系列商品。例如，中秋节来临之际，辟出专门场地集中陈列展示水果、月饼、节日礼品等；为了迎接规模较大的体育赛事——奥运会、亚运会等，集中陈列展示有运动会标志的产品、吉祥物等。

4. 按特写陈列。这是指通过各种形式，采用烘托、对比等手法，突出宣传陈列一种商品，如对名、优、特、新产品的宣传。这种陈列形式能给消费者以强烈的印象，取得突出的效果。

5. 按季节商品陈列。这是指根据气候、季节的变化，把应季商品集中在一起进行陈列。例如，春末夏初，将纳凉、游泳用品集中陈列；入冬时节，将棉服、羽绒服以及冰上滑雪用品集中陈列。这种陈列形式适应消费者对季节商品的应季购买、季中购买的心理习惯，有利于扩大销售量。

二、商品陈列要与消费者的选择心理、习惯心理相适应

（一）陈列高度要适宜

商品陈列只有高度适宜，才易于消费者观看和感受。消费者进入商店后，首先会有意、无意地环顾商店内的货位分布、商品陈列等，获得一个初步印象。商品陈列的高度要与消费者的视线、视场相适应。据瑞士学者研究，消费者进店后无意识展望高度为0.7~1.7米，上下幅度在1米左右，与人的视线轴成±30度角内的物品最容易被人们感受。因此，从人的胸部到头顶距离内，是最有效的陈列高度。同时，人的视场与所视物的距离有如表14-1所示的对应关系。

表14-1　人的视场与所视物的距离　　单位：米

距离	1	2	5	8
平均视场	1.64	3.3	8.2	16.4

从表14-1所示的对应关系可以看出，商品陈列不仅在高度方面要与消费者的环视高度相适应，而且要根据不同的视角、视线和距离确定合适的位置，提高商品的能见度，使消费者能够清晰感受到商品形象。此外，商品陈列的数量也会影响消费者对商品的感觉，陈列过多或过少，过于整齐或过于零乱，都会使消费者产生不良的心理感觉。

（二）货位分布要便于消费者选购商品

我国大型商场和超级市场（大中型零售企业）经营的商品在数万种以上，在对品种浩繁的商品进行货位分布时，应考虑到消费者的购买习惯，便于消费者寻找、选购商品。具体来说，应根据消费者对商品的要求和购买习惯，对快速消费品、选购品和特殊品进行合理摆放。这三类商品与消费者购买习惯的关系，如表14-2所示。

表 14-2 快速消费品、选购品、特殊品与消费者购买习惯的关系

购买习惯＼商品类别	快速消费品	选购品	特殊品
1. 购买次数	多	稍少	少
2. 购买中努力程度	无须努力	比较努力	相当努力
3. 主要选择标准	实用、方便	效用、美观	先进、独特
4. 价格考虑	便宜	稍高或高	较高或高
5. 质量要求	过得去	高	最好的
6. 购买距离	近或附近	稍远或近	不考虑
7. 对商店的期望	清洁、愉快,来去方便	安静、宽敞,选择余地大	高级感、专业化

消费者对快速消费品的购买要求,主要是便利,可以迅速完成交易活动。因此,快速消费品的摆放、陈列地点,应选择在商店一层,主通道两侧、出入口附近、临街窗口等位置,符合位置明显、便于快速选购的要求,如饮料、牙膏、小食品等。

消费者对选购品的购买要求是选择机会多,可对商品质量、价格、功能、式样、颜色等进行认真、细致的比较。因此,选购品的摆放和陈列地点,应选择在营业面积宽敞、光线充足、噪声干扰小的位置,符合便于挑选、易于选择的要求,如服装、鞋、小型家电(微波炉、电饭煲、加湿器等)。

消费者对特殊品的购买要求是多方比较、反复思考、慎重决策。因此,特殊品的摆放和陈列地点,应设置在商店顶层,僻静之处,符合选购时间长、有安全感的要求,如珠宝首饰、金银饰品、高档工艺品等。

三、货位分布、商品陈列要与消费者随机购买心理相适应

调查证明,消费者很快买到原计划购买的商品之后,多数人不会立即离开商店,而是还有"逛"商店的兴趣,这增加了消费者在店内的滞留时间,从而扩大了他们随机购买的机会。因此,商品的开放性、货位分布的合理性、通道的便利性都有助于消费者随机购买的发生。商品的开放程度高,如开架售货,无形中缩短了消费者与商品的距离,增加了消费者的信任感和自由自在进行挑选的满足感。在货架的运用上,一般来说墙式货架优于岛屿式货架,其原因是沿墙而立的货架可以做得较高,容纳的商品也较多,消费者在"下意识"的心理作用下,总愿在高大的设备前多停留一些时间。

商店里的通道不仅起到把消费者从入口处导入商店、便于通行的作用,而且应当起到当消费者走过主通道之后,把他们吸引到支通道,并且走到尽头的作用。为

了发挥通道的导入、通行、吸引分流的作用,通道本身的宽度、地面装修应起主要作用,灯光照明度、两旁的商品陈列应发挥辅助作用。由于受习惯的影响,消费者在店内一般是按逆光方向行进,灯光照明度应从入口到商店内部逐渐加强。货位分布、商品陈列从入口到内部应当按日用小商品、挑选性强的商品、高档品的顺序摆放。如果是超市,还应当注意入口处摆放不怕压的商品,如罐头、冷冻食品等,出口处摆放怕压的商品,如鸡蛋、面包等食品,这与消费者往货篮中放商品的顺序是一致的。为了增加随机购买的机会,还可以采取灵活的商品陈列措施,如:①通道拐角处摆放一些容易销售的商品,因为消费者可能会几次走过拐角处,从而多次看到这些商品;②收款结算台附近摆放一些冲动性购买商品或有连带消费关系的商品,以便消费者在等待交款时看到这些商品;③主通道两旁摆放本店出售的主力商品(主力商品指在商店销售额中占比大的商品),使消费者容易看到,购买方便;④儿童用品尽可能陈列在架子较低的位置上,如玩具,要让小孩能轻易看到,便于引起他们的欲望。上述这些内容,可以简明地由图 14-1 表示。

四、商品陈列影响消费心理的社会心理学原因

以上所述商品陈列与消费心理关系的规律,以及商店为适应消费心理所采取的商品陈列方法,可以从社会心理学的一些原理中得到进一步解释。

(一)优先效应

优先效应是指在某个行为过程中,最先接触到的事物给人留下的印象和强烈影响,也即第一印象,起到先入为主的作用。如果商品陈列能使消费者刚进商店时产生正向的优先效应,那么,对消费者以后的购买行为会产生积极的影响;如果商品陈列令消费者反感,第一印象不好,则会产生负方向的优先效应,使消费者产生消极情绪,影响购买行为。例如,商店在货场的入口处或首层陈列摆放色彩鲜艳、包装华丽的化妆品或是玻璃制品、工艺品,就是为了使顾客一进门就产生良好的第一印象,而有些商店,在临近入口处陈列和销售一些杂乱无章的日用小商品,就容易给人留下负面印象。

(二)近因效应

近因效应是指在某个行为过程中最后接触的事物给人留下的印象和强烈影响。例如,消费者在购买过程最后阶段的感受、离开商店时所得到的信息和印象、距离下次购买行动最近一次行为的结果,都可以产生近因效应。与优先效应相类似,近因效应也有正向、负向之分,对下次购买行为也会产生积极或消极的影响。

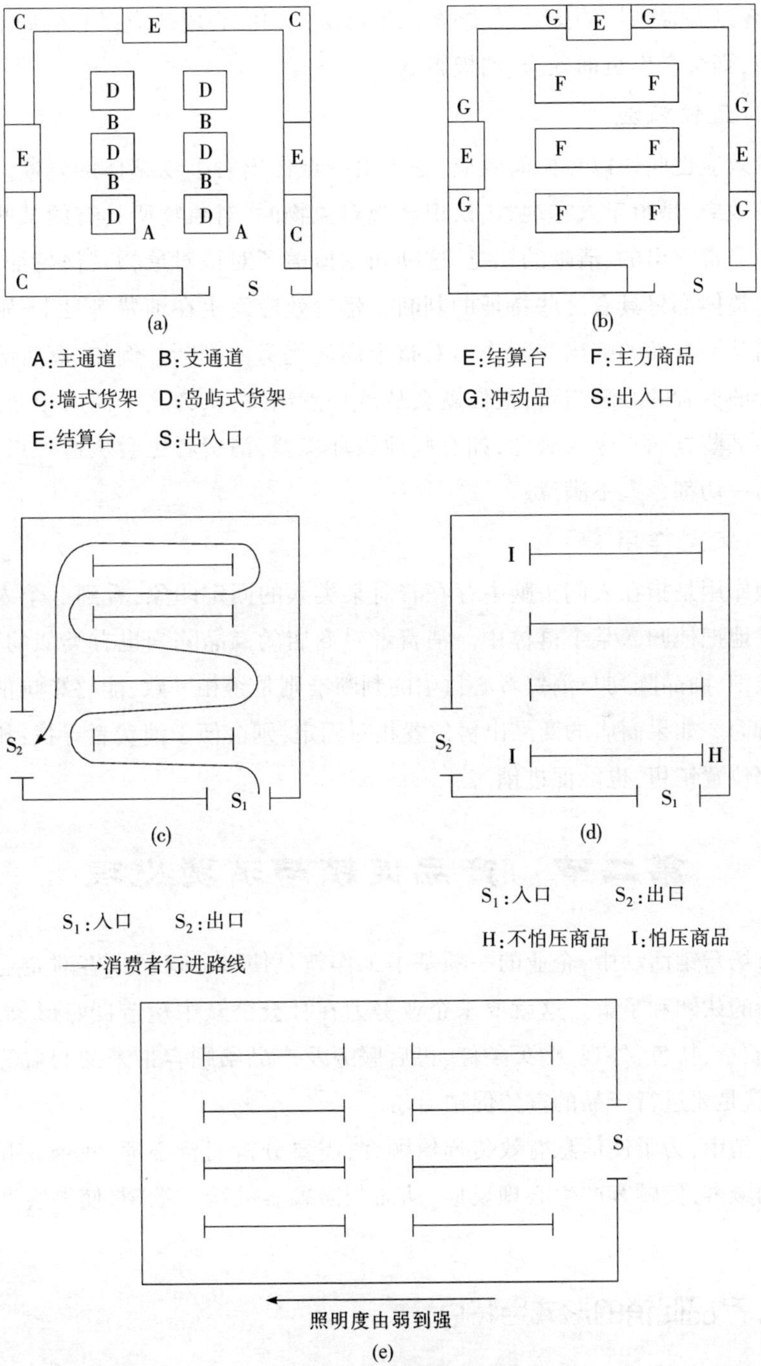
C
E
C
D
D
B
B
E
D
D
E
B
B
D
D
A
A
C
C
S
(a)
A:主通道 B:支通道
C:墙式货架 D:岛屿式货架
E:结算台 S:出入口
G
E
G
F
F
G
G
E
F
F
E
G
G
F
F
S
(b)
E:结算台 F:主力商品
G:冲动品 S:出入口
S2
S1
(c)
S1:入口 S2:出口
→消费者行进路线
I
S2
I
H
S1
(d)
S1:入口 S2:出口
H:不怕压商品 I:怕压商品
S
照明度由弱到强
(e)

图 14-1 商品陈列原理

因此,很多商店在货场的出口处,悬挂横幅标语,如"欢迎您再来""谢谢您"等,给顾客以温馨亲切的感觉,使顾客产生再次光顾的心理效应;相反,如果出口处嘈杂拥挤,则会产生负面效应、消极影响。

(三)晕轮效应

晕轮效应也叫作以点概面效应,是指由一点作出对事物整体的判断。之所以产生晕轮效应,是由于人在观察、认识客观对象物时,对象物所具有的某些特征使人产生了非常突出的、清晰的知觉,这种知觉掩盖了对该对象物其他特征的知觉,使人作出整体都只具有这些特征的判断。晕轮效应发生在消费者身上,则表现为由对商店某一方面的突出知觉作出对整个商店优劣的判断。例如,商店的商品陈列很适合消费者的心理需要,他们就会从这一点出发,认为这个商店很令人满意。如果商店某些方面不令人满意,如有些地段环境差,消费者也会从这一点出发,认为该商店一切都令人不满意。

(四)定型作用

定型作用是指在人们头脑中存在着对某类人的固定印象,看到一个人就会自觉不自觉地把他归入某个群体中。消费者对商店的商品陈列也有类似的、概念化的判断准则,商品陈列与消费者心目中的判断准则是否相一致,能够影响消费者的心理和行为。如果商店的商品出售位置相对固定,则会便于消费者寻找;相关联商品在相邻位置销售,也能促进销售。

第二节　产品促销与消费心理

在市场营销活动中,企业的一项基本工作就是使目标市场顾客对企业及其产品有清晰的认知和了解。这就要求企业努力在社会公众中塑造良好形象,传播产品品牌、质量、特色、外观、购买条件、售后服务及产品给顾客带来的利益等方面的信息,也就是要进行产品的宣传促销活动。

在促销中,为了使信息有效传递给顾客,需要分析消费心理,使企业和产品能真正打动顾客,使顾客产生心理反应,从而刺激顾客的购买欲望,使顾客产生购买行为。

一、产品促销的形式与特点

产品促销,就是企业通过人员和非人员的方式,与潜在顾客进行信息沟通,引发、刺激顾客的购买欲望,使其产生购买行为的一系列活动。促销的本质是企业与顾客之间的信息传播与双向沟通。

在促销的信息传播中,企业是信息的发送者,潜在顾客是信息的接收者。在信息沟通中除了上述形式外,有时顾客也发出信息,表达对产品的各种态度、对产品和企业的意见,甚至不满,这时企业是信息接收者,应在分析的基础上,对促销活动乃至市场营销的其他方面(产品设计、价格、渠道)进行改进。企业发出的信息总要依附于一定的信息传播媒体,通过媒体将信息传递给顾客。

促销的目的是促进产品或服务销售。顾客的购买行为取决于顾客购买力和购买动机,在一定的购买力水平下,交易能否成功取决于顾客的购买欲望。购买欲望的形成与外部信息刺激密不可分,而对外部促销信息的接收、接受,则取决于消费者的心理。因此,研究促销与消费心理的关系意义重大。如果企业花费大量的资金,借助各种传播媒体传递信息,消费者却视而不见、听而不闻,不注意或不感兴趣,则只能说明企业劳而无功。

促销形式也称促销工具、促销手段,具体分为人员推销、广告、营业推广、宣传。有关广告与消费心理的内容,我们在上一章已经阐述,下面重点介绍人员推销、营业推广和宣传三种方式。

(一)人员推销

人员推销是最古老、最传统的产品促销形式。人员推销就是企业委派销售人员与潜在的购买者交谈,口头陈述推销商品,以促进产品销售。人员推销本质上是销售人员说服潜在购买者购买商品或服务的过程。在这一过程中,销售人员要确认购买者的需求,认识购买者的支付能力,并通过自己的努力去说服购买者,满足购买者的要求,使双方从公平交易中获取利益。人员推销的特点是:

1. 人员推销注重人际交往关系。虽说企业推销人员代表的是企业利益,但也要为顾客着想。满足顾客需要,打消顾客心理顾虑或对产品的疑惑,是达成交易的关键。因此,推销员需要多方面为顾客考虑,为顾客提供服务,帮助他们解决问题,从而形成一种良好的人际关系。

2. 人员推销具有较大的灵活性。推销员在与消费者交谈的过程中,可以直接观察到消费者对商品陈述和推销方法的反应,并揣摩其购买心理变化过程,因而能够根据消费者情绪和心理变化改进商品陈述和推销方法,从而灵活地适应消费者的需要,最终促成交易达成。

3. 人员推销针对性强,无效劳动少。广告的覆盖范围大,但有相当一部分广告是无效的;推销员走访消费者,针对性强,目标明确。在访问前,通过分析各种资料,推销员可以挑选那些潜在购买者作为访问对象,往往容易使潜在购买者转化为现实购买者。

4. 人员推销可以有效传递企业和产品的信息。推销员登门访问消费者,能引起消费者重视,如果消费者确实有需要,通过推销员的努力,可以达成交易;消费者即便暂时没有需要,也会对推销员留下印象,从而对企业和产品留下印象,人员推销也起到了信息传递的作用。

当然,人员推销对于企业了解市场、了解消费者反映也有重要作用。推销员通过与消费者进行双向沟通,可以了解到最直接的需求信息和顾客对产品使用、质量、价格等方面的反映,从而为企业改进市场营销活动提供重要的依据。

因为推销员要经常面对各种类型的访问者,甚至是挑剔的消费者,所以人员推销对推销员的心理素质要求较高,要求推销员敢于面对挑战,承受心理压力。同时,还要求推销员了解消费者心理,能够耐心说服消费者,打消顾虑,能够千方百计克服困难达成交易,从而为企业开拓市场做出贡献 ,自己也获得较高薪酬。

(二)营业推广

营业推广又称销售促进,是鼓励或刺激消费者尝试、购买商品或服务的短期激励手段。营业推广方式主要包括样品赠送、降价优惠、折扣、抽奖、返券等。

在发达的市场经济中,营业推广运用得十分普遍,被经营者广泛接受,而且企业中的市场营销部门或者产品销售部门也有条件使用这种促销工具。特别是在对过了畅销期的商品、被更新换代淘汰的商品或是过季商品进行推销时,营业推广应用得比较广泛。在竞争激烈的零售市场,各商家也普遍采用营业推广这种促销手段吸引顾客,促进商品销售,扩大市场占有率。营业推广的特点是:

1. 迅速的信息刺激。营业推广广泛利用各种传播媒介传递信息,再加上消费者间的口头传播,能迅速引起消费者注意,产生信息刺激,从而将信息传递给消费者。

2. 强烈的诱导性。营业推广采用赠送、折扣优惠、抽奖等方式给消费者某些利益,能使消费者产生比较强烈的心理反应,诱导消费者产生购买行为。

3. 明显的针对性。营业推广是短期的刺激手段,促销优惠折扣局限于特定时间,只有在这个时段购物的消费者才有可能享受这种优惠,得到某些利益。

营业推广如果运用得当,可以收到强烈、迅速的市场反应。然而,它的影响力是短期的,不利于形成长期的品牌偏好和培养忠诚顾客。营业推广的效果取决于消费者的心理反应。有些促销手段和措施能有效刺激顾客,使其受到心理刺激,进而产生购买动机,发生购买行为;反之,如果促销措施力度不够,对大多数消费者不能产生明显刺激，则营业推广活动就白白地浪费了人力、物力、财力。

一般而言，企业营业推广策划与管理需要经过确定目标、选择手段与工具、制订方案、预试方案、实施和控制方案、评价执行结果等步骤。认真分析营业推广与消费心理的关系，有利于有目的、有针对性地确定好目标，选择好工具，从而使促销方案更科学、合理。

（三）宣传

宣传作为产品促销的手段之一，是指发起者不用直接付费，在平面媒体上发布重要新闻，或者在广播、电视、网络、银幕、舞台上获得有利的报道、展示、演出，以这种形式刺激目标顾客对产品和服务的需求。

具体来讲，我们可以这样理解宣传：企业针对一种产品或品牌，或是公司自身，或是公司人物的事件，撰写有价值的新闻稿，或是邀请记者、编辑撰写报道，争取在报刊、广播、电视、网络等大众传播媒体上刊登、播送，使公众阅读、观看，以促进公司形象的树立，推动产品或服务的销售。

宣传的特点表现在以下几方面：

1. 信任程度高。由于宣传报道不同于广告，是由记者、编辑以客观的身份撰写的对企业或产品有利的报道，出于对大众传播媒体的信任，消费者对报道将产生较高的信任感。

2. 消除怀疑心理。消费者对企业推销人员和广告有一种本能的抗拒和怀疑心理，而宣传是以一种隐蔽、含蓄的形式，以不直接带有商业利益的方式进行的信息传递，从而可以在一定程度上消除消费者对产品信息的抗拒与怀疑心理。

3. 产生社会效应。记者、编辑撰写的新闻报道具有新闻价值，可以产生良好的社会反应，甚至产生社会轰动效应，这样有利于提高企业知名度，增进消费者对企业的好感，从而使其产生购买行为。

企业采用宣传这种促销方式也要支付一定的费用，但宣传费用与广告和人员推销费用相比要低得多。宣传的特点表明，将宣传与其他促销工具（广告、人员推销、营业推广）结合起来，效果会更好。

宣传的效果与消费心理密切相关，如果宣传的方式、表现手法科学、新颖，能树立企业或产品、品牌的正面形象，打消消费者的顾虑，就会收到良好的促销效果；否则，宣传会失败。例如，有的企业夸大产品效果，对消费者使用本企业产品带来的利益进行超出实际效果的宣传，最终引起社会公众反感，反而败坏了公司形象。宣传的策划与管理需要确定一个时期或一个阶段的宣传目标，选择宣传的信息与形式，制订宣传计划方案，实施宣传方案，检查、评价宣传效果等。如果各个阶段均能按照消费心理的规律和特征进行,可以少走弯路,避免产生不良后果,取得正面宣传效应。

二、人员推销与消费心理

推销员的工作十分重要,是联系企业与消费者的纽带。推销员的工作任务是既要使企业产品销售量不断增长,积极寻找潜在消费者,传递商品信息;又要培养与消费者的关系,为消费者提供产品咨询服务,说服潜在消费者,消除消费者的疑虑,帮助消费者解决各种问题;同时,还要向企业反映市场信息。在这一过程中,认识和了解消费心理,并能在与消费者的交谈中揣摩其真实想法,十分重要。

(一)消费者对待推销员的心理顾虑与外在表现

消费者对待推销员经常有许多心理顾虑,一怕推销员巧舌如簧,过度吹嘘商品而使自己上当受骗;二怕推销员口头提出的商品质量和服务承诺不能兑现;三怕推销员过多地占用自己的工作或休息时间。因此,许多写字楼门前特别注明:谢绝推销员入内!而居民家庭也不欢迎陌生的推销员登门造访。产生这些现象的原因,从根本上说是一些素质低下的推销员给消费者留下的不良印象,使消费者对推销员不信任。

有时,推销员虽然进入了企业、写字楼与有关人员交谈,但谈话对象经常是心不在焉,草草翻阅产品介绍,不能集中心思听取推销员的介绍。

(二)如何打消消费者的心理顾虑

推销员要想取得成功,一定要有坚强的心理素质,有面对困难和挫折不屈不挠的精神,有接受挑战性工作的愿望;同时,要认真把握消费心理,针对潜在消费者的想法,采取适当措施。

1. 找准潜在消费者。消费者有现实和潜在的商品需求,才会对商品感兴趣,才会愿意接待推销员。推销员在走访消费者之前,要做好准备,认真阅读有关资料,确认消费者有需求后才将其列入拜访名单。

2. 分析需求的心理动机,以使推销谈话能直入主题。如果消费者有切实需求,推销员要具体分析产生需求的心理动机。在拜访潜在消费者时要直入主题,突出介绍商品在满足消费需求方面的功能、作用,使消费者认识到使用该商品给自己带来的利益,这样,推销成功的机会就增加了许多。

3. 实事求是地介绍商品,既说明优点,也承认不足,使消费者产生信任感。特别是不要过分、不切实际地夸大商品的优点,以免增加消费者的怀疑心理。尤其是不要轻易承诺兑现不了的产品质量和服务保证,以免为以后的交往制造困难。

4. 不过多占用对方时间。推销员推销商品的时间安排要征得消费者同意,要控制好谈话时间的长短,不能拖延或是任意延长。一些素质低下的推销员给消费者留下过度纠缠的印象,是导致一些机构和人员不愿接待推销员的重要原因。

三、营业推广与消费心理

营业推广的效果与对消费者的心理刺激直接相关。在营业推广的策划与管理中,要根据消费心理选准活动目标,根据对消费心理的刺激强度选择工具和手段。在制订实施方案时,要根据消费者反应程度作出必要的调整。这样才能使促销活动有轰动效应,实现营业推广的目标。

(一)营业推广目标与消费心理

营业推广是刺激消费者购买的短期方式,实现营业推广活动的目标可有不同的选择。就消费者市场而言,可针对原有顾客,促其大量购买;可针对新的顾客,鼓励其大胆试用。有的针对本企业产品市场占有率下降而采取优惠措施;有的针对即将过季的商品,或是库存量过大、周转缓慢的商品,实行大幅折扣;有些刚进入市场的企业为提高知名度而让利销售。

制定营业推广目标要认真分析不同情况下的消费心理,进行科学选择。例如,针对原有顾客,鼓励其大量购买的营业推广活动,就要考虑到顾客得到的实际好处,使顾客能真正得到优惠措施的实际利益,从而使顾客产生大量购买的心理动机,促使购买行为实现。针对新顾客的营业推广活动,要有效传递有关产品的效果、优点的信息,并尽量使顾客以最小的成本试用本企业产品,让顾客从心理上感觉到自己转换商品品牌代价小而利益大。针对市场影响力下降或是销售过季、库存量大的商品,营业推广的目标是通过刺激措施,鼓励顾客大量购买,让顾客形成这样的心理:反正早买晚买都是消费,这时购买好处多、利益大。为了提高知名度而采取的营业推广活动,目的在于使顾客对企业及产品产生认知,其促销措施要有足够的吸引力,要真正对顾客心理产生刺激效果。

(二)营业推广措施对消费心理的刺激强度

要想实现营业推广目标,促销措施必须考虑市场类型、竞争情况以及每种措施的成本与效益等因素,更重要的是要考虑促销措施对消费心理的刺激强度。根据实践经验来看,如果营业推广目标是老顾客,其产品以 8 折甚至 9 折出售,顾客在心理上也能够接受;同时,还要使老顾客在与以往购买的比较中感到满足。而针对新顾客,在赠送折价券或是实行优惠时,一般让利幅度达到原价的30%以上,顾客才能产生购买动机。鼓励顾客大量购买的营业推广措施的刺激强度,要视商品不同而有所区别。如果商品易于保存,其价值在一段时期内不会受影响,以原价的8~9折出售就能使顾客产生购买动机。如果商品在保存中不能与下一季节的商品流行时尚一致,则价格低到原价的7折、5折甚至2~3折才有刺激效果。

(三)营业推广活动中消费者的心理反应

企业开展营业推广活动时采取各种优惠折扣措施,是为了刺激顾客购买,在这些促销措施中,消费者会产生什么样的心理反应呢?这与总结营业推广效果,修改补充促销方案密切相关。

通过调查分析,消费者对营业推广信息的反应有这样几种类型:一类是热衷于购物的职业女性,她们经常广泛搜索市场营业推广信息;另一类是恰好有购物计划的消费者,营业推广信息对他们有刺激购买的效果。还有些理智的消费者,对营业推广信息不盲目接受,也不一味排斥,而是冷静分析后,看到确有好处才作出反应。不管是哪一类消费者,他们的心理反应都是有规律可循的。热衷于购物的消费者,对营业推广信息敏感,反应较快;而恰好有购物计划的消费者,会专门前来购买。如果产品优惠、让利幅度较大,会吸引更多的顾客。

在制订营业推广方案时,要针对不同情况,选择相应的媒体发布信息,以求获得最大的效果。一般而言,如果营业推广活动时间短,则要选择传播时效快的媒体,如报纸、电视、广播等;如果营业推广活动时间长,则可以选择商业信函、杂志等媒体。

四、宣传与消费心理

在市场营销中,宣传不像营业推广那样能带来直接的刺激效果,也不像广告和人员推销那样,直接促进产品或服务销售,它带来的效果是缓慢的,影响是长期的。为了取得宣传的效果,要重视宣传与消费心理的关系,认识宣传对消费心理的影响,从而制订好宣传计划。

(一)宣传对消费心理的影响

宣传是站在客观的角度,对产品、服务或企业进行报道、介绍或评价。一般而言,面对这类信息,消费者心里没有设防,对广告、推销不予理睬的顾客,一般不会对宣传报道反感,因为宣传是一种新闻活动,具有客观性和真实感,不同于企业的“自吹自擂”,消费者不必时时担心受骗上当。

与其他促销工具相比,宣传能给公众留下深刻印象,如果信息具有重要的新闻价值,所有的新闻媒体都会争相报道,从而对消费者的心理产生深刻影响,其效果也是长久而深远的。

(二)宣传计划与消费心理

企业的宣传活动要有计划性,不能随意为之,为此,要制订科学的宣传计划,其中,要结合消费心理确定宣传目标、选择宣传信息与工具。在实施宣传计划时,要根据消费心理随时作出调整,并根据消费者心理评价宣传效果。

1. 根据消费心理选定宣传目标。对企业生产经营的产品或提供的服务,消费者有什么认识或评价?心理认知程度如何?对此,营业人员要进行调查分析,并在此基础上选定宣传目标。例如,中国一家著名酿酒公司在调查中发现,中国许多消费者认为,饮用白酒是有害健康的。为此,该公司制订了一套宣传计划,确定了两个目标:一是适量饮用白酒是有益健康的;二是该品牌白酒是绿色食品,含有多种人体缺少的营养成分。为此,公司撰写报道,从医学、食品营养的角度介绍白酒成分,指出适量饮用白酒对身体健康大有裨益,并针对不同地区市场分别制订宣传方案。宣传方案的实施,对社会消费心理产生了良好的影响,该品牌白酒销量、市场占有率大幅度提高,其股票市场价值屡创新高,还在一定程度上扭转了消费者对白酒的负面认识。

2. 根据消费心理选择宣传信息与工具。在宣传活动中,根据消费心理合理选择宣传信息与宣传工具也十分重要。消费者对产品、服务或企业有什么心理认知、评价如何,企业提供什么信息能使社会公众普遍接受,都需要营销人员认真调研分析。例如,中国汽车市场的状况是,国外名牌汽车影响巨大,合资公司的产品也很受欢迎,国产汽车、民族品牌在夹缝中生存。许多汽车消费者认为,国外品牌的汽车有几十年乃至上百年历史,质量可靠、安全性高,而国产汽车质量、安全性较差。针对这种消费心理,一些国内生产厂商提供大量国产汽车安全性能、质量标准的信息,提供了大量具体数据进行比较;同时,选择覆盖面广的大众传播媒介进行宣传。经过一段时间的积累,宣传效果开始体现,国产汽车逐渐得到市场认同,有的甚至开始销往国外市场。

3. 根据消费心理调整宣传方案,正确评价宣传效果。在宣传方案的实施中,要密切了解信息传播效果,特别是要根据社会消费心理的变化调查宣传方案。一家国外的著名娱乐公司在中国市场宣传主题公园对人们休闲娱乐的好处,介绍各娱乐项目的刺激性,结果宣传效果不佳。在调查中该公司发现:在中国,大多数人认为这种带娱乐项目的公园,设备的安全性是最重要的,只有保证百分之百的安全才能吸引人。据此,该公司调整了宣传方案,重点宣传各娱乐项目的安全性,其宣传效果才有了提高。企业要根据消费者在心理上对产品的认知、理解和态度转变,来测定和评价宣传效果。

第三节 销售现场营业员与消费者的心理沟通

营业员处于商品销售的现场,应当通过自己的服务使消费者满意,产生购买行为,实现企业经济效益。优质的服务与获得消费者满意是建立在对消费者购买心理充分认识的基础之上的。

一、消费者购买心理的八个阶段

消费者的购买心理一般表现为八个阶段,具体如下。

(1)寻找目标。进入商店或上网购物的消费者都有寻找购买目标的心理活动。有时是简单明确的,即对自己所要购买商品的名称、品牌、数量等十分明确。有时是变动的,即对自己所购商品未事先确定或未完全确定,在寻找补充信息时才决定。即使有些消费者没有明确的购买目标,只是进商店或到网上商城浏览、闲逛,但他们内心还是有购买的潜意识的。因此,一般消费者进入商店后都要巡视陈列展示的商品,当目光停留在某处时,可能说明其已经寻找到了购买目标。

(2)发生兴趣。如果消费者的目光直视某种商品,并且进一步接近商品,寻找营业员或关注商品的价格、标签,则表明消费者心理上对该商品发生了兴趣。

(3)引起联想。如果消费者停留在商品前,注视商品的目光不再移动,可能是在联想使用这种商品的效果。例如,女士们停留在首饰柜台前可能会联想到戴上某件饰物出现在社交场合,会引起人们怎样的注目;停留在服装柜台前会联想到自己穿上某件流行时装,会引起亲友、同事的哪些赞赏。

(4)产生欲望。随着消费者心理活动的进行,从联想发展到产生得到这件商品的欲望,于是有了购买这件商品的心理动机。有些消费者会由此产生冲动性购买行为。

(5)比较判断。多数消费者在决定购买前,会根据商品的价格、质量、款式、性能、颜色、品牌、包装、售后服务等进行理智的比较,根据自己的经济情况和需求程度作出合理的心理判断。

(6)确定目标。经过比较判断,消费者确定最适合自己需要的商品,最终选择确定购买目标。

(7)决定购买。在决定购买时,消费者一般会请营业员帮助挑选并包装好商品,然后付款,完成购买行为。

(8)购后感受。付款后得到商品,消费者在心理上会产生一种满足感。如果所购商品满意,营业员态度又好,消费者将对整个商店留下满意印象。

上面只是对消费者购物心理活动的八个阶段进行简单的描述,在实际中消费者心理的表现形式是丰富多彩、不断变化的,有时某个阶段表现得比较突出,有时某个阶段表现得比较短暂。消费者在购买某些商品时八个阶段界限明显,而在购买另一些商品时却表现得比较集中。总而言之,八个阶段是一种理论概括,不能作简单的形而上学的理解。

二、营业员接待顾客的八个步骤

依据上述消费者购买心理变化发展的八个阶段,营业员接待顾客的工作程序也有八个步骤。

(1)等待时机。营业员要随时注意寻找机会同顾客搭话,不要左顾右盼,应注意顾客的动向,等待时机。

(2)接触搭话。接触搭话就是接近顾客并打招呼。接触搭话要掌握恰当时机,搭话的最佳时间是消费者心理由“发生兴趣”发展到“引起联想”的时间段内。如果消费者还处于“寻找目标”阶段就搭话,则为时过早,会引起消费者的戒心,甚至会使消费者由于不好意思或不自在而马上离开。接触搭话有六个机会:

①消费者长时间地凝视某个商品的时候;

②消费者从商品上把头抬起来的时候;

③消费者突然停步盯着商品的时候;

④消费者用手触摸商品的时候;

⑤消费者像是在寻找什么的时候;

⑥消费者与营业员正好会面的时候。

(3)出示商品。出示商品就是当消费者指明要某个商品时,营业员从柜台中或货架上取出该商品并递到消费者手中或者是消费者自己拿到商品。出示商品应该在购买心理由“引起联想”发展到“产生欲望”的时候进行。出示商品可以促进消费者产生联想,刺激其产生购买欲望。出示商品要遵循如下四条原则:

①做成使用状态给消费者看;

②尽可能让消费者触摸商品;

③多种类的出示;

④从低档商品向高档商品逐级出示。先出示价格低的商品,不仅能迎合想买廉价商品消费者的心理,而且可以使想买高档商品的消费者产生自豪感。如果从高档向低档商品逐级出示,会使想买便宜商品的消费者难堪,他要多次重复“还有再便宜点的吗?”这种难以说出口的话。

(4)商品说明。商品说明就是向消费者介绍商品。有效的说明是实事求是的说明,是把握消费者购买主导动机的说明,是有丰富的商品知识的说明。

(5)参谋推荐。参谋推荐就是把商品最能刺激购买欲望、最能促成购买的要点用简短的话表达给消费者。参谋推荐要注意根据消费者的条件推荐不同的商品,重点是注意简明而具体。

(6)促进信任。促进信任就是抓住机会促进消费者对欲购商品的信任,坚定其购买决心。促进信任的要点在于把握机会。促进信任有四个机会:

①消费者关于商品的问题提完的时候;

②消费者默默无言独自思考的时候;

③消费者反复询问某个问题的时候;

④消费者的谈话涉及商品售后服务的时候。

(7)收取货款。在这一步骤中,营业员开付款小票,由消费者到收款台付款或协助顾客前往收款台付款。

(8)话别送行。话别送行就是主动向消费者表示感谢,为消费者送行。话别送行有三个机会:

①消费者付款回来的时候;

②商品包装好交到消费者手中的时候;

③消费者表示满意,说赞扬话的时候。

三、营业员的语言艺术

营业员在接待消费者的过程中,要通过语言与对方进行信息和感情的交流。营业员的语言艺术是服务艺术的重要组成部分。同一个意思使用不同的语言表达,会收到不同的效果。准确、热情的语言,不仅会给消费者以好感,而且能提供更多的成交机会。

(一)说话要注意消费者的情境和心理

营业员说话要针对消费者的情境,体会他们的心理,才能使消费者感到舒服,乐于接受营业员的建议。

1. 称谓择准对象。对老年人用相当于长辈的称呼,对年龄相仿的同性用相当于朋友的称呼,对异性用相当于兄弟姐妹的称呼,这样把握语言尺度,会缩小同消费者的距离感。

2. 把握顾客情绪和心理。例如,讲“我来帮您挑吧”,大多数消费者求之不得,但自尊心较强的消费者会认为这句话隐含有自己不会挑的意思,一旦消费者显露出这种情绪,营业员要立即进行补救,可以说“您挑的那个也不错,可是这个有这样的特点……”,让消费者的情绪转换过来。

3. 询问要言表一致。询问消费者时,营业员要注意自己的态度,尤其要注意语言与表情一致。例如,说“您要买什么?”这句话时,面带笑容,消费者认为是表示欢迎;若板着面孔,消费者会感到是表示厌烦。

(二)营业员应该多说的话和不该说的话

1. 营业员应该多说的话:①多说商量的话,商量的口气和指定的口气效果不同;②多说委婉的话,直截了当的话可能使顾客的弱点或缺陷暴露,伤害其自尊心;③多说关心的话,以礼待人,即使是挑剔的顾客也无法发作;④多说确切的话,用词达意、语调恰当,可使顾客感到亲切和信任。

2. 营业员不该说的话:①不说顶撞的话;②不说粗暴的话;③不说命令式的话;④不说讽刺、挖苦的话;⑤尤其不能说脏话。

营业员语言表达与消费心理密切相关,注意语气与用词可以让消费者获得好感;反之,则会在不经意间给消费者造成心理伤害。因此,营业员应按消费心理的要求学会并掌握语言艺术。

复习思考题

1. 商品陈列怎样影响消费心理?
2. 商品陈列影响消费心理的社会心理学原因有哪些?
3. 产品促销有哪些主要形式?
4. 人们为什么对接待推销员有顾虑?如何消除这种心理顾虑?
5. 在营业推广中如何适应消费心理?
6. 在宣传中如何把握消费心理,强化宣传效果?
7. 营业员应当怎样应用心理学原理接待消费者?

架起与消费者沟通的桥梁

对很多人来说,逛宜家已经成为他们的一种休闲方式。一位年轻的女士说:“有空的时候很喜欢去逛宜家,每次逛完都觉得超级想结婚,有一个温暖幸福的家,然后去好好装扮。”

激起人们对美好生活的向往,让消费者有装扮自己家庭的强烈愿望,跟宜家倡导的“为大多数人创造更加美好的日常生活”的品牌理念是分不开的,而这一理念也成为宜家在社会化媒体平台上展开营销的指导思想。

近年来,宜家在微博、SNS 社会化媒体平台上的营销动作连连,除了深化品牌有亲和力、充满创意、能带给人惊喜与灵感的一贯形象外,更加注重通过线上互动与消费者进行贴近沟通,从而提供相应的家居解决方案,帮助消费者构筑属于自己的梦想空间。

一、情感沟通桥梁

在宜家,社会化媒体营销是放到一个战略协同层面来进行的。

社会化媒体更像是品牌与消费者沟通的一个桥梁,而在企业内部,它也充分发挥了这一作用。网友的建议和投诉,会及时反馈给客服部门;网络广告的投放,会与媒体部进行协同;在公关层面,更需要社会化媒体平台与传统媒体的结合,因此与公关部的协作也是必需的。

在不同的社会化媒体平台上,宜家充分结合平台特性,与粉丝开展互动。品牌活动一般都以某一平台为主,其他平台进行辅助传播。“除了进行产品信息的曝光外,我们主要是想传达一种生活理念,提供一些家居储物的解决方案。”

以新浪微博为例,宜家家居新浪官方微博最初建立时,以发布内容为主,通过提供一些精彩的图片、视频等内容吸引粉丝关注;当粉丝积累到一定程度时,则倾向于提供一些话题,让他们围绕这些话题去展开讨论。“尽管是在网络上,我们也是秉承着一贯的亲和形象去沟通,让消费者感受到宜家提倡的精神与理念。”项目负责人解释道。自 2011 年 9 月底开通微博以来,宜家家居不断在其新浪官方微博展出新产品、新展间,并开展公益活动等,吸引粉丝数十万人,成为家居类微博粉丝数排名第一的品牌。项目负责人表示,“我们希望与粉丝建立一种平等的、平和的、朋友般的联系”,“有了这种情感联系,当粉丝有产品购买需求的时候就会首先想起宜家”。在消费者心里种下一颗种子,去呵护它,等到适当的时候,种子自然会发芽。从这一角度讲,宜家的社会化媒体营销更倾向于播种口碑,通过产品展示和话题引导加深消费者对品牌的认知,这也正是其社会化媒体营销策略。

二、本土化策略

社会化媒体为所有品牌提供了平等的宣传机会。然而,在项目组看来,仅仅因为社会化媒体很热闹,就去盲目跟风追随,是舍本逐末的做法。社会化媒体的口碑传播作用固然不可取代,但要想塑造良好的品牌形象,还要从本质抓起,一次好的购物体验、一个耐用的产品和合适的价格,都是产生口碑的重要因素。

“为大多数人创造更加美好的日常生活”是宜家的一贯目标。无论是开展线上活动还是开展线下活动,宜家都没有以高高在上的权威姿态告诉消费者该怎么做,而是站在消费者的角度,让他们告诉品牌自己的需求。此时,宜家也非常注重品牌的本土化,积极地通过调研了解本地消费者的居家需求。

中国消费者与欧美国家消费者最大的不同是对于居家装饰的兴趣度。以瑞典为例,每家每户都会非常精心地布置自己的房间,并将自己的创意融入其中;而在中国,消费者热衷于逛宜家,虽然他们也有装修的意识,但还处于模仿的阶段,没有发挥自己的创意,更倾向于一步到位装修好,之后很少去改变。项目组负责人坦言:“我们并不希望所有人都去模仿宜家的样板间,我们希望消费者能够通过我们的样板间找到灵感,把家装饰成自己喜爱的、很个性的空间,这也是宜家的一个愿景。”

基于中国的本土化消费市场特点,2012 年年初,宜家展开“中国一、二线城市居民家居生活存储与收纳行为习惯调查”。在这一活动中,宜家将线下调研与线上互动相结合,通过收集城市居民对于日常家居生活存储与收纳的态度、习惯及遇到的困扰,并根据消费者的收纳性格将其分为“粗放型”“随性型”“吹毛求疵型”等几类,进而提供针对性的解决方案。此次活动中,网友在社会化媒体平台上提出的对于家居的美好愿望和建议,都会被宜家采纳到样板间的设计中。这种人性化的沟通方式,很容易引起消费者共鸣,而品牌与消费者之间的信任感也正是这样一步步建立起来的。

提到与消费者建立信任感,宜家的体验式营销自然不得不说。在宜家商场里,我们经常会看到顾客躺在床上、坐到沙发上、走到地毯上,或者拉开抽屉、打开柜门的情景,正因如此,有人说“宜家卖的是一种体验”。

相关负责人表示,"'让大众的生活变得更美好',这句话看起来很简单,但其实是在一个很大的愿景下提出的","无论产品的功能性、整体设计方案的搭配,还是卖场的销售,包括社会化媒体平台的交流,我们都会从不同角度去加强这种感觉。让消费者在体验的过程中成为品牌传播者"。

资料来源:MBA 巴巴商学网,2012 年。

思考题

1. 宜家通过什么方法与消费者进行沟通?

2. 沟通过程又是如何传播品牌理念的?

参考文献

[1]曹日昌.普通心理学(上、下)[M].北京:人民教育出版社,1980.

[2]波果斯洛夫斯基,等.普通心理学[M].魏庆安,等,译.北京:人民教育出版社,1982.

[3]叶奕乾,等.图解心理学[M].南昌:江西人民出版社,1982.

[4]马场房子.消费者心理学[M].李士瀛,译.北京:工商出版社,1984.

[5]钟隆津.商业心理学[M].台北:海岛出版社.1982.

[6]杜别尔什丁,等.商业心理学与营业员职业道德[M].李忠纯,等,译.哈尔滨:黑龙江人民出版社,1984.

[7]杜本然.商业心理学[M].北京:中国商业出版社,1984.

[8]郎宝书.市场营销学[M].北京:中国经济出版社,1986.

[9]马谋超,等.消费心理学[M].北京:科学出版社,1988.

[10]张忘如,等.消费者心理学与经商艺术[M].石家庄:河北科技出版社,1987.

[11]冯天才.社会消费经济学[M].成都:四川科技出版社,1987.

[12]李国振.消费心理学[M].上海:上海交通大学出版社,1987.

[13]高广礼.消费者心理学[M].北京:人民日报出版社,1989.

[14]林德金.消费心理与购买行为分析[M].北京:机械工业出版社,1986.

[15]林秉贤.管理心理学[M].北京:群众出版社,1986.

[16]陈子华.消费者心理与行为[M].北京:海洋出版社,1986.

[17]编写组.公共关系概论[M].北京:科学普及出版社,1987.

[18]林秉贤.社会心理学[M].北京:群众出版社,1987.

[19]纪宝成.市场营销学教程[M].3版.北京:中国人民大学出版社,2002.

[20]郭国庆.市场营销学[M].武汉:武汉大学出版社,2004.

[21]王春利.商场管理[M].太原:山西经济出版社,1999.

[22]江林.消费心理与行为[M].2版.北京:中国人民大学出版社,2002.

[23]王春利.管理学基础[M].3版.北京:首都经济贸易大学出版社,2009.

[24]张春生.现代心理学[M].上海:上海人民出版社,2005.

[25]张梦霞. 中国企业经营管理案例[M]. 2 辑. 北京:经济管理出版社,2010.
[26]张梦霞. 中国企业经营管理案例[M]. 3 辑. 北京:经济管理出版社,2011.
[27]孙喜林,荣士壮. 管理心理学[M]. 大连:东北财经大学出版社,2011.
[28]谭昆智,等. 公关心理与实务[M]. 北京:清华大学出版社,2011.
[29]杨朝晖. 旅游心理学[M]. 北京:北京理工大学出版社,2010.
[30]王娟娟,刘利,等. 管理心理学[M]. 武汉:武汉大学出版社,2013.
[31]齐长立,赵国山. 管理心理学[M]. 北京:中国传媒大学出版社,2013.
[32]韩凝. 中国文化概论[M]. 北京:中国工商出版社,2013.
[33]刘建章. 中国旅游文化[M]. 西安:西北工业大学出版社,2010.
[34]邱德玉. 中国旅游文化[M]. 北京:科学出版社,2010.
[35]张唐槟. 市场营销学[M]. 成都:西南财经大学出版社,2014.
[36]王建军. 消费者行为学[M]. 成都:西南财经大学出版社,2015.
[37]李博,余世民. 市场营销实务[M]. 成都:西南财经大学出版社,2018.